BORUTO
-NARUTO NEXT GE[...]-

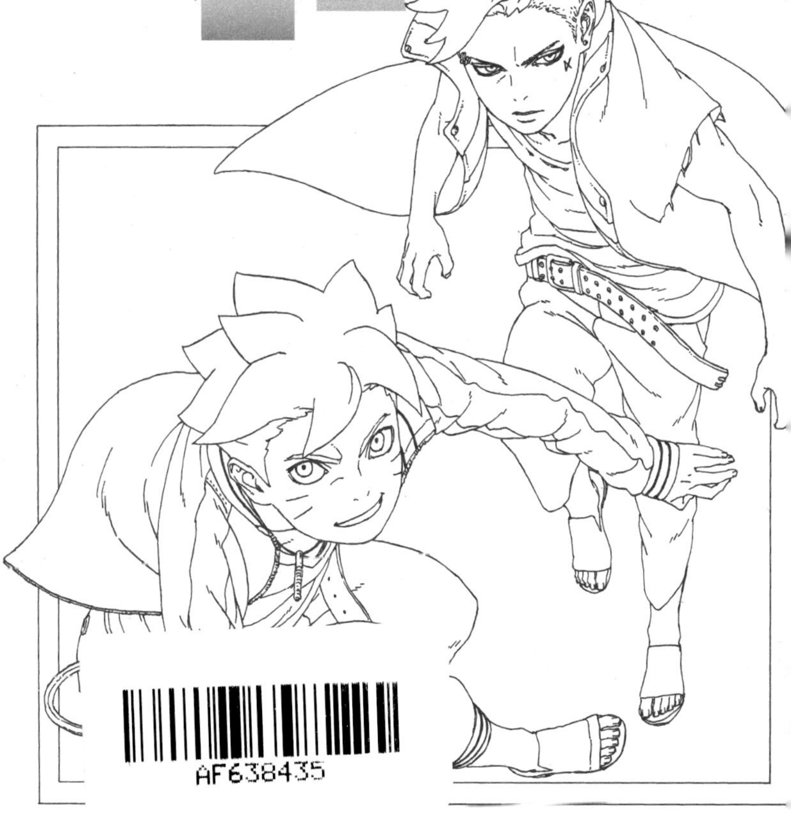

9. SCHRIFTROLLE
DAS HÄNGT VON DIR AB!

ORIGINAL STORY AND SUPERVISING:
MASASHI KISHIMOTO
MANGA: MIKIO IKEMOTO
SCENARIO: UKYO KODACHI

BORUTO -NARUTO NEXT GENERATION- CHARAKTERE

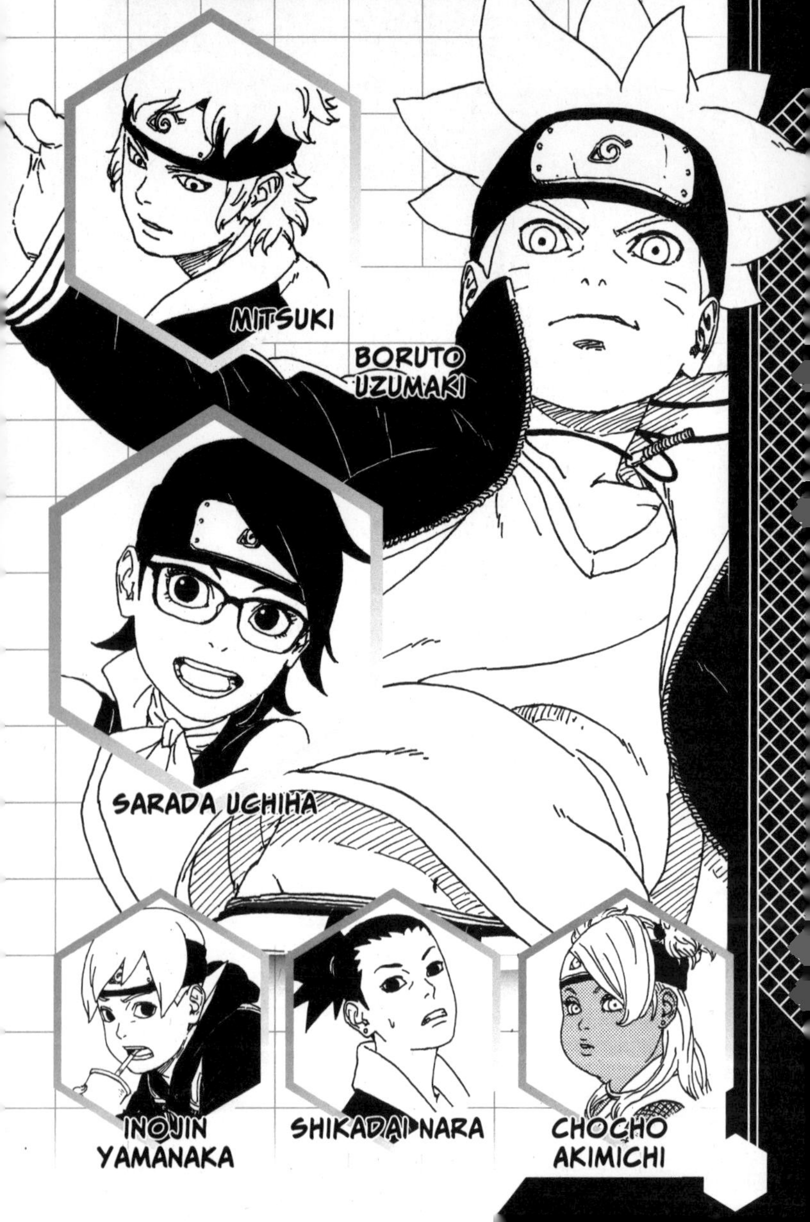

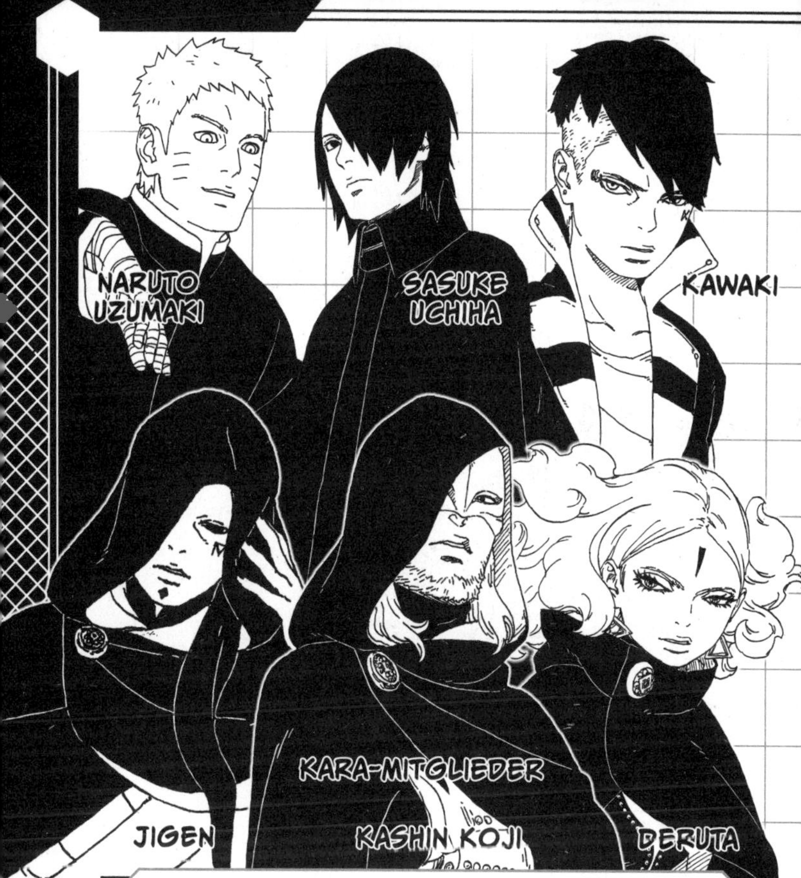

STORY

DER NINJA-WELTKRIEG, DER DIE GANZE WELT ERSCHÜTTERT HAT, IST VERGANGENHEIT. NARUTO UZUMAKI BESCHÜTZT ALS 7. HOKAGE DAS DORF KONOHAGAKURE UND DIE MENSCHEN GENIESSEN DEN FRIEDEN. NARUTOS SOHN, BORUTO UZUMAKI, STREBT NACH DER ANERKENNUNG SEINES VATERS UND NIMMT AN DER CHU-NIN-PRÜFUNG TEIL, BENUTZT DABEI JEDOCH VERBOTENERWEISE EINE UNKONVENTIONELLE WAFFE – UND WIRD DAFÜR VON SEINEM VATER »ALS NINJA DISQUALIFIZIERT«.

DANN GREIFEN DIE OTSUTSUKIS AN. ZUSAMMEN MIT NARUTO UND ANDEREN BESIEGT BORUTO SIE MIT KNAPPER NOT. IN DIESEM KAMPF BEWEIST BORUTO SICH ALS NINJA, ABER AUF SEINER RECHTEN HAND HINTERLÄSST MOMOSHIKI OTSUTSUKI EIN SELTSAMES MAL.

AUF EINER MISSION STOSSEN DIE KONOHA-NINJA AUF EINEN JUNGEN NAMENS KAWAKI, DER DAS GLEICHE MAL WIE BORUTO TRÄGT. ES STELLT SICH HERAUS, DASS DIESER JUNGE JENES »GEFÄSS« IST, NACH DEM DIE DUBIOSE ORGANISATION KARA SUCHT.

NARUTO LÄSST KAWAKI IN SEINEM HAUS WOHNEN, UM DEN JUNGEN ZU BESCHÜTZEN. BORUTO UND KAWAKI VERSTEHEN SICH NICHT GERADE GUT, DOCH ALLMÄHLICH KOMMEN SIE MITEINANDER KLAR. DANN TAUCHT DAS KARA-MITGLIED DERUTA AUF UND NARUTO STELLT SICH IHR ENTGEGEN.

BORUTO

BORUTO

-NARUTO NEXT GENERATION-

9. SCHRIFTROLLE

DAS HÄNGT VON DIR AB!

INHALT

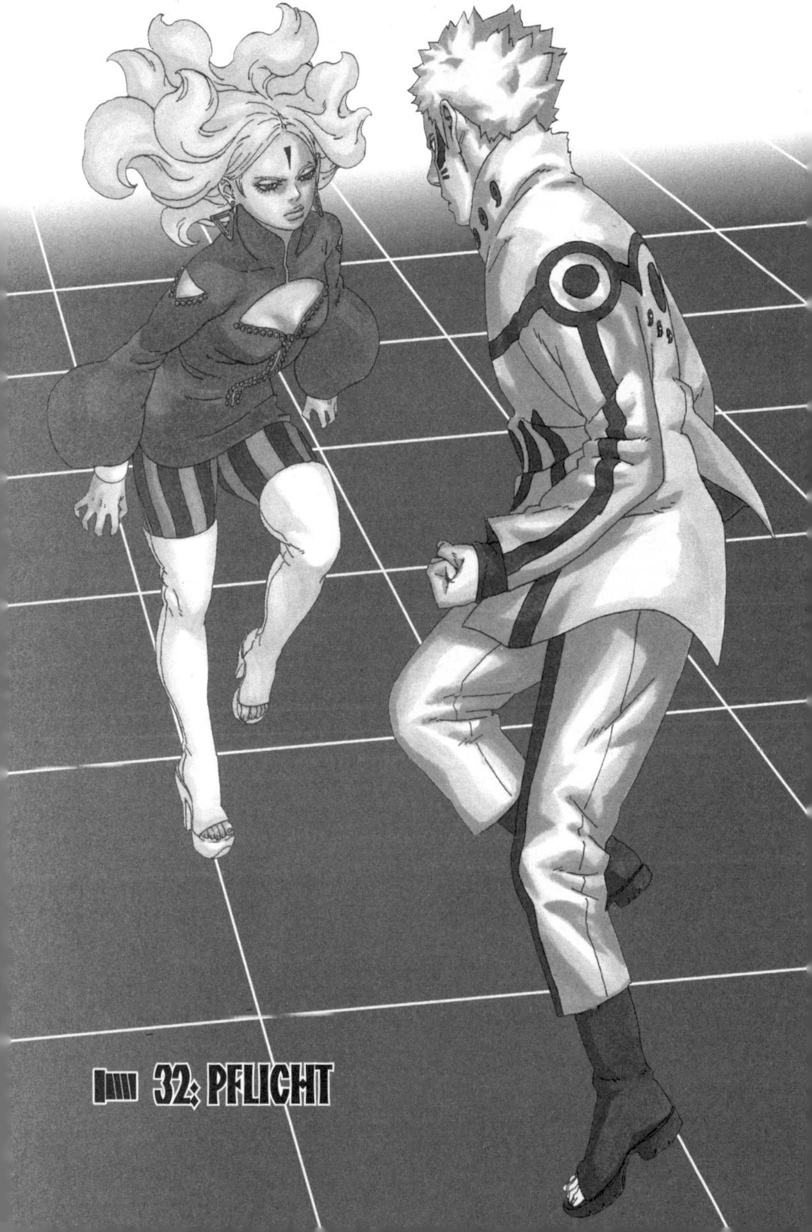

32: PFLICHT

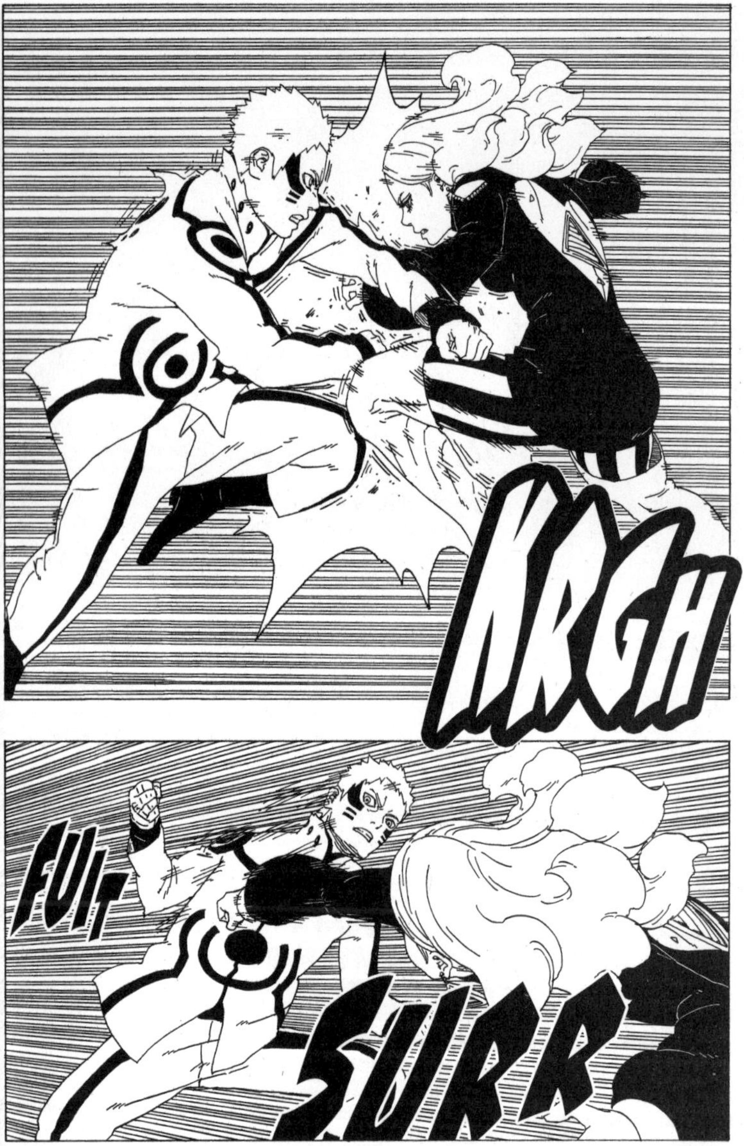
ARGH
FUIT
SURR

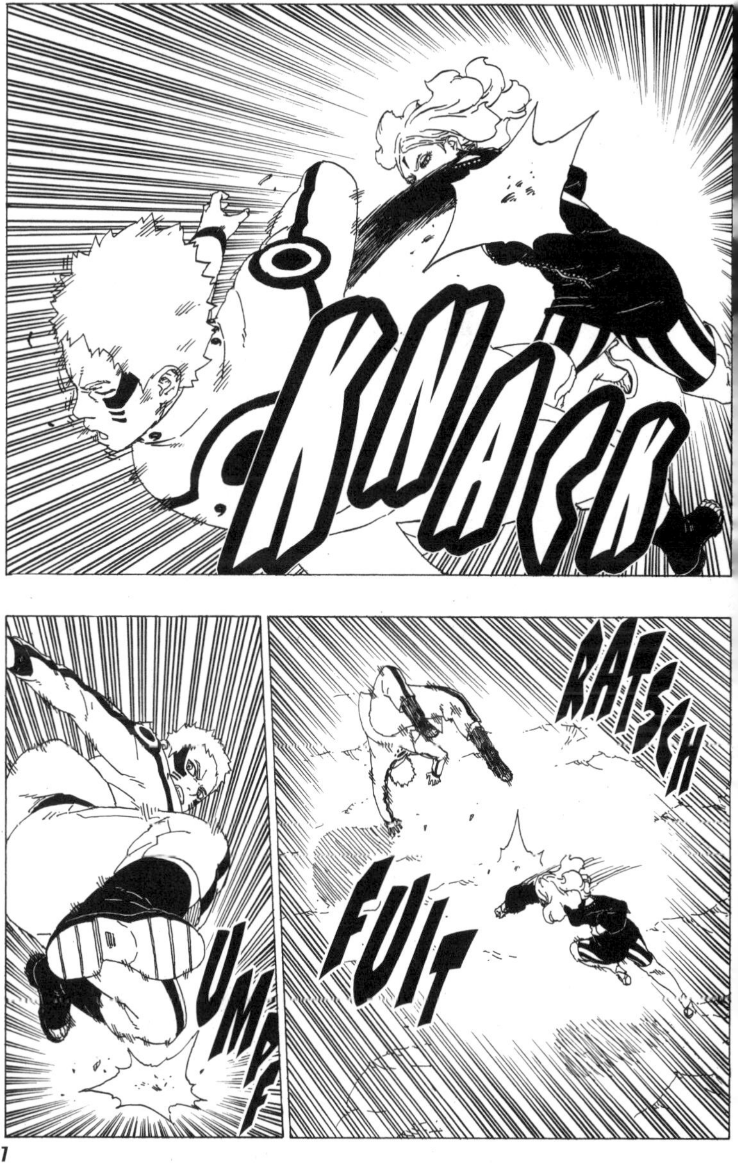
KNACK
RATSCH
FUIT
UMPF

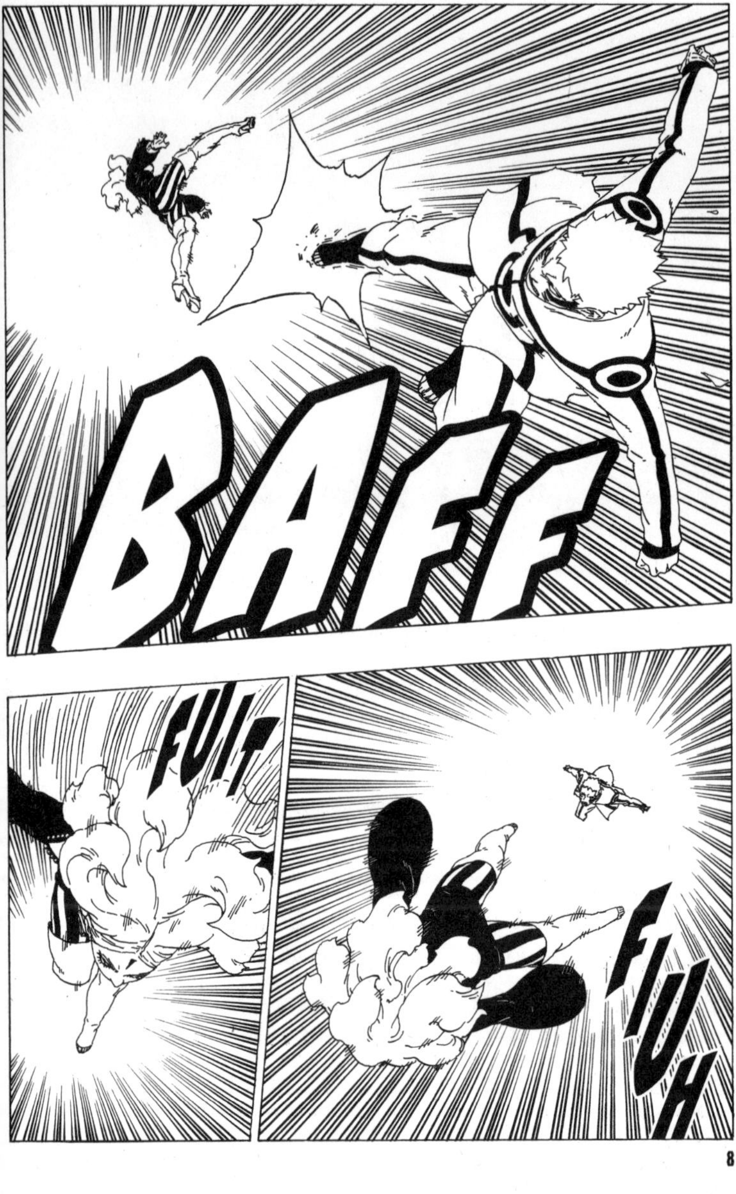
BAFF
FUIT
FIUH

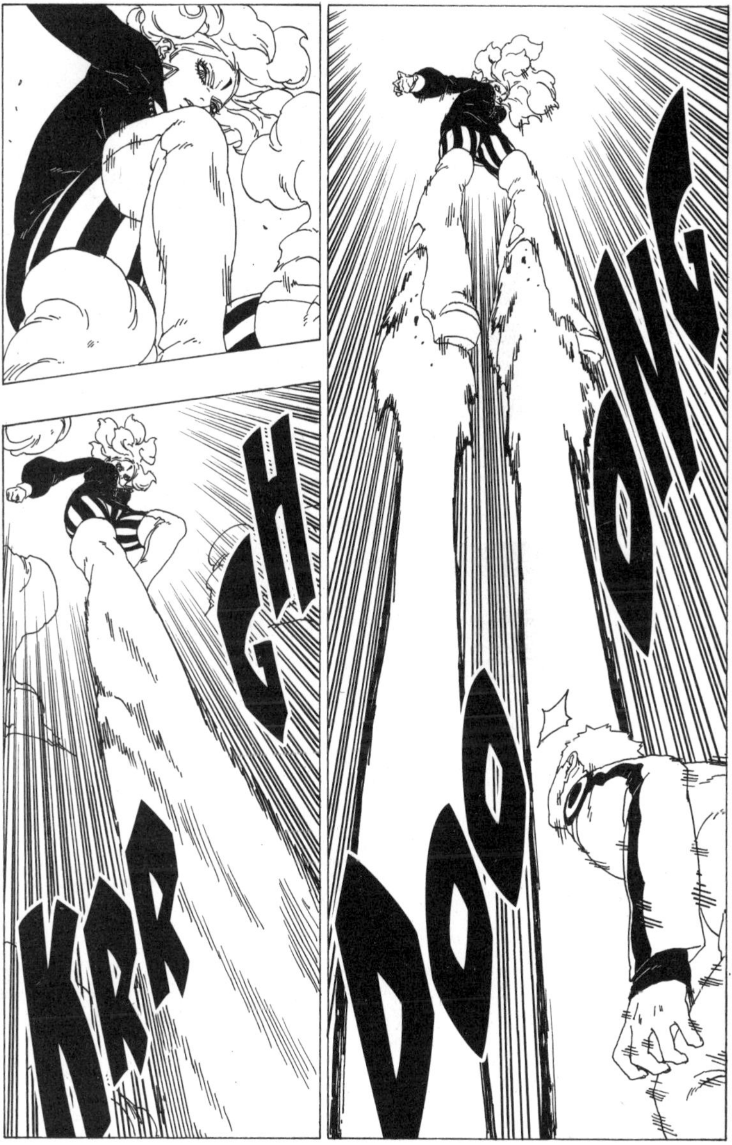
DOOOONG
KRRGH

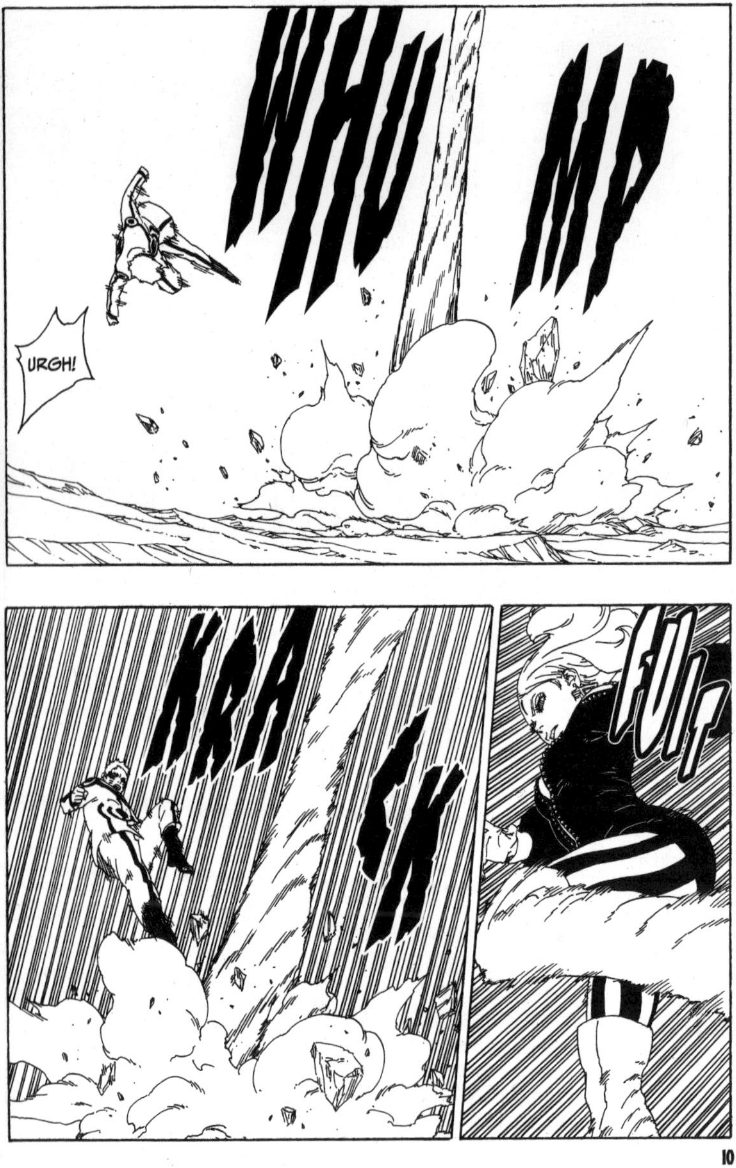
WHUMP
URGH!
KRACK
FUIT

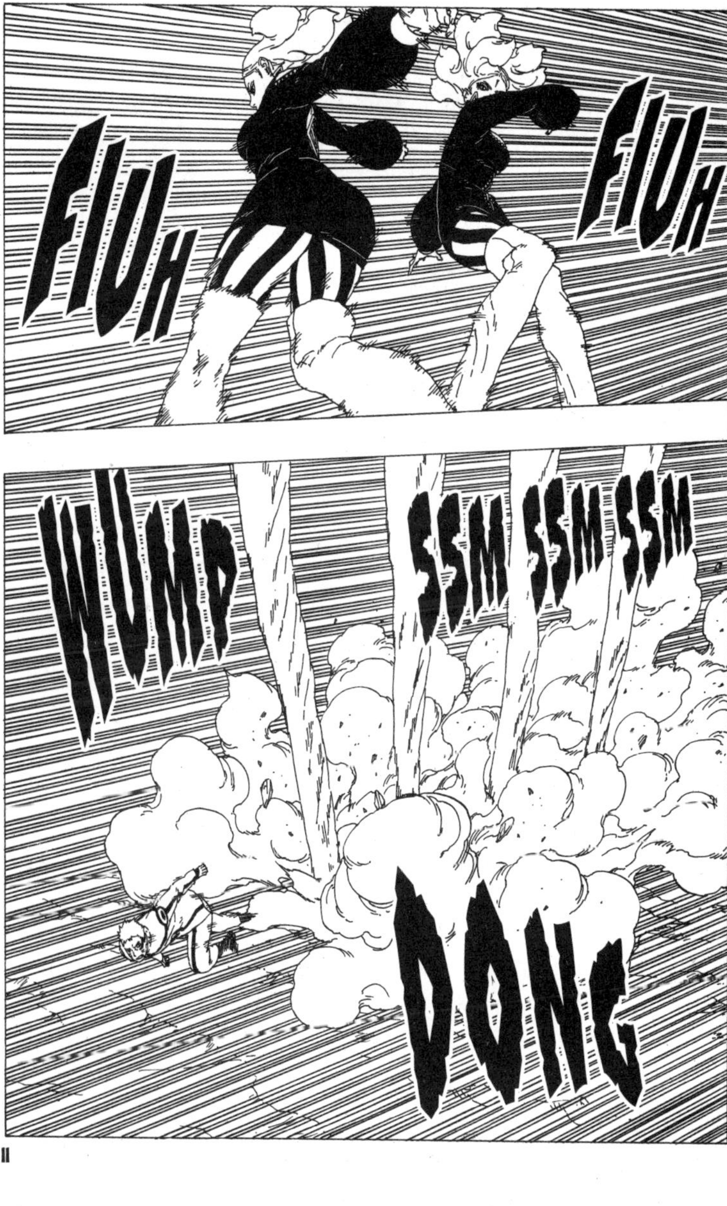
FIUH
FIUH
WUMP
SSM SSM SSM
DONG

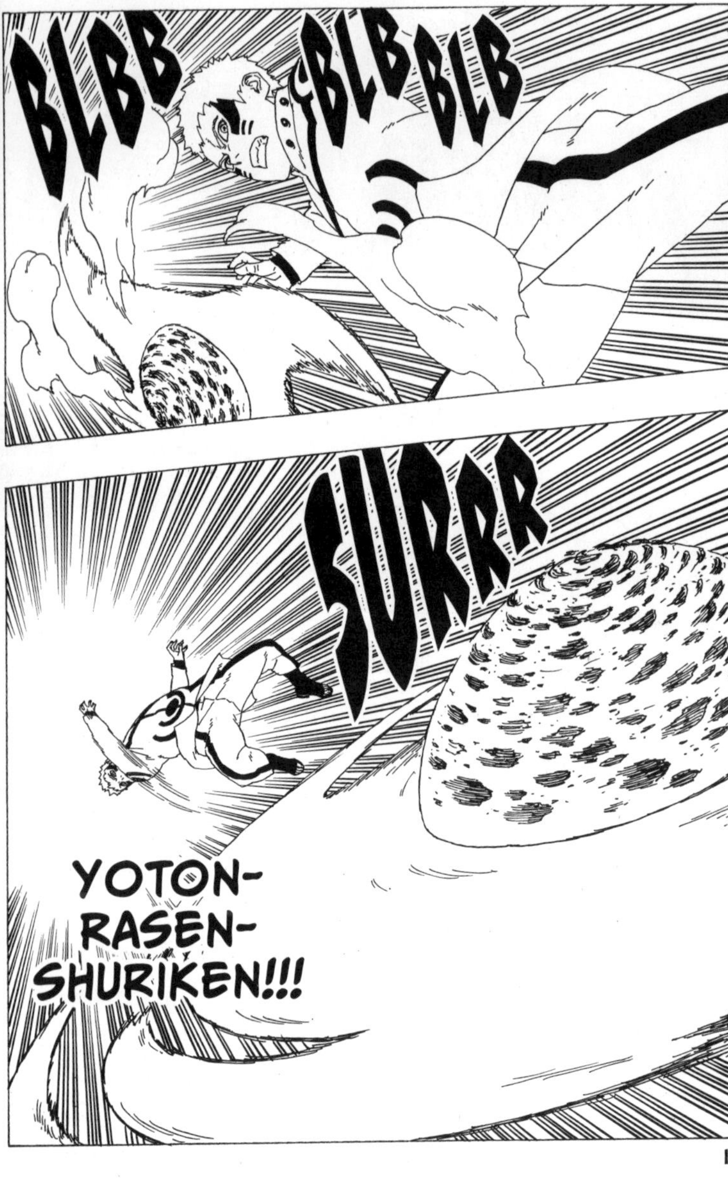
BLBB
BLBBLB
SURRR
YOTON-
RASEN-
SHURIKEN!!!

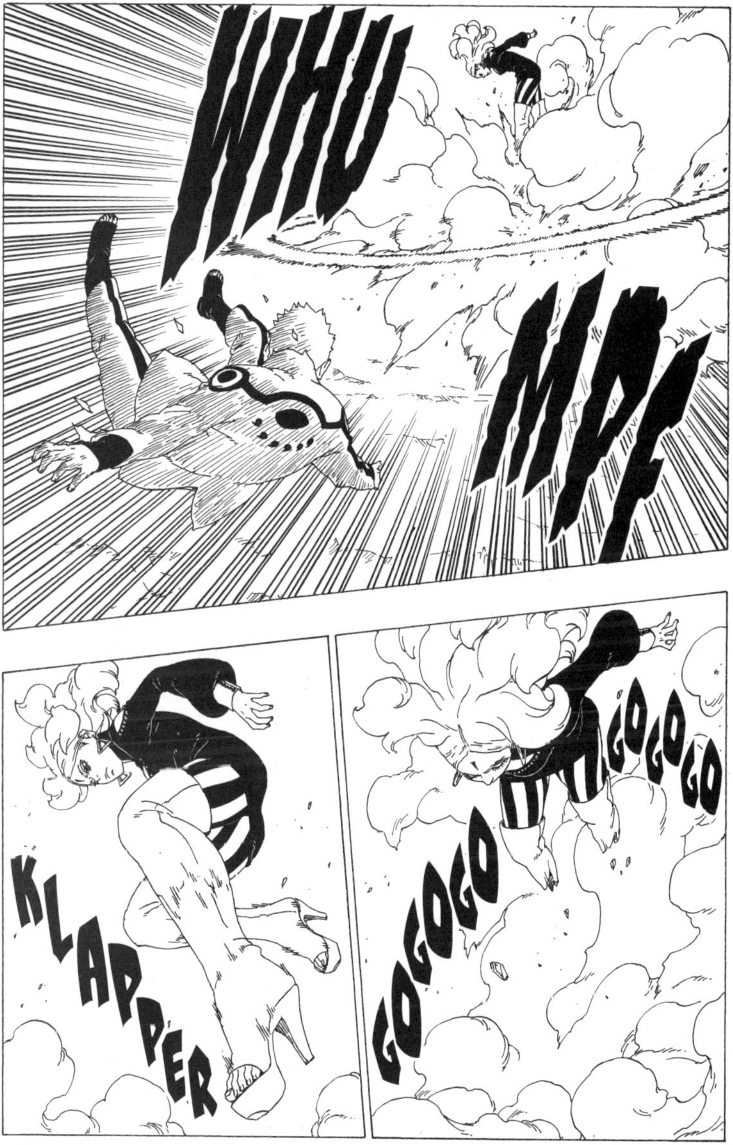
WHUMP
KLAPPER
GOGOGO
GOGOGOGO

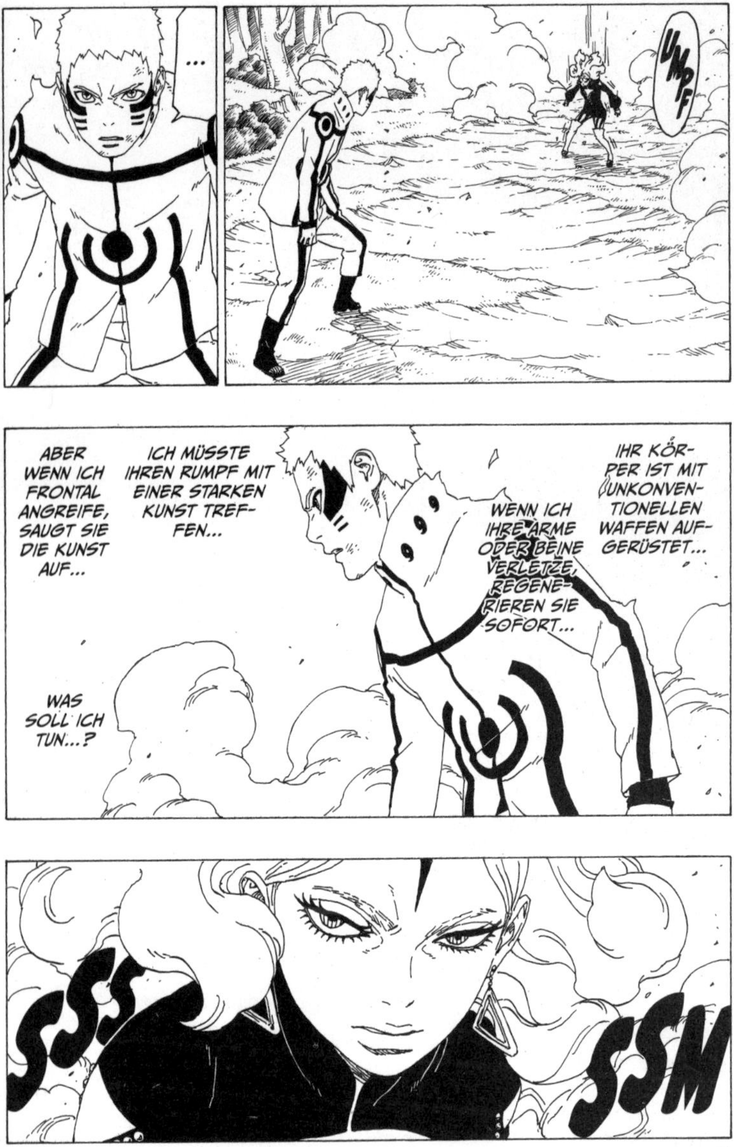
UMPF
...
IHR KÖRPER IST MIT UNKONVENTIONELLEN WAFFEN AUFGERÜSTET...
WENN ICH IHRE ARME ODER BEINE VERLETZE, REGENERIEREN SIE SOFORT...
ICH MÜSSTE IHREN RUMPF MIT EINER STARKEN KUNST TREFFEN...
ABER WENN ICH FRONTAL ANGREIFE, SAUGT SIE DIE KUNST AUF...
WAS SOLL ICH TUN...?
SSM
SSS

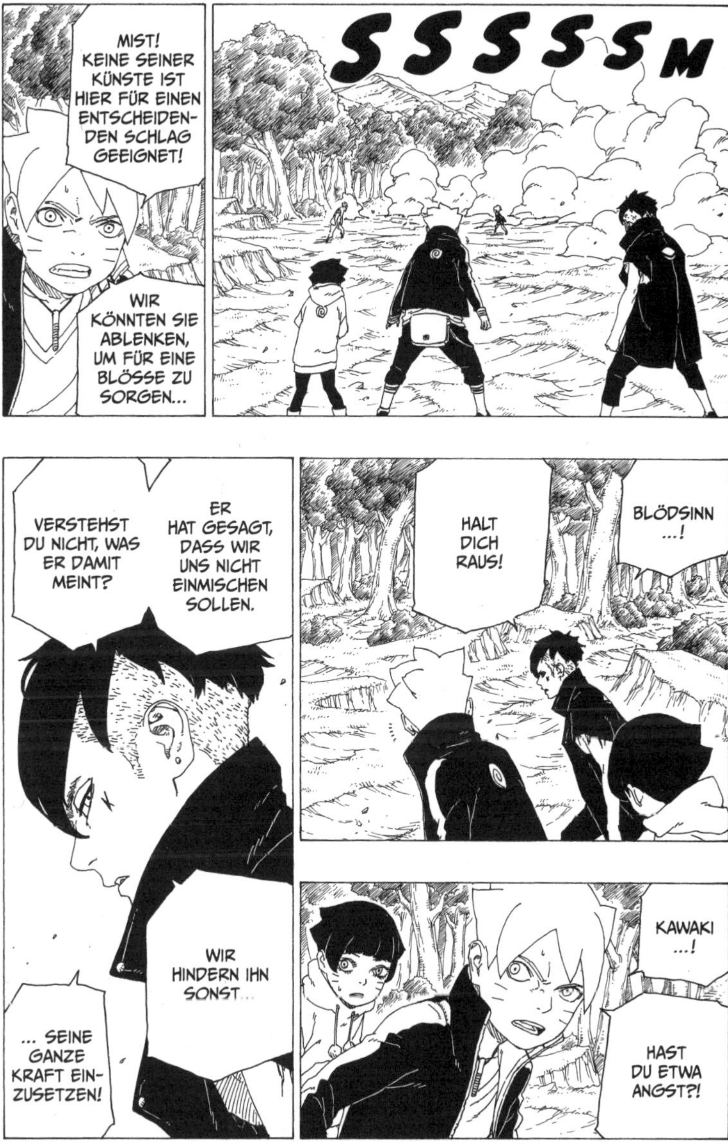
SSSSSM
MIST! KEINE SEINER KÜNSTE IST HIER FÜR EINEN ENTSCHEIDENDEN SCHLAG GEEIGNET!
WIR KÖNNTEN SIE ABLENKEN, UM FÜR EINE BLÖSSE ZU SORGEN...
BLÖDSINN ...!
HALT DICH RAUS!
ER HAT GESAGT, DASS WIR UNS NICHT EINMISCHEN SOLLEN.
VERSTEHST DU NICHT, WAS ER DAMIT MEINT?
WIR HINDERN IHN SONST...
... SEINE GANZE KRAFT EINZUSETZEN!
KAWAKI ...!
HAST DU ETWA ANGST?!

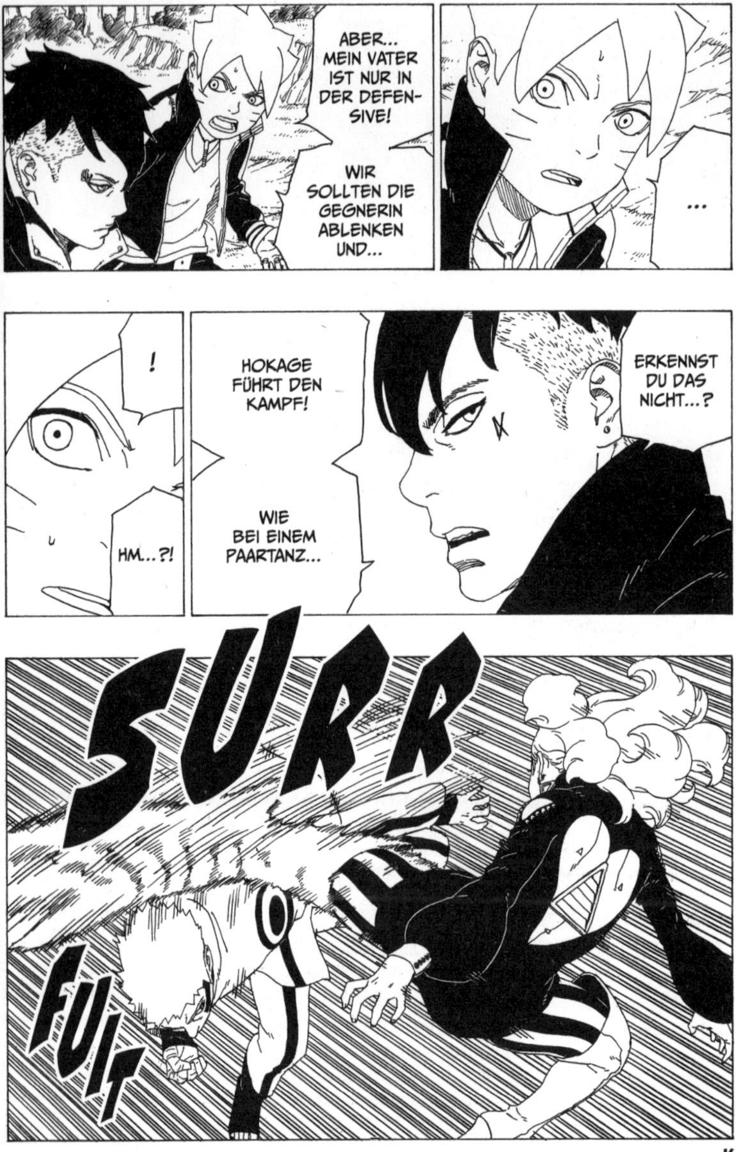
...
ABER... MEIN VATER IST NUR IN DER DEFENSIVE!
WIR SOLLTEN DIE GEGNERIN ABLENKEN UND...
ERKENNST DU DAS NICHT...?
HOKAGE FÜHRT DEN KAMPF!
WIE BEI EINEM PAARTANZ...
!
HM...?!
SURR
FUIT

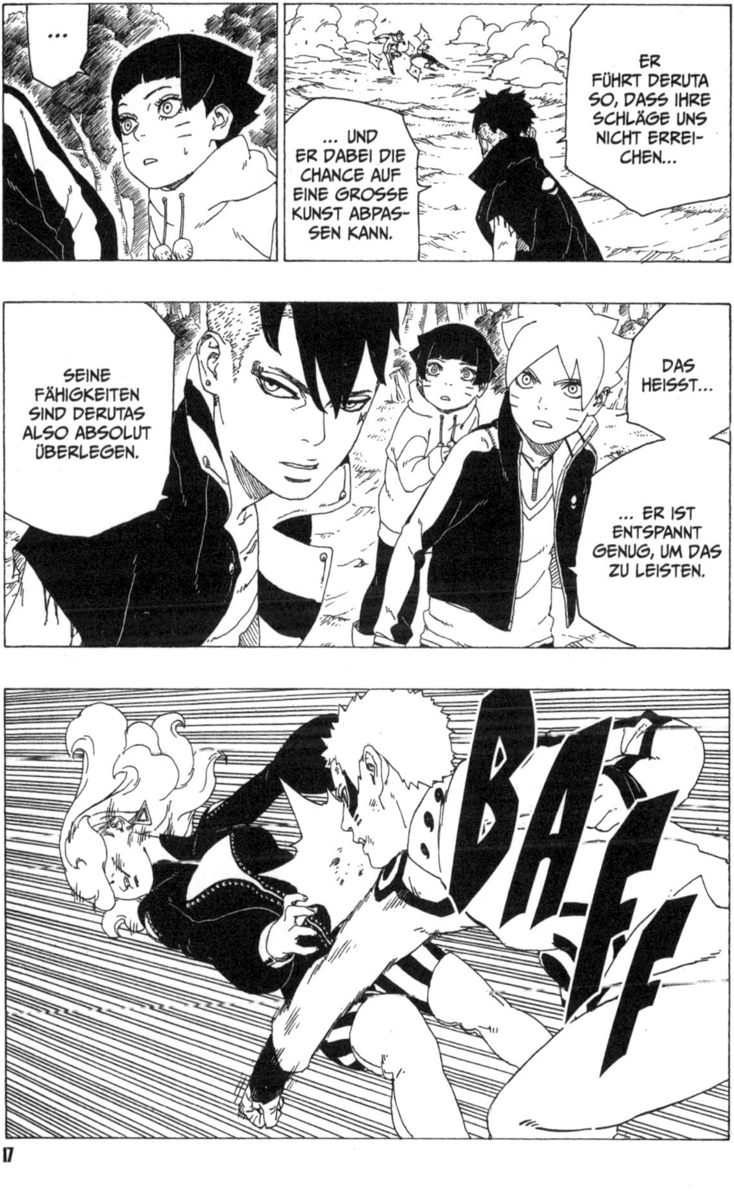
ER FÜHRT DERUTA SO, DASS IHRE SCHLÄGE UNS NICHT ERREICHEN...
... UND ER DABEI DIE CHANCE AUF EINE GROSSE KUNST ABPASSEN KANN.
...
DAS HEISST...
... ER IST ENTSPANNT GENUG, UM DAS ZU LEISTEN.
SEINE FÄHIGKEITEN SIND DERUTAS ALSO ABSOLUT ÜBERLEGEN.
BA-FF

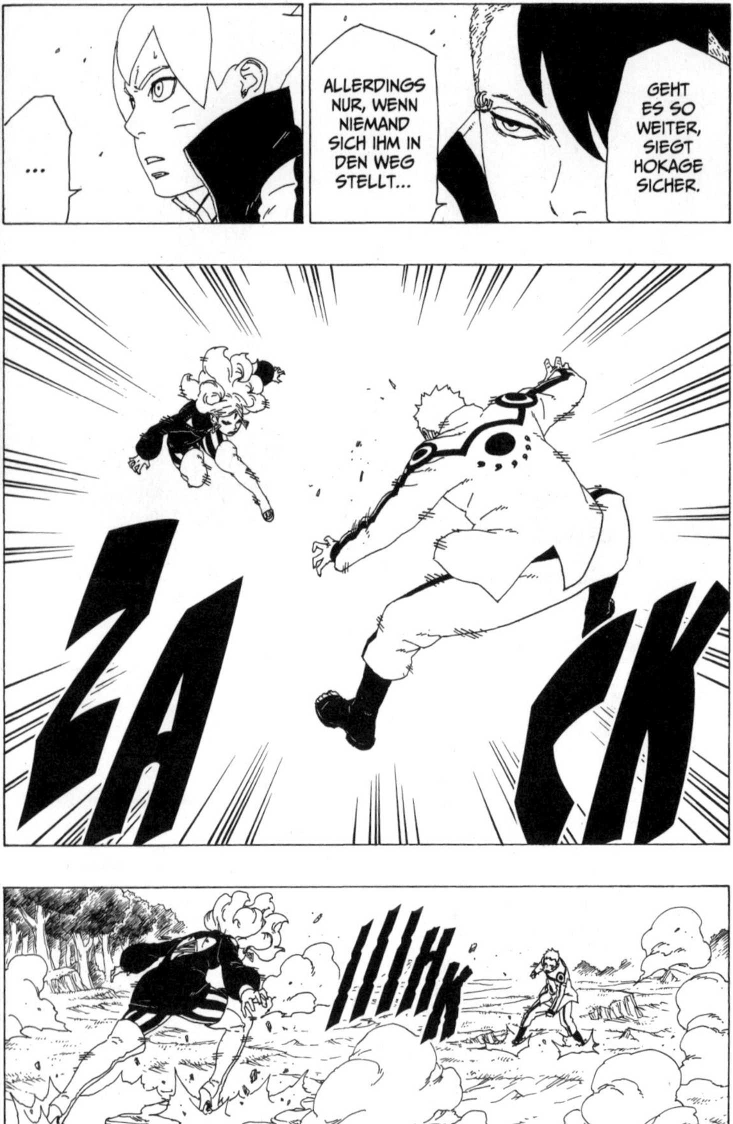
GEHT ES SO WEITER, SIEGT HOKAGE SICHER.
ALLERDINGS NUR, WENN NIEMAND SICH IHM IN DEN WEG STELLT...
...
ZACK
IIIHK

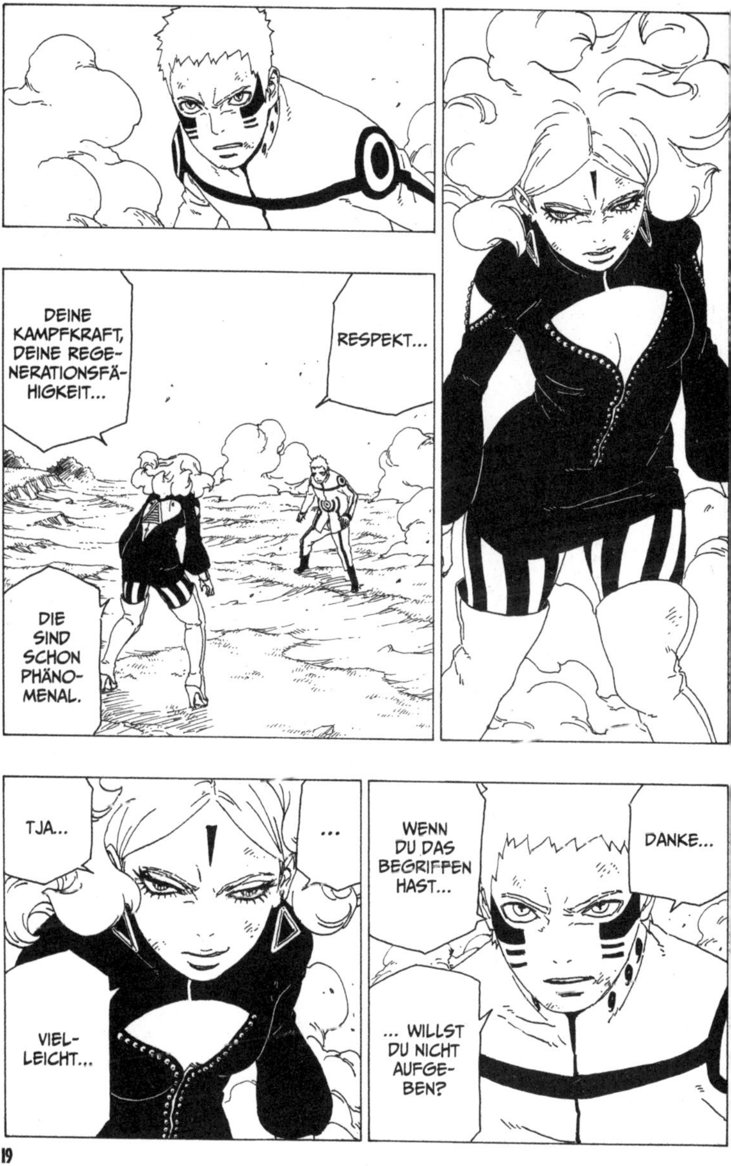

RESPEKT...
DEINE KAMPFKRAFT, DEINE REGENERATIONSFÄHIGKEIT...
DIE SIND SCHON PHÄNOMENAL.
DANKE...
WENN DU DAS BEGRIFFEN HAST...
... WILLST DU NICHT AUFGEBEN?
...
TJA...
VIELLEICHT...

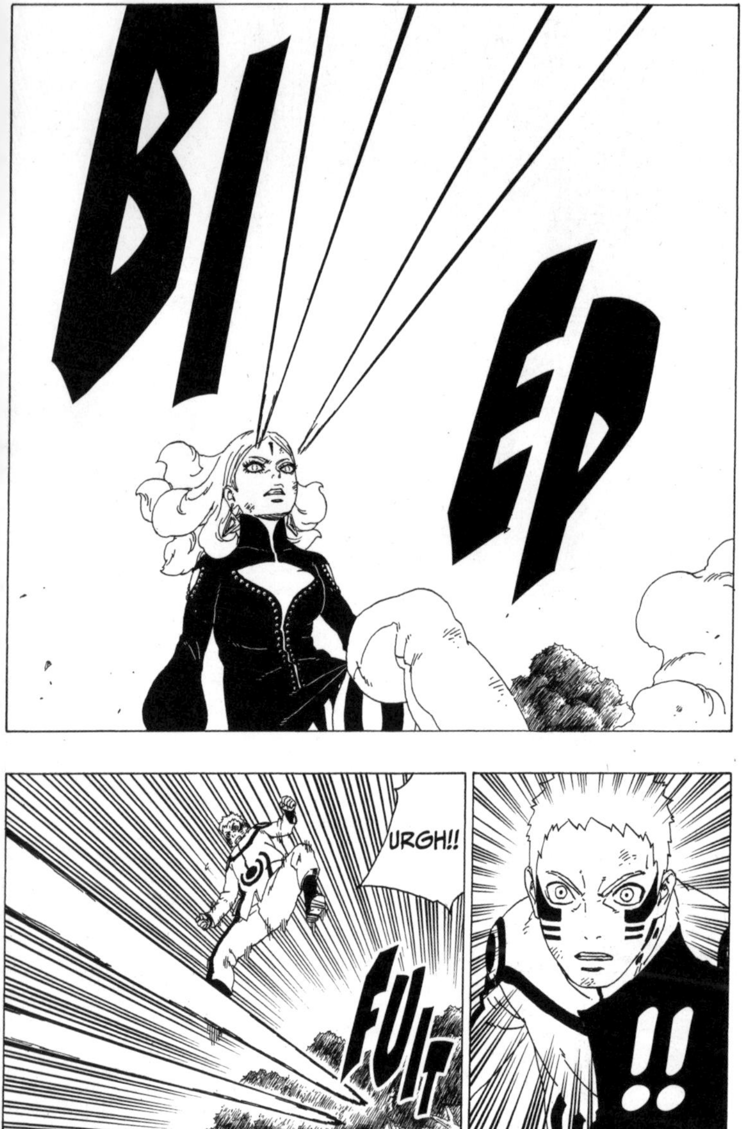
BIEP
!!
URGH!!
FUIT

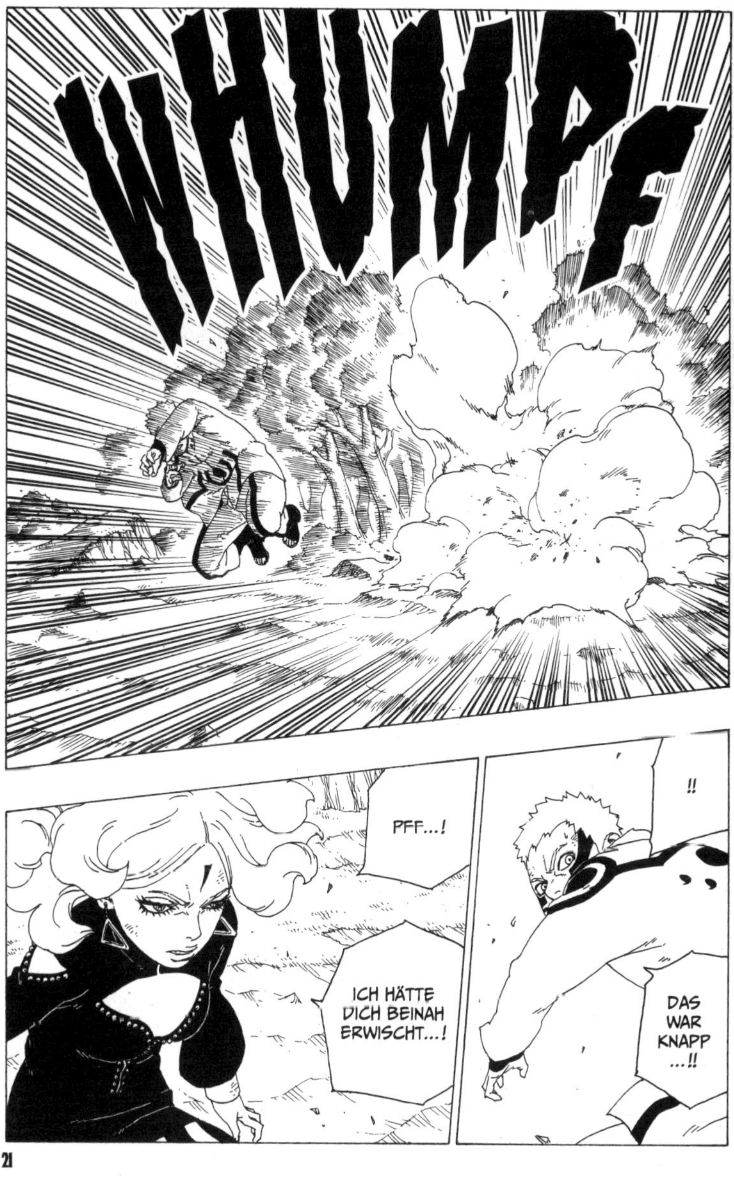
WHUMPF
!!
DAS WAR KNAPP ...!!
PFF...!
ICH HÄTTE DICH BEINAH ERWISCHT...!

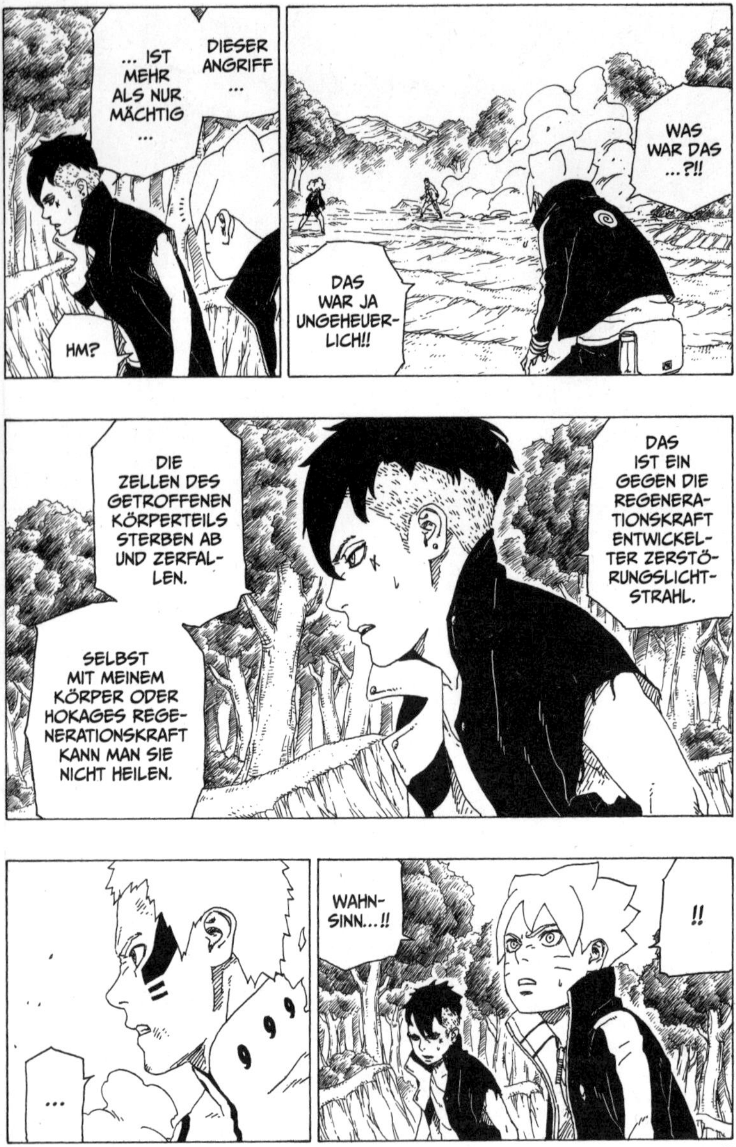
WAS WAR DAS ...?!!
DAS WAR JA UNGEHEUER-LICH!!
DIESER ANGRIFF ...
... IST MEHR ALS NUR MÄCHTIG ...
HM?
DAS IST EIN GEGEN DIE REGENERA-TIONSKRAFT ENTWICKEL-TER ZERSTÖ-RUNGSLICHT-STRAHL.
DIE ZELLEN DES GETROFFENEN KÖRPERTEILS STERBEN AB UND ZERFAL-LEN.
SELBST MIT MEINEM KÖRPER ODER HOKAGES REGE-NERATIONSKRAFT KANN MAN SIE NICHT HEILEN.
!!
WAHN-SINN...!!
...

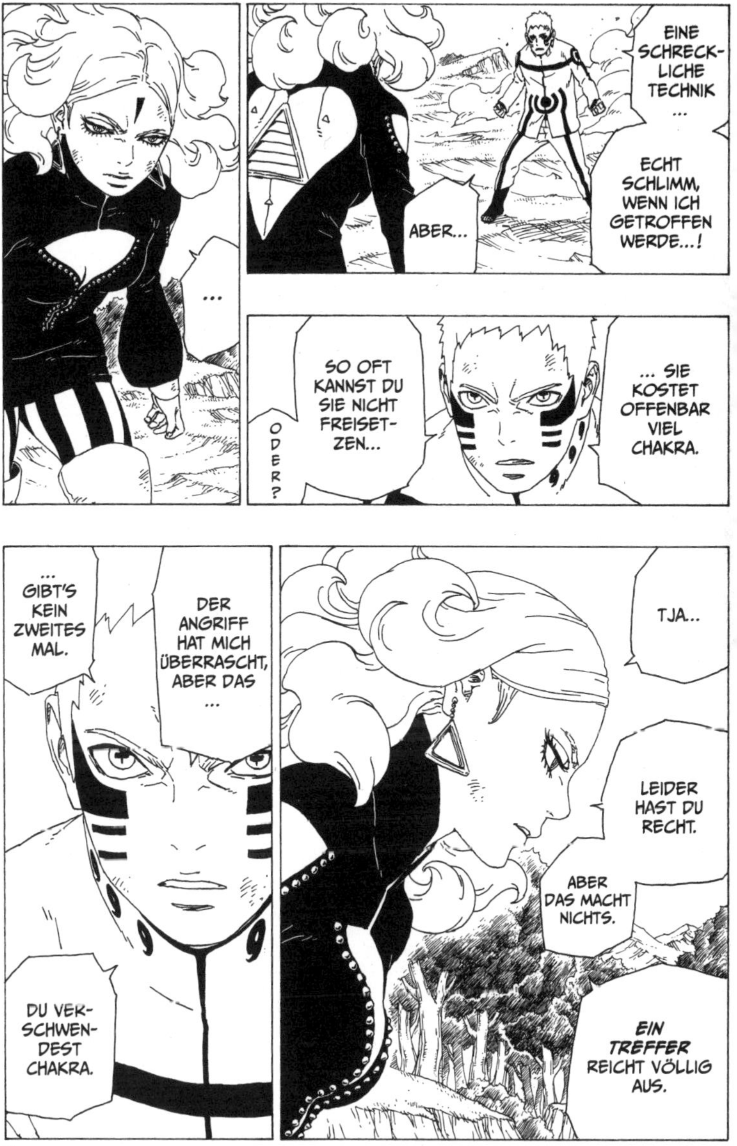
EINE SCHRECKLICHE TECHNIK ...
ECHT SCHLIMM, WENN ICH GETROFFEN WERDE...!
ABER...
...
... SIE KOSTET OFFENBAR VIEL CHAKRA.
SO OFT KANNST DU SIE NICHT FREISETZEN...
ODER?
TJA...
LEIDER HAST DU RECHT.
ABER DAS MACHT NICHTS.
EIN TREFFER REICHT VÖLLIG AUS.
DER ANGRIFF HAT MICH ÜBERRASCHT, ABER DAS ...
... GIBT'S KEIN ZWEITES MAL.
DU VERSCHWENDEST CHAKRA.

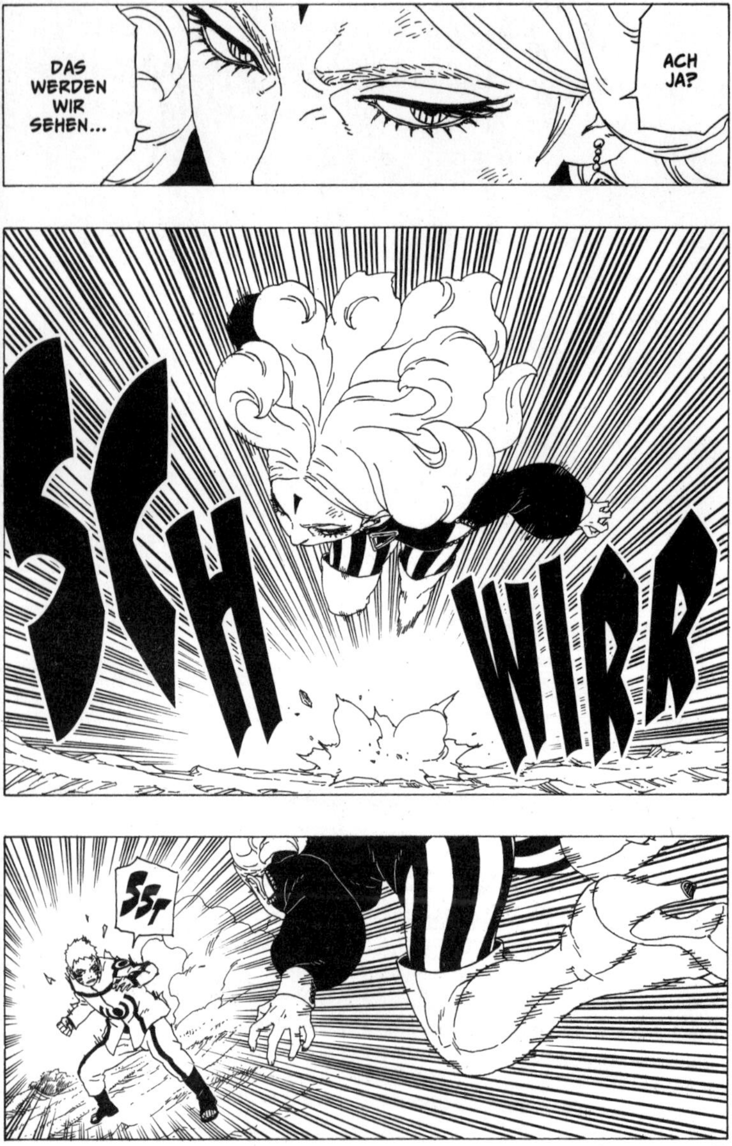

ACH JA?
DAS WERDEN WIR SEHEN...
SCHWIRR
SST

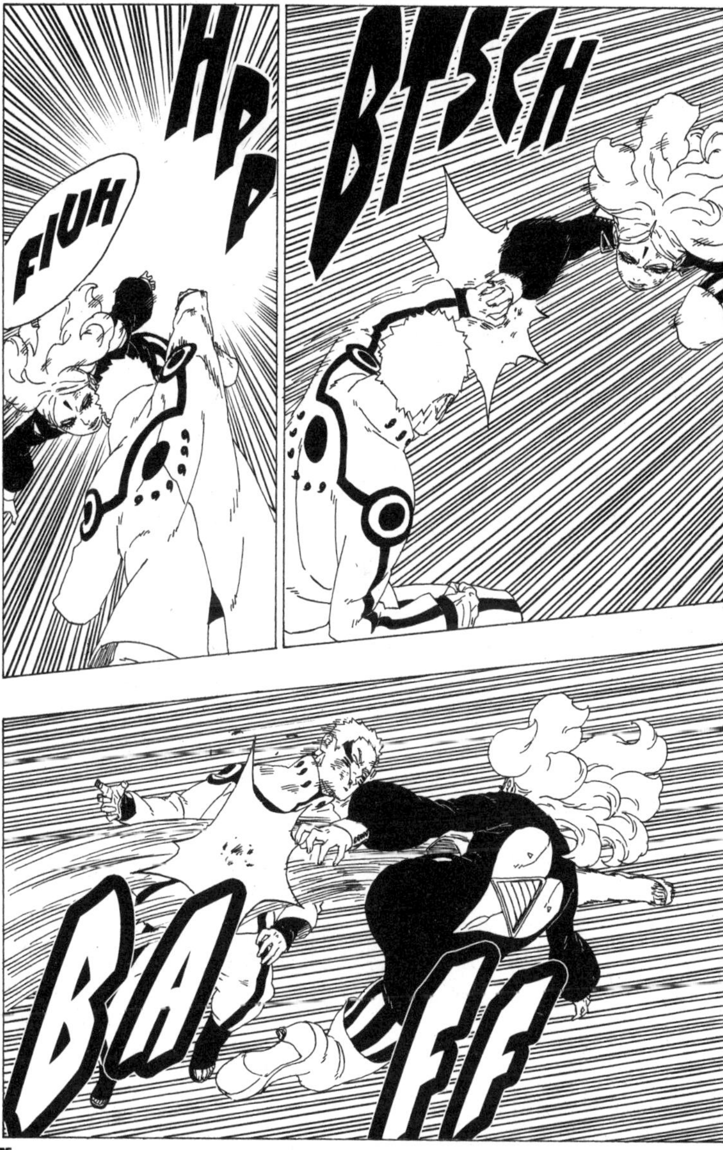
BTSCH
HPP
FIUH
BAFF

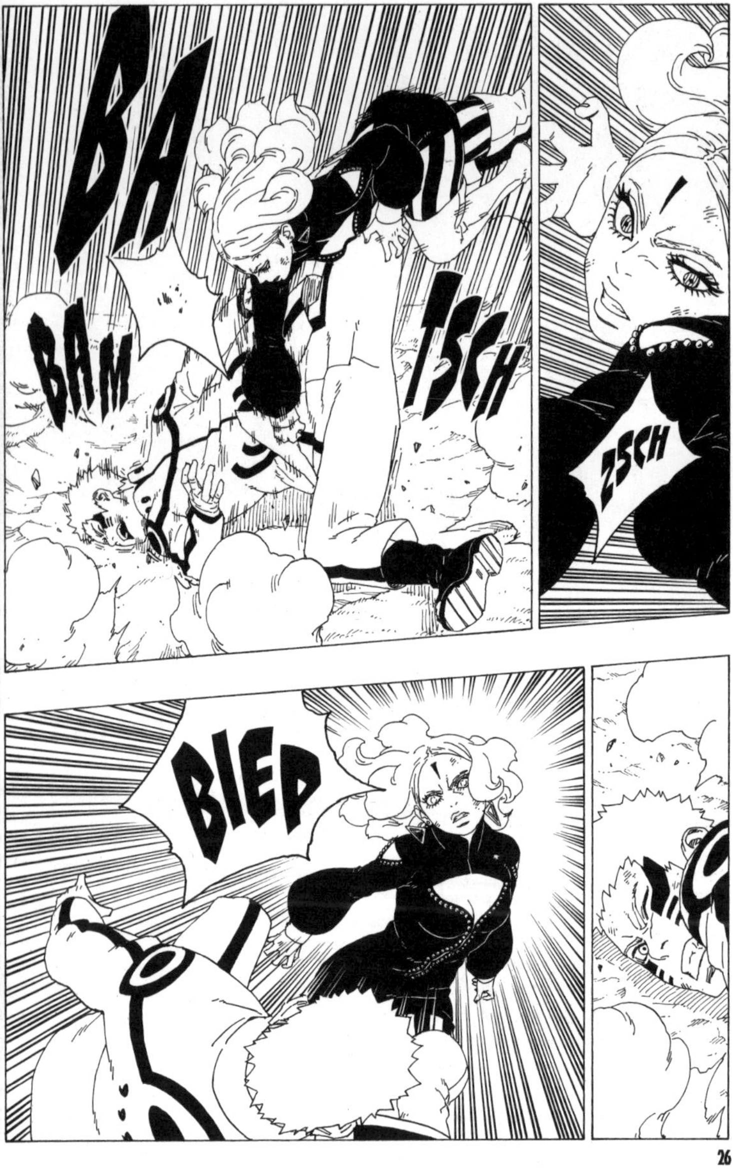
ZSCH
BA
BAM
TSCH
BIEP

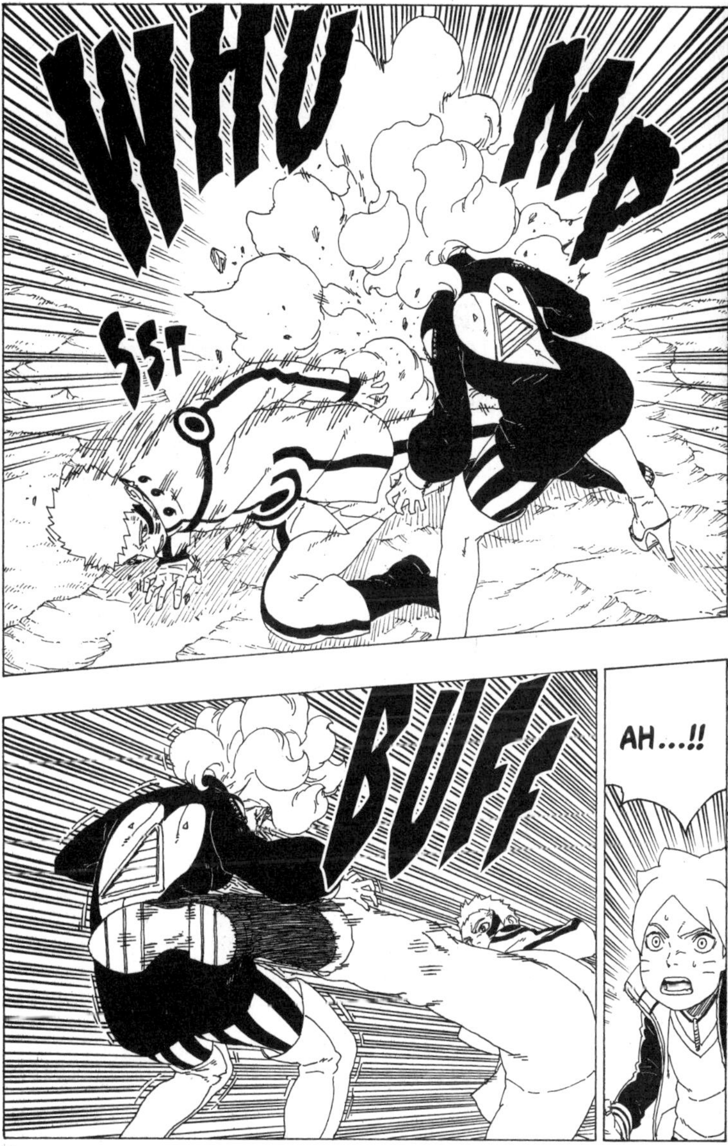
WHUMP
SST
BUFF
AH...!!

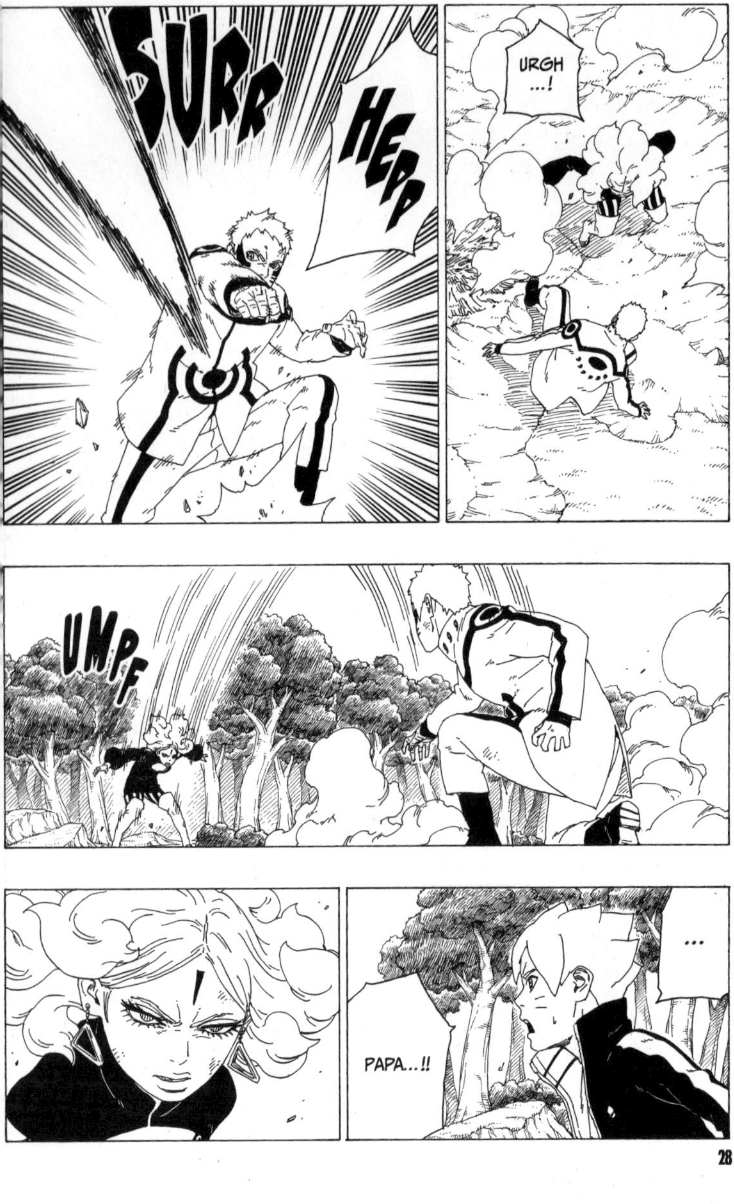
URGH ...!
SURR
HEPP
UMPF
...
PAPA...!!

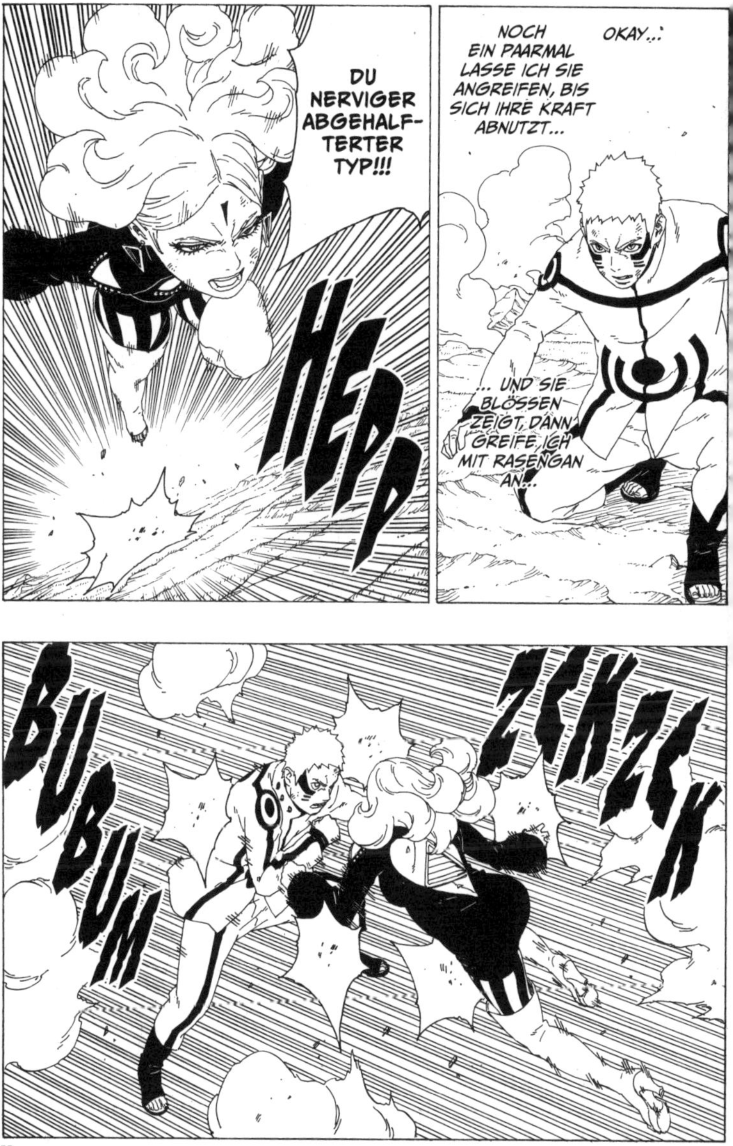
NOCH EIN PAARMAL LASSE ICH SIE ANGREIFEN, BIS SICH IHRE KRAFT ABNUTZT...
OKAY...
... UND SIE BLÖSSEN ZEIGT, DANN GREIFE ICH MIT RASENGAN AN...
DU NERVIGER ABGEHALFTERTER TYP!!!
HEPP
ZCKZCK
BUBUM

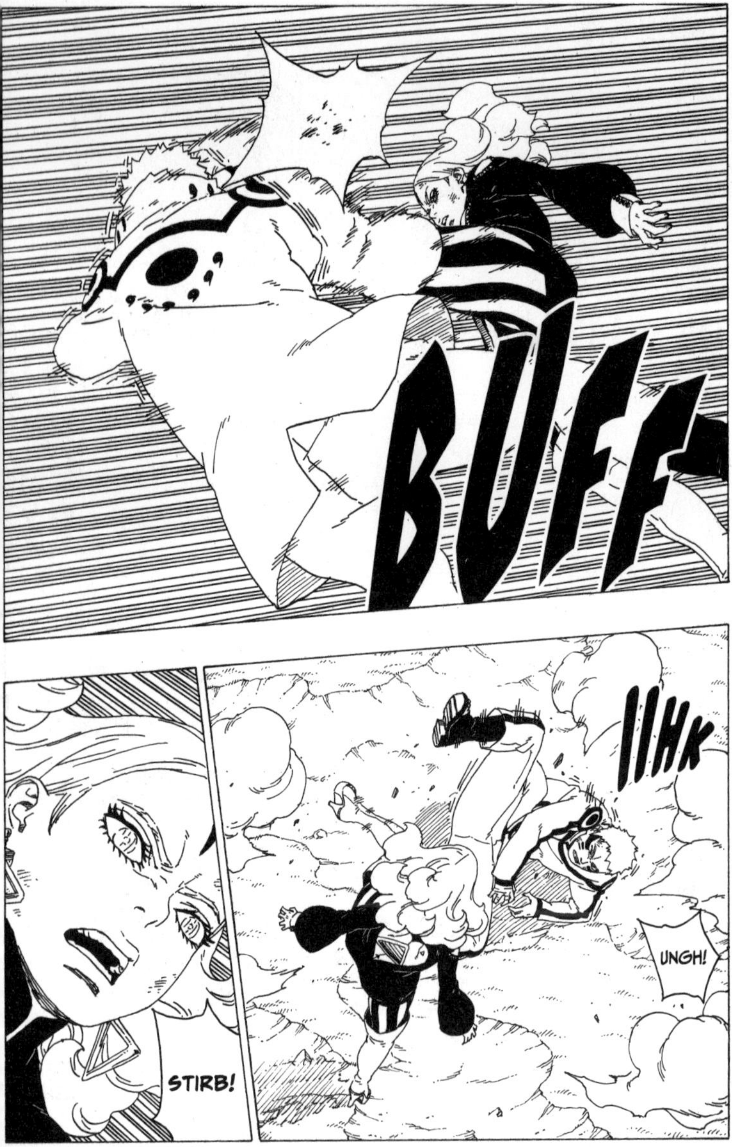
BUFF
IIHK
UNGH!
STIRB!

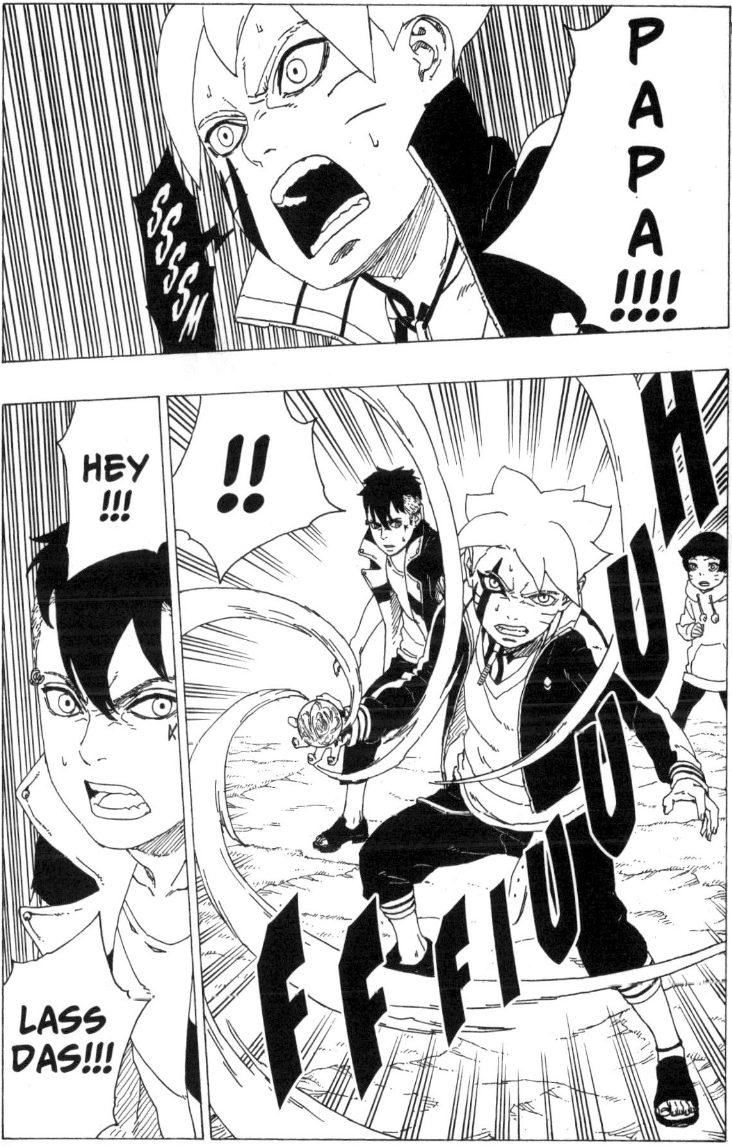
PAPA!!!!
SSSSM
!!
HEY!!!
FFFIUUUUH
LASS DAS!!!

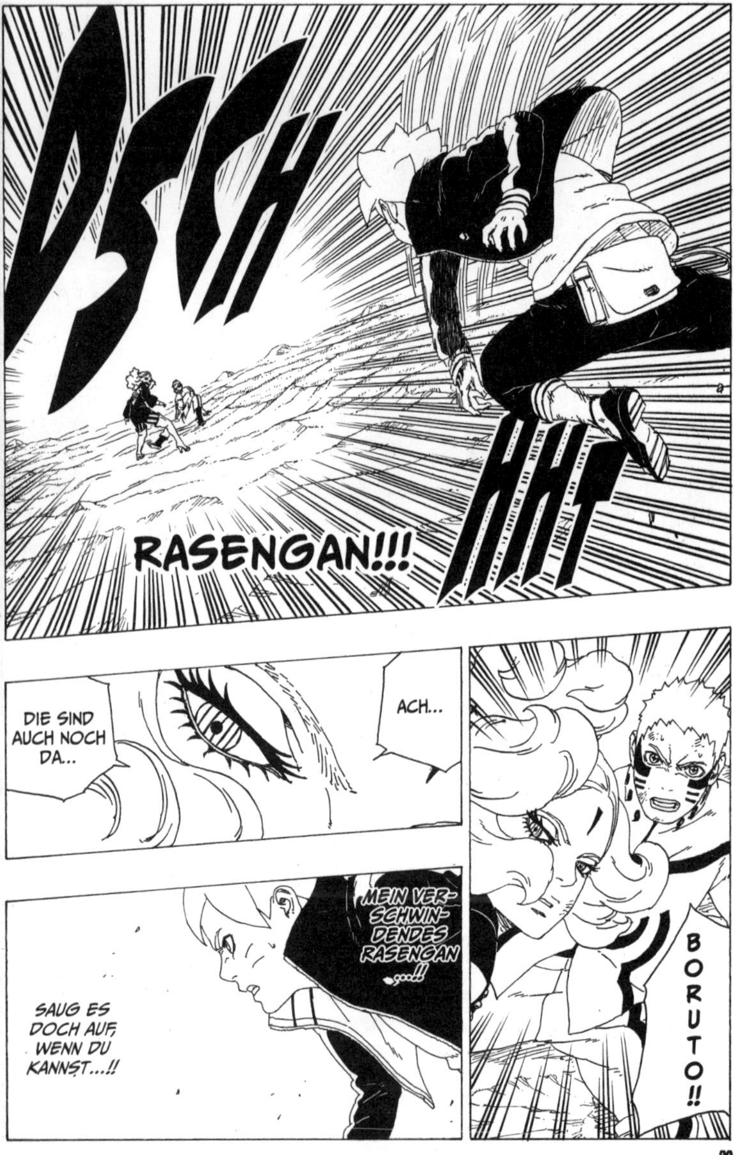
RASENGAN!!!
BORUTO!!
ACH...
DIE SIND AUCH NOCH DA...
MEIN VERSCHWINDENDES RASENGAN ...!!
SAUG ES DOCH AUF, WENN DU KANNST...!!

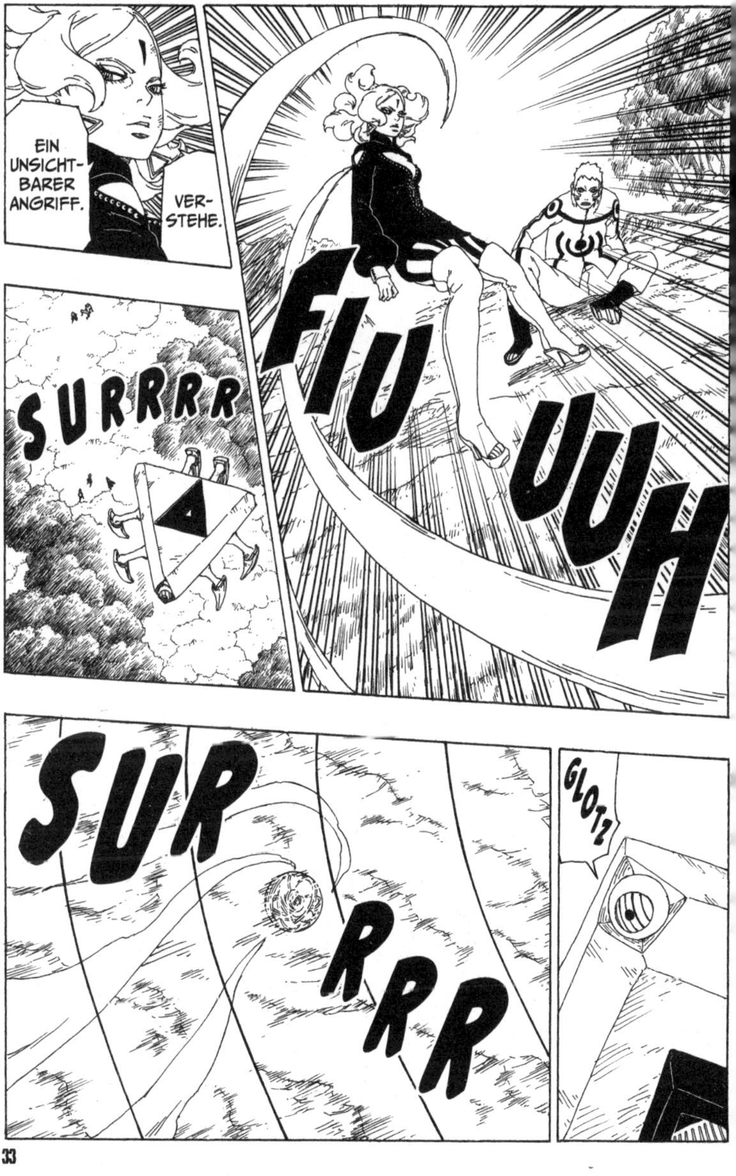
EIN UNSICHT-BARER ANGRIFF.
VER-STEHE.
FIUUUH
SURRRRR
SURRRRR
GLOTZ

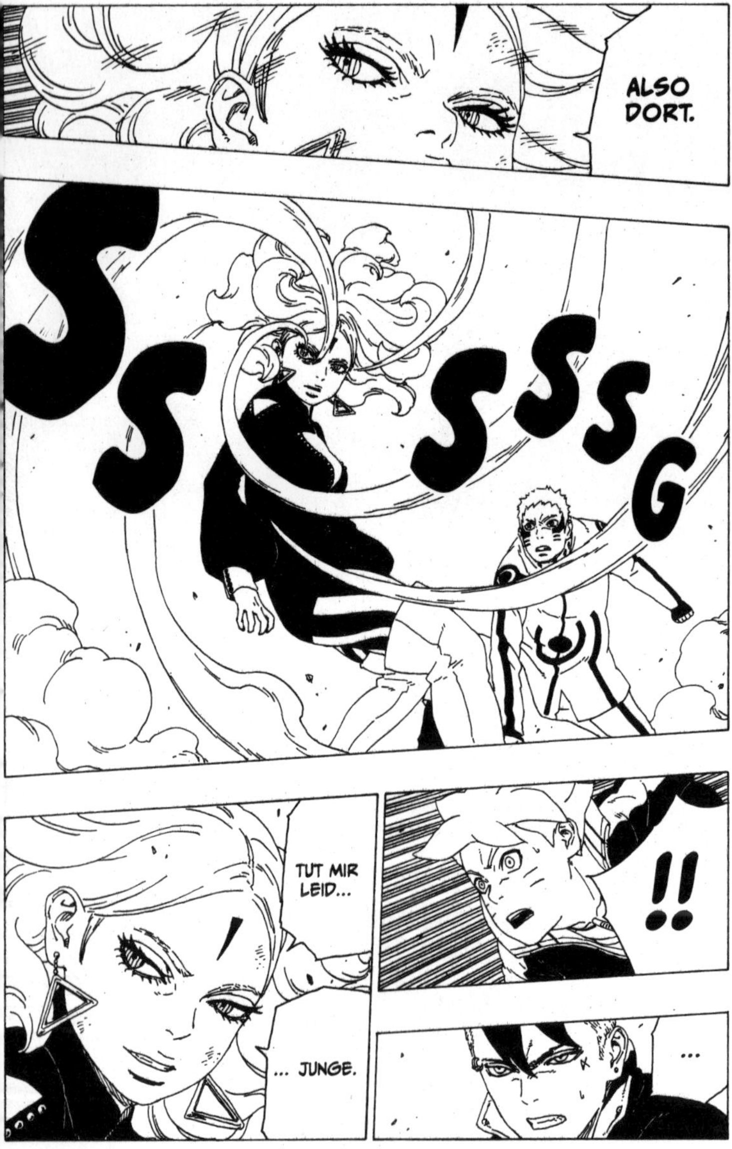
ALSO DORT.
SSSSSG
!!
...
TUT MIR LEID...
... JUNGE.

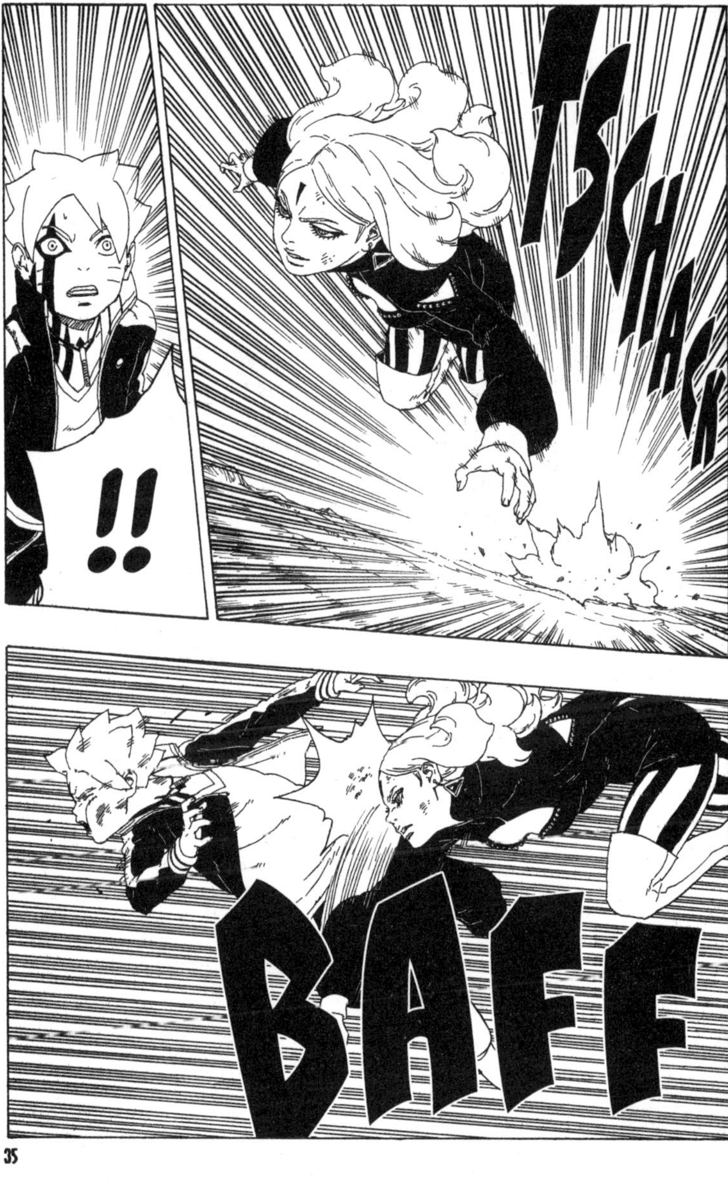
TSCHACK
!!
BAFF

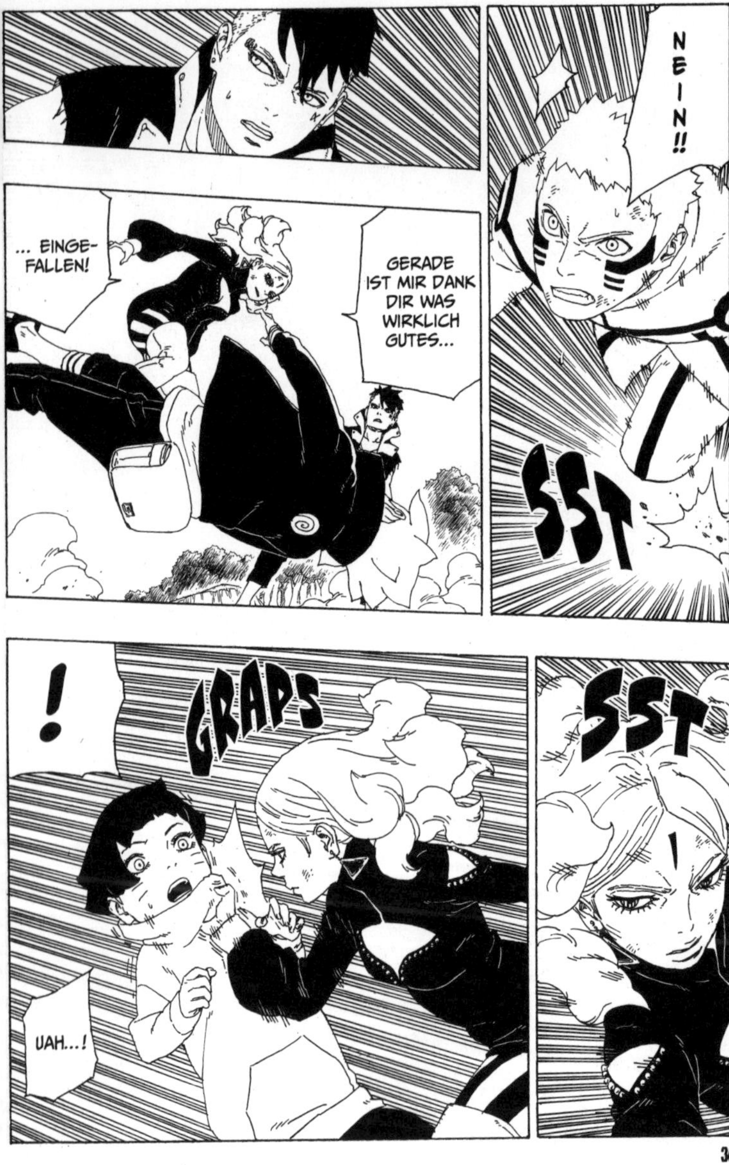
NEIN!!
GERADE IST MIR DANK DIR WAS WIRKLICH GUTES...
... EINGE-FALLEN!
SST
SST
GRAPS
!
UAH...!

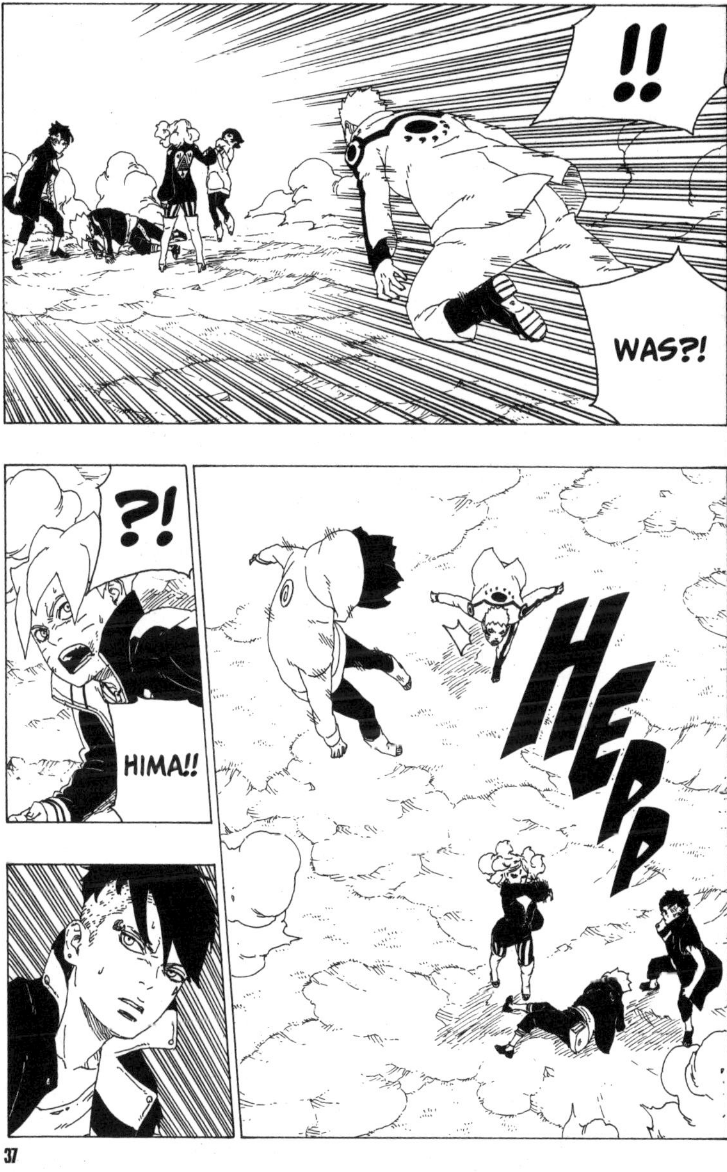
!!
WAS?!
HEPP
?!
HIMA!!

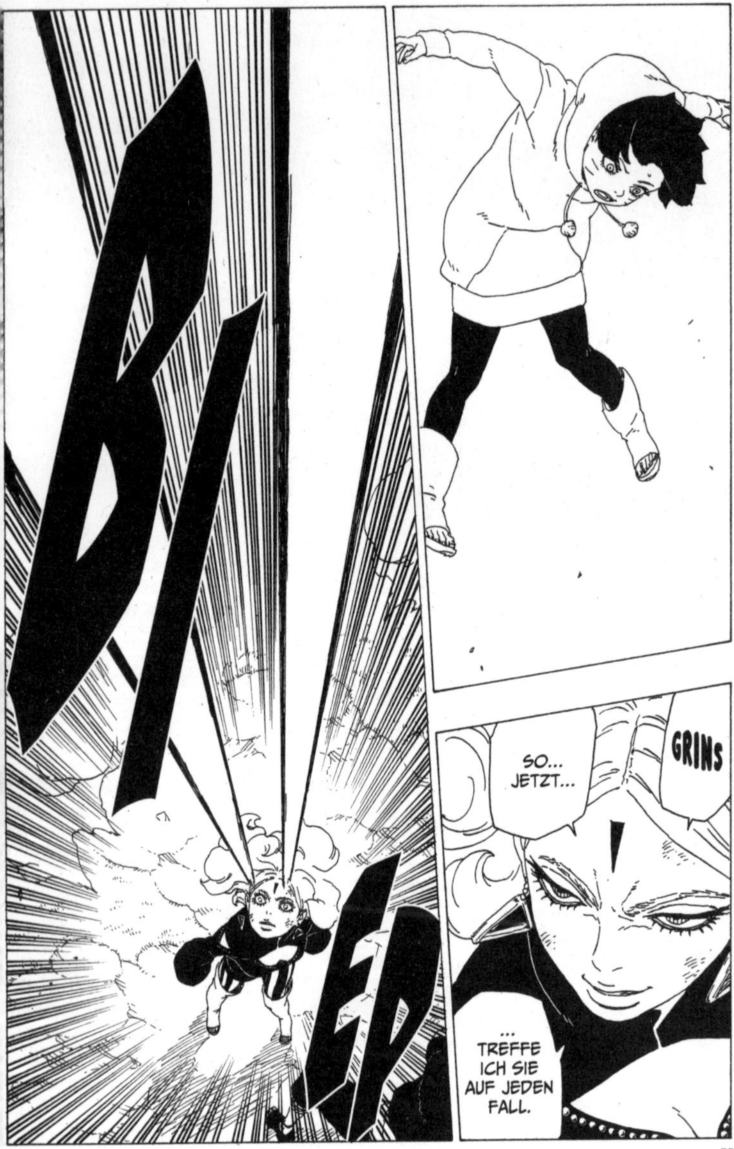
GRINS
SO... JETZT...
... TREFFE ICH SIE AUF JEDEN FALL.

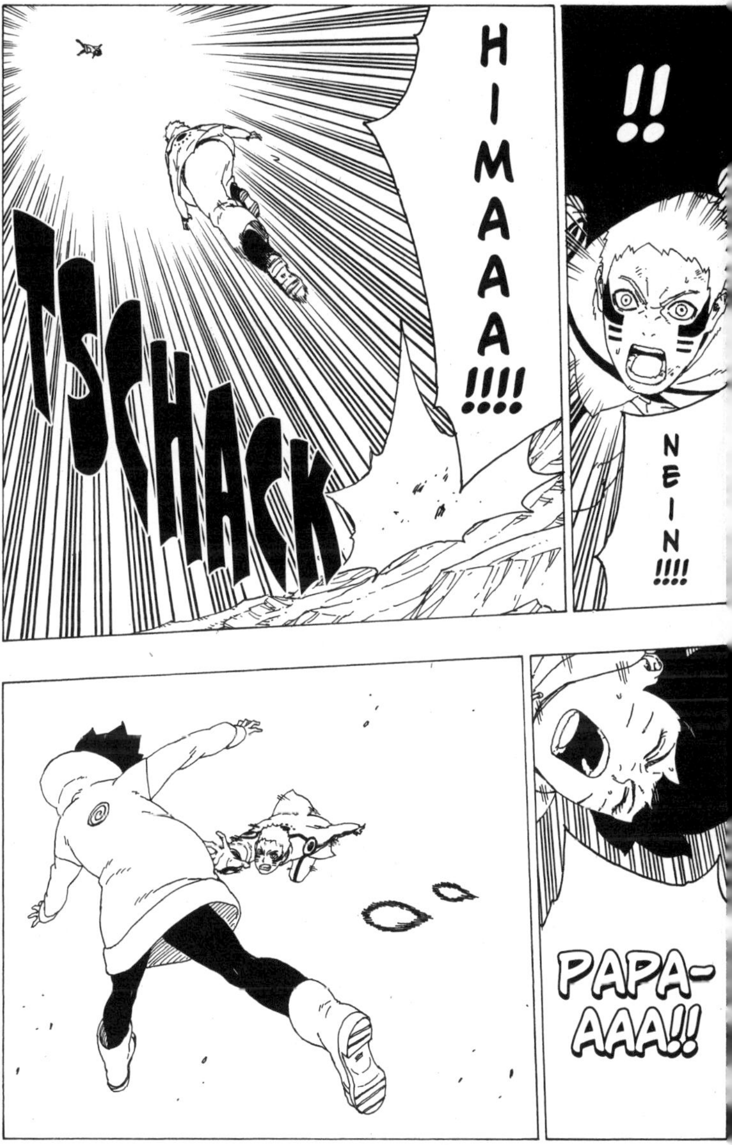
!!
NEIN!!!!
HIMAAA!!!!
TSCHACK
PAPA-AAA!!

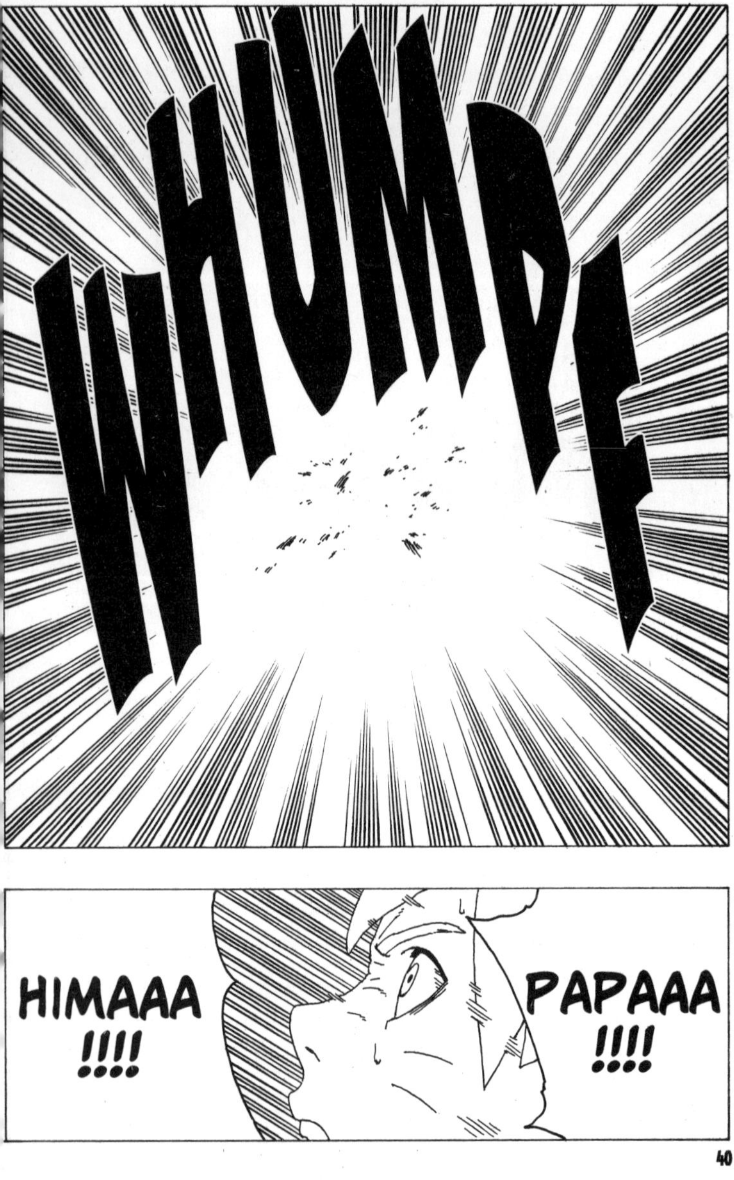
WHUMPF
PAPAAA !!!!
HIMAAA !!!!

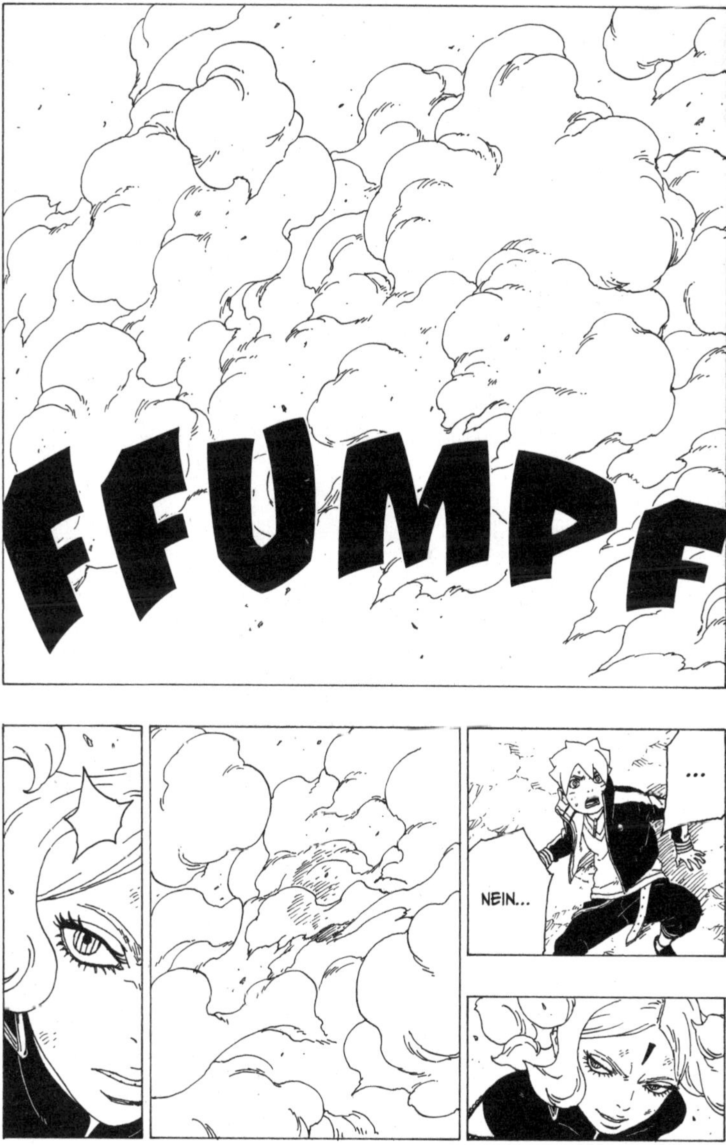
FFUMPF
...
NEIN...

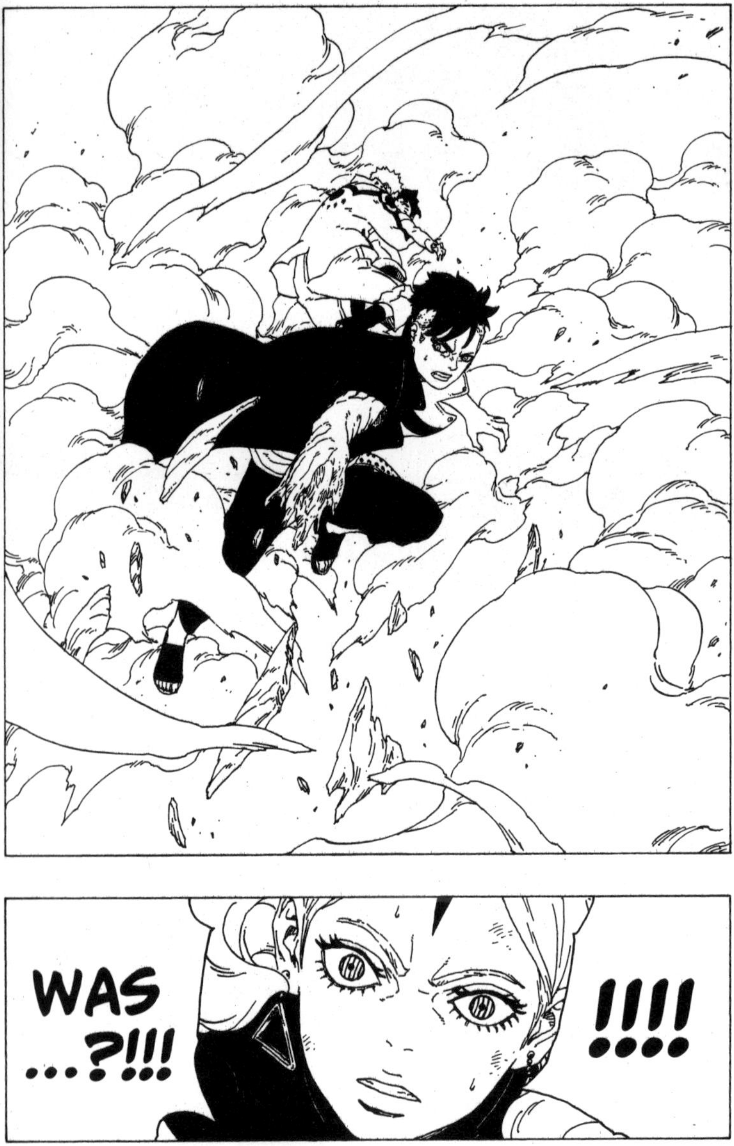
!!!!
WAS ...?!!!

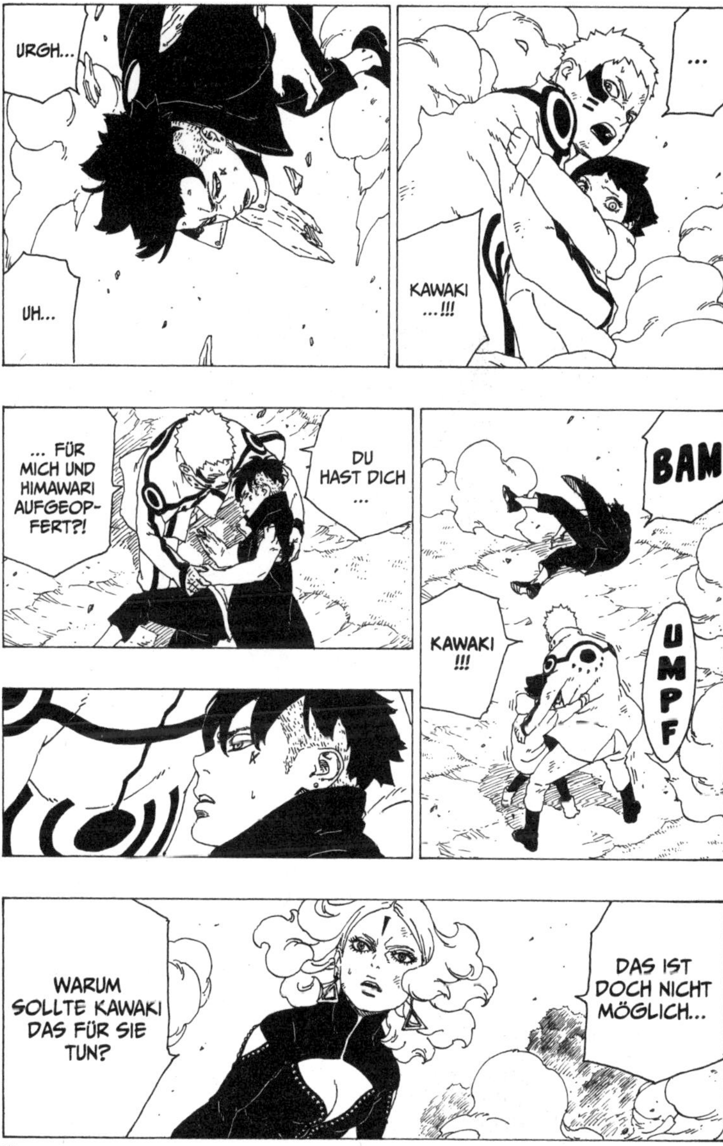
...
KAWAKI ...!!!
URGH...
UH...
BAM
KAWAKI !!!
UMPF
DU HAST DICH ...
... FÜR MICH UND HIMAWARI AUFGEOPFERT?!
DAS IST DOCH NICHT MÖGLICH...
WARUM SOLLTE KAWAKI DAS FÜR SIE TUN?

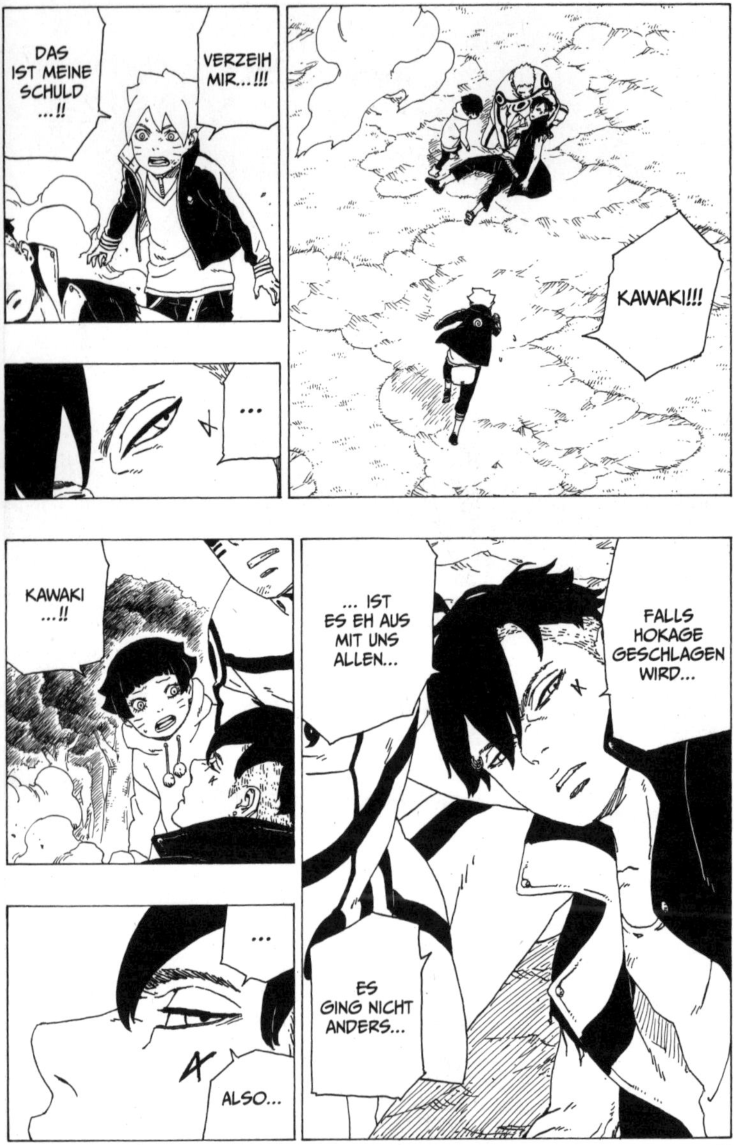
KAWAKI!!!
VERZEIH MIR...!!!
DAS IST MEINE SCHULD ...!!
...
FALLS HOKAGE GESCHLAGEN WIRD...
... IST ES EH AUS MIT UNS ALLEN...
ES GING NICHT ANDERS...
KAWAKI ...!!
...
ALSO...

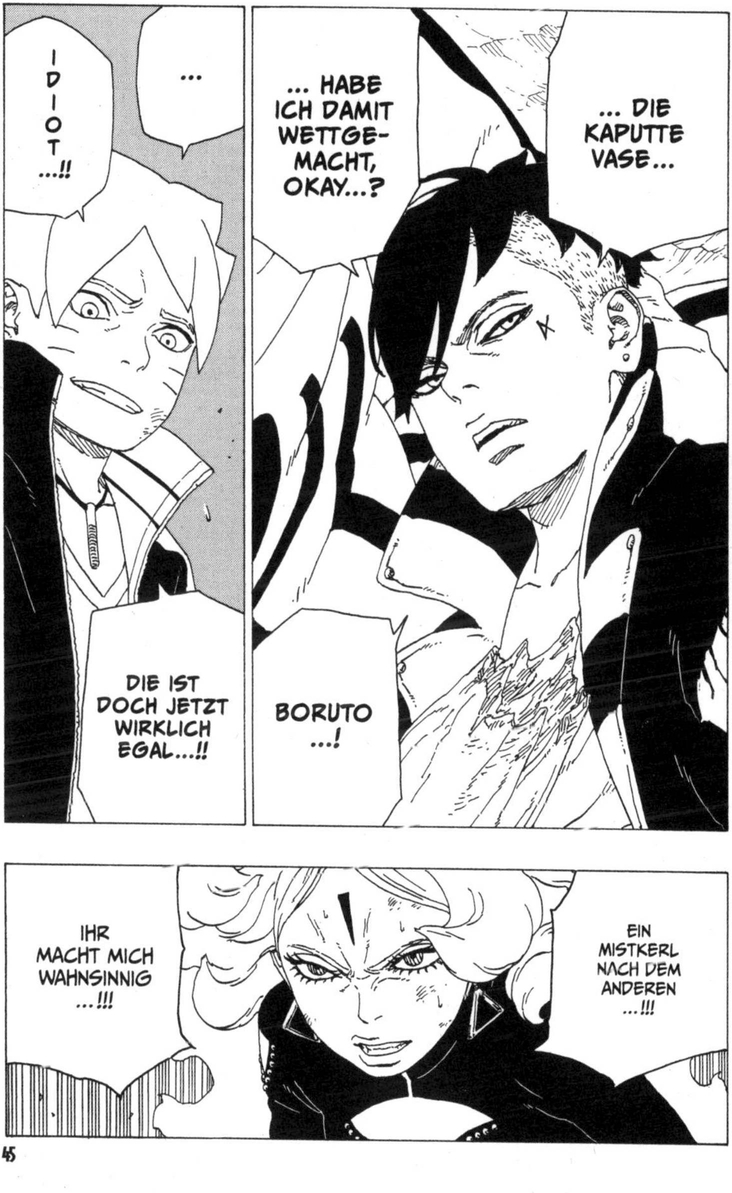
... DIE KAPUTTE VASE...
... HABE ICH DAMIT WETTGEMACHT, OKAY...?
BORUTO ...!
...
IDIOT ...!!
DIE IST DOCH JETZT WIRKLICH EGAL...!!
EIN MISTKERL NACH DEM ANDEREN ...!!!
IHR MACHT MICH WAHNSINNIG ...!!!

GEHEIMÜBERLIEFERUNG DER NINJA, TEIL 1: DIE NINJA UND IHR SOZIALGEFÜGE

NINJA SIND SOZIALE WESEN. SEIT RIKUDO SEN'NIN MIT NINSHU BEGANN UND MENSCHEN MIT DER FÄHIGKEIT, IHR CHAKRA ZU STEUERN, ALS NINJA BEZEICHNET HAT, LEBEN SIE MIT ANDEREN IM VERBUND.

SELBST EIN NUKE-NIN, EIN DESERTEUR, BLEIBT WEITERHIN MIT ANDEREN VERBUNDEN. AUS WELCHEM GRUND AUCH IMMER ER SEIN NINJA-DORF VERLASSEN HAT, SEINE IDENTITÄT ALS NINJA BLEIBT UNVERÄNDERT.

ES GIBT VERSCHIEDENE GRÜNDE, WARUM NINJA, DIE ÜBERMENSCHLICHE FÄHIGKEITEN BESITZEN, DIE GEMEINSCHAFT BRAUCHEN. DER WICHTIGSTE GRUND VON ALLEN IST DAS GELD.

DAS KLINGT VIELLEICHT NICHT BESONDERS EHRENHAFT, ABER DIE NINJA SIND REALISTEN. ÜBERLEBEN IST FÜR SIE WICHTIGER ALS STOLZ. DAS IST DER UNTERSCHIED ZU DEN SAMURAI, DIE NUR NOCH IN DER LEGENDE EXISTIEREN.

WARUM BRAUCHEN NINJA GELD? – WEIL IHRE AUSSERGEWÖHNLICHEN FÄHIGKEITEN (VON SEHR WENIGEN AUSNAHMEN ABGESEHEN) FÜR IHR ALLTAGSLEBEN NUTZLOS SIND.

MIT KAGEBUNSHIN KANN MAN EINE KOMPLETTE ARMEE BILDEN, UND EINE KATON-KUNST IST STÄRKER ALS JEDER BOGEN UND JEDES SCHWERT. ABER KANN MAN MIT EINER SOLCHEN KUNST KLEIDUNG NÄHEN, REIS ANBAUEN, KINDER VOR REGEN UND WIND SCHÜTZEN? NEIN.

DIE SPEZIELLEN FÄHIGKEITEN DER NINJA PRODUZIEREN NICHTS. DARUM BRAUCHEN SIE ANDERE MENSCHEN, UM ZU ÜBERLEBEN. ALS DAS DORF KONOHA KEINE VERBINDUNGEN ZU ANDEREN DÖRFERN HATTE UND ALLES SELBST PRODUZIEREN MUSSTE, WAR DAS LEBEN DER MENSCHEN ELEND.

DAMIT EIN AUF KAMPF SPEZIALISIERTER MENSCH LEBEN KANN, MÜSSEN ETWA HUNDERT ANDERE MENSCHEN ARBEITEN. DAS HEISST, ERST EIN LAND MIT EINER MILLION EINWOHNER KANN ZEHNTAUSEND NINJA ERNÄHREN.

DIE NINJA SIND SICH DESSEN BEWUSST UND LEBEN DESHALB IN GEMEINSCHAFT MIT ANDEREN. SIE HABEN NIE VERSUCHT, ÜBER DIE ANDEREN MENSCHEN ZU HERRSCHEN. SIE WISSEN, DASS SIE DANN VON DER ÜBERWÄLTIGENDEN MEHRHEIT ABGELEHNT UND AUSGESTOSSEN WÜRDEN UND NICHT MEHR ÜBERLEBEN KÖNNTEN.

ALS »GRUPPE VON PROFIS, DIE GEGEN HONORAR ARBEITEN« HABEN DIE NINJA IHRE EXISTENZ IN DER GESELLSCHAFT GESICHERT.

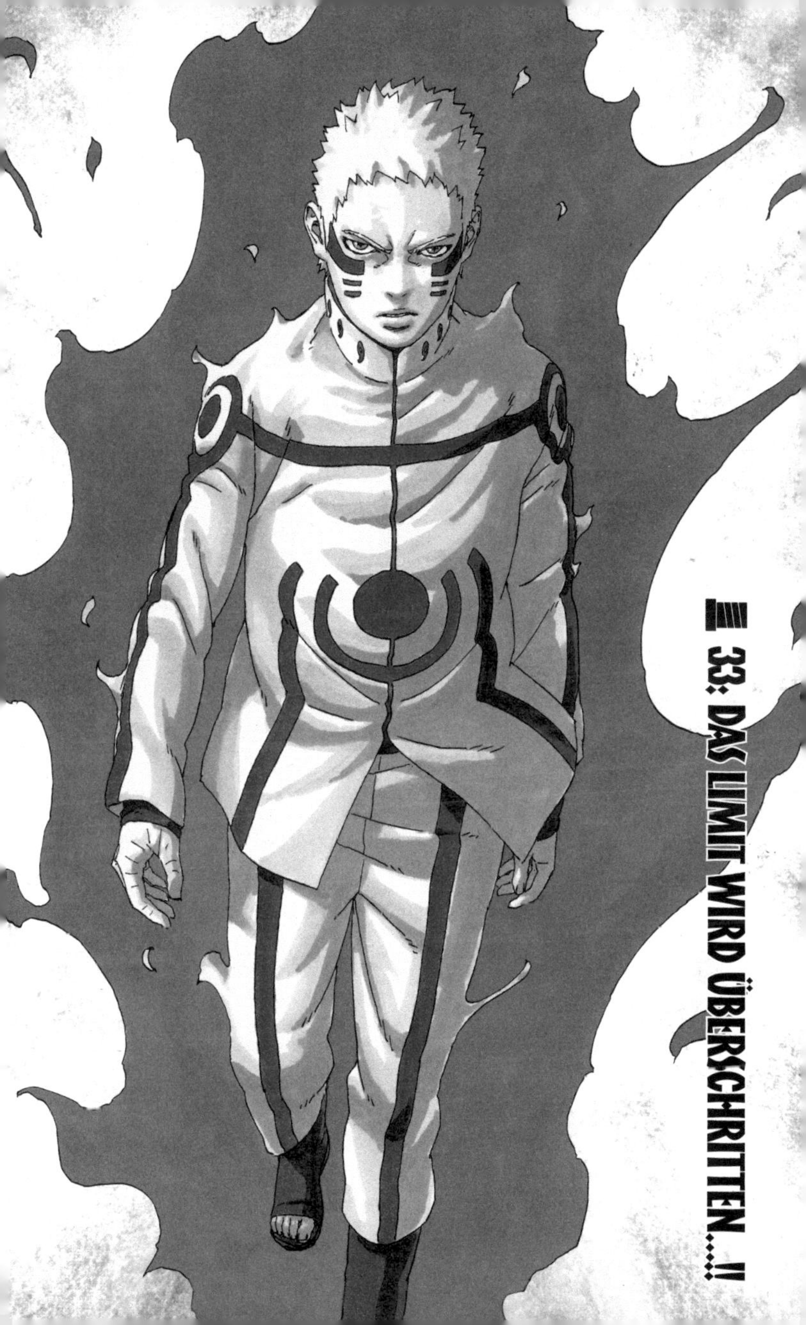

33: DAS LIMIT WIRD ÜBERSCHRITTEN...!!

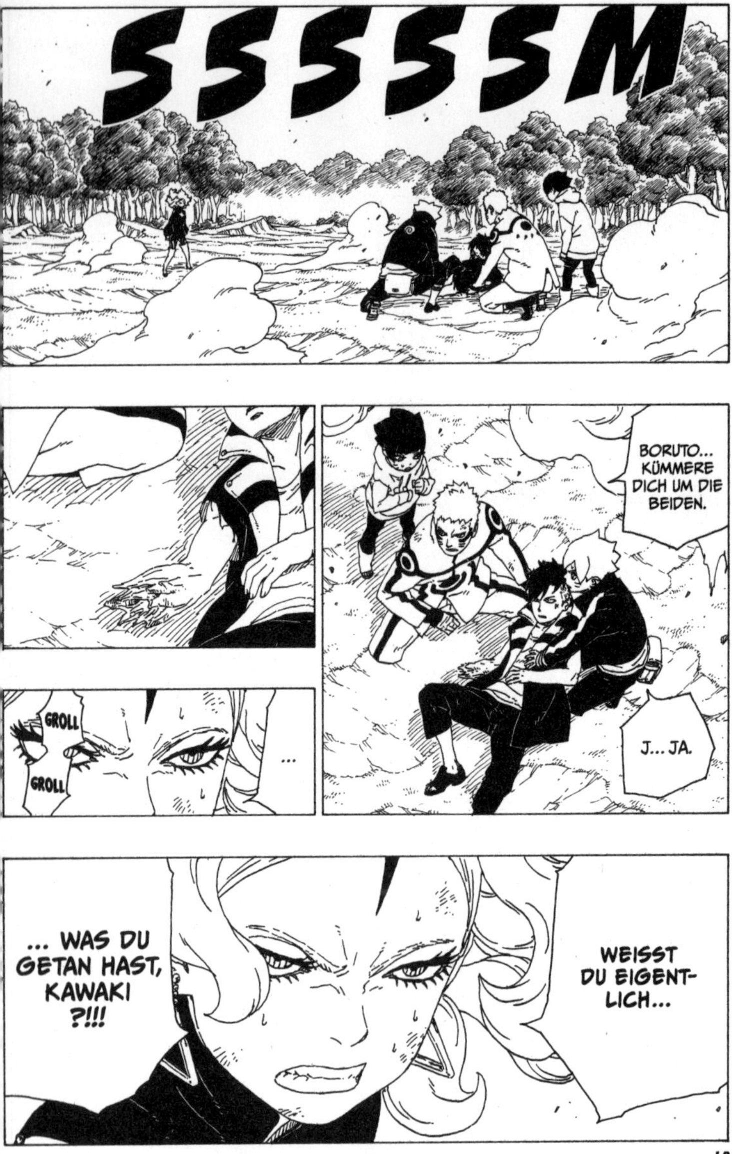
SSSSSM
BORUTO... KÜMMERE DICH UM DIE BEIDEN.
J... JA.
GROLL
GROLL
...
WEISST DU EIGENT-LICH...
... WAS DU GETAN HAST, KAWAKI ?!!!

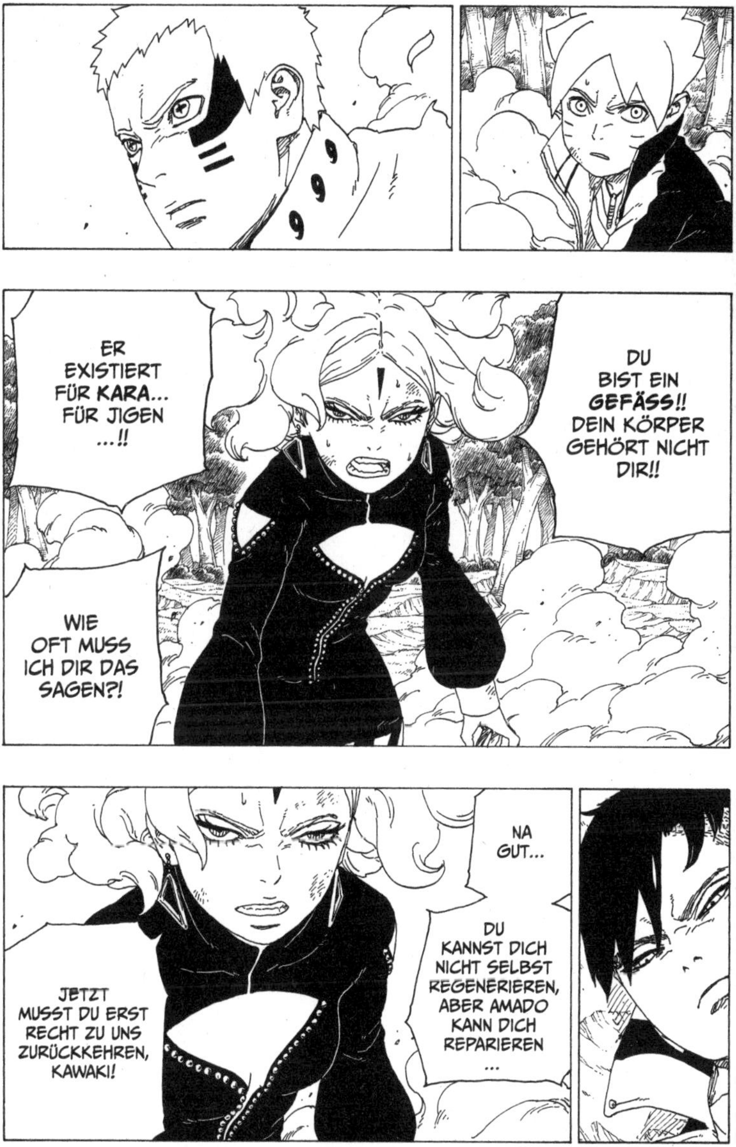
DU BIST EIN GEFÄSS!! DEIN KÖRPER GEHÖRT NICHT DIR!!
ER EXISTIERT FÜR KARA... FÜR JIGEN ...!!
WIE OFT MUSS ICH DIR DAS SAGEN?!
NA GUT...
DU KANNST DICH NICHT SELBST REGENERIEREN, ABER AMADO KANN DICH REPARIEREN ...
JETZT MUSST DU ERST RECHT ZU UNS ZURÜCKKEHREN, KAWAKI!

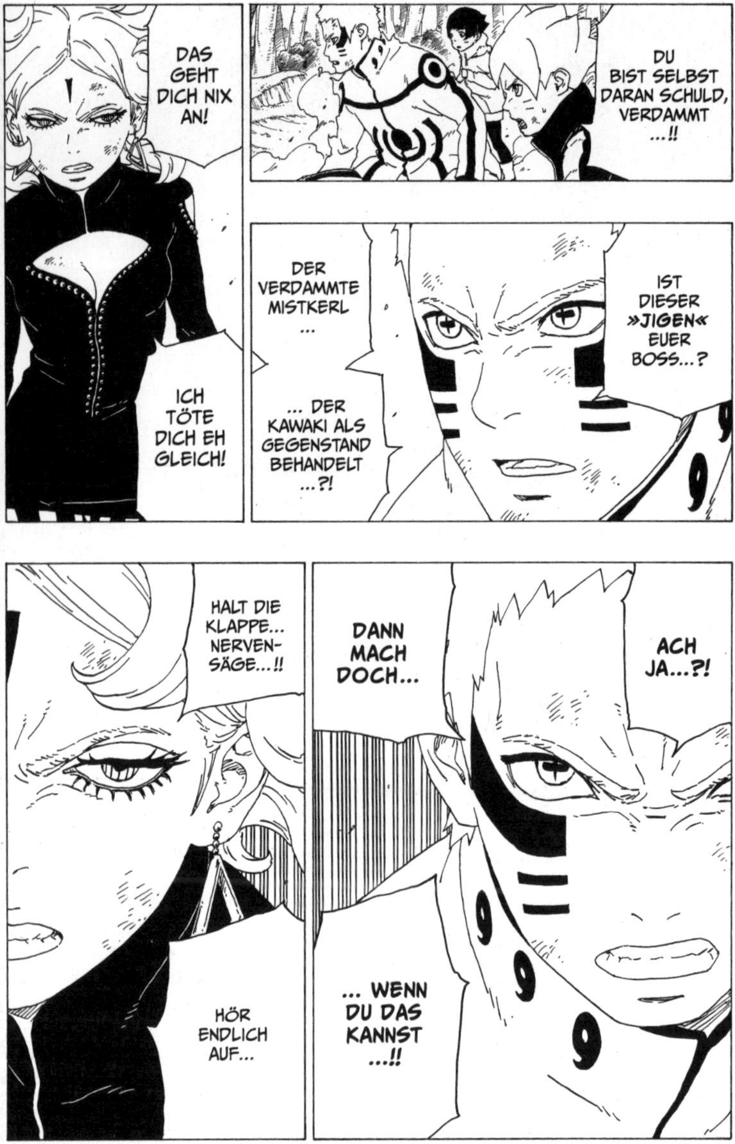
DU BIST SELBST DARAN SCHULD, VERDAMMT ...!!
IST DIESER »JIGEN« EUER BOSS...?
DER VERDAMMTE MISTKERL ...
... DER KAWAKI ALS GEGENSTAND BEHANDELT ...?!
DAS GEHT DICH NIX AN!
ICH TÖTE DICH EH GLEICH!
ACH JA...?!
DANN MACH DOCH...
... WENN DU DAS KANNST ...!!
HALT DIE KLAPPE... NERVEN-SÄGE...!!
HÖR ENDLICH AUF...

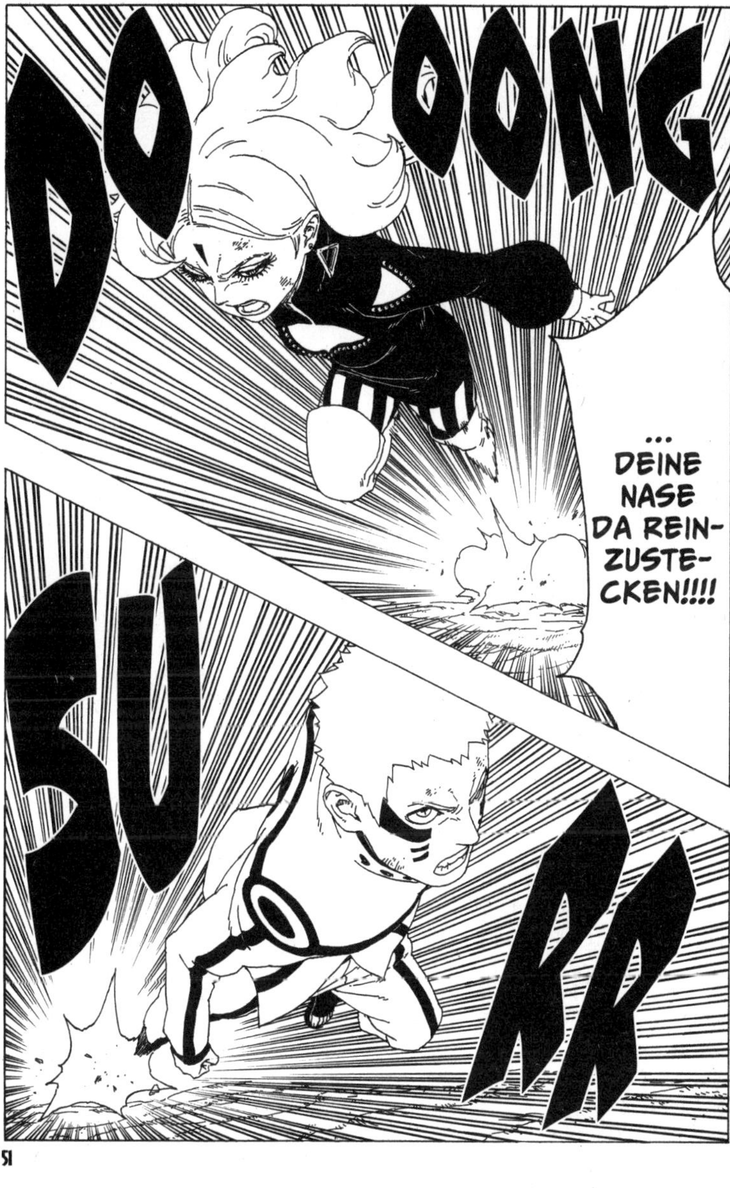
... DEINE NASE DA REIN-ZUSTE-CKEN!!!!
DO
OONG
SU
RR

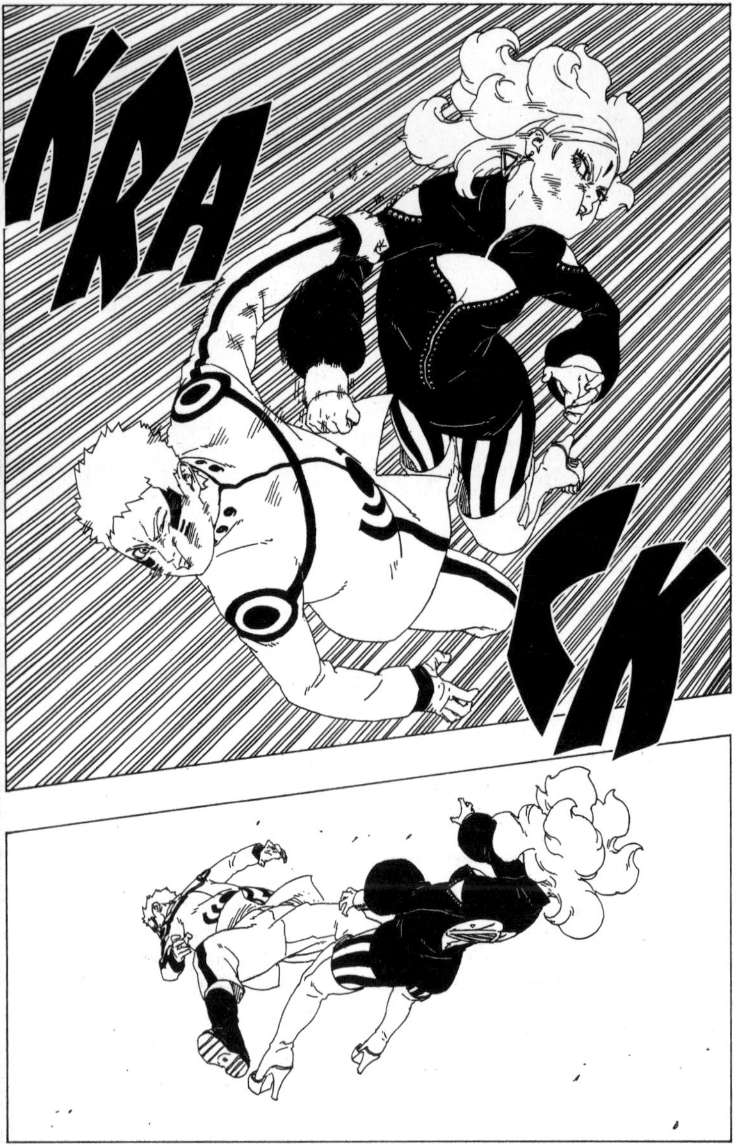
KRACK

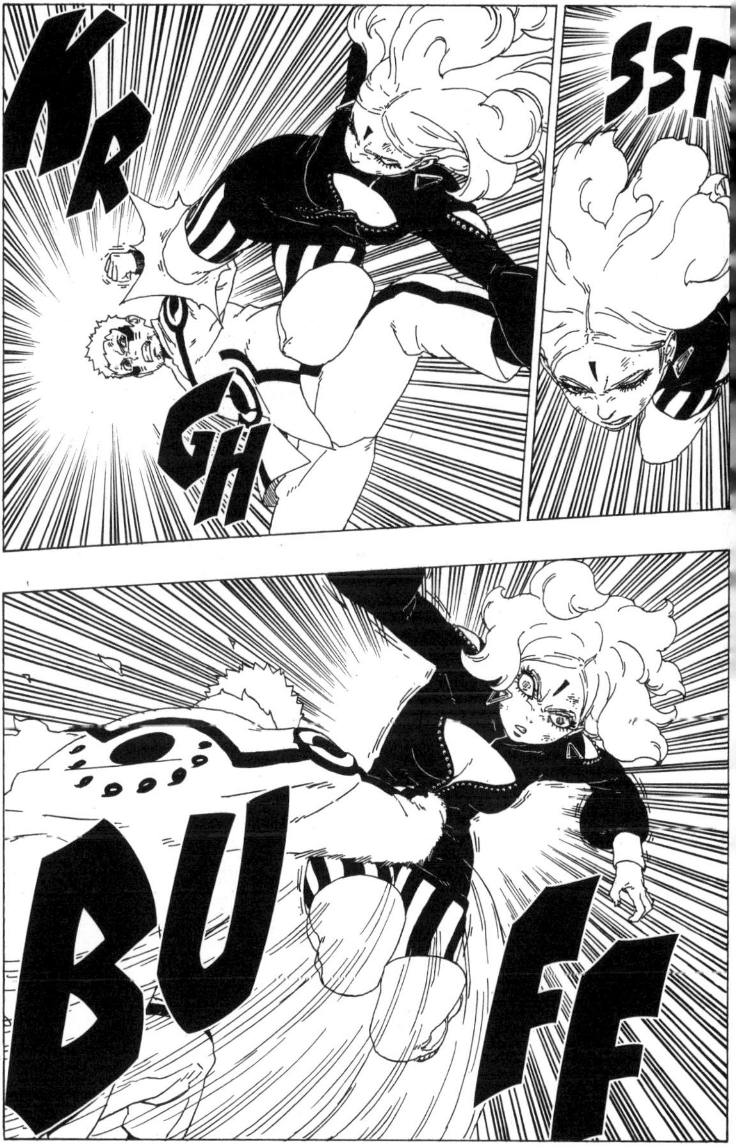
SST
KR
GH
BUFF

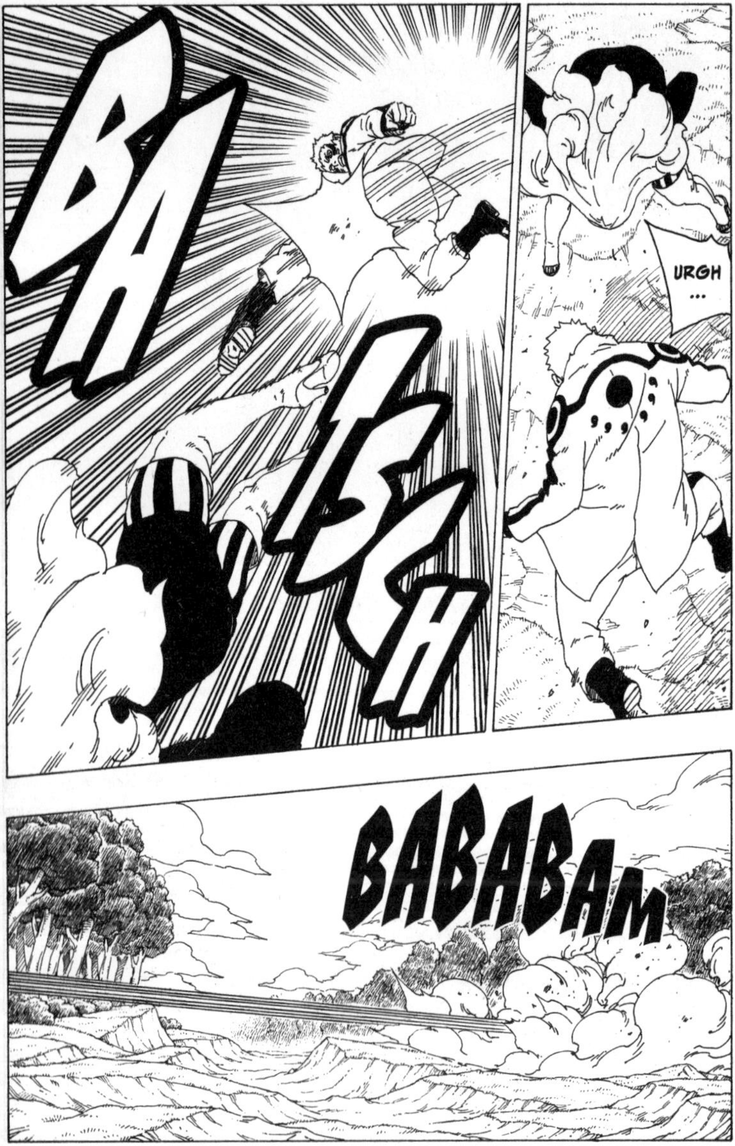
URGH
…
BA
BABABAM

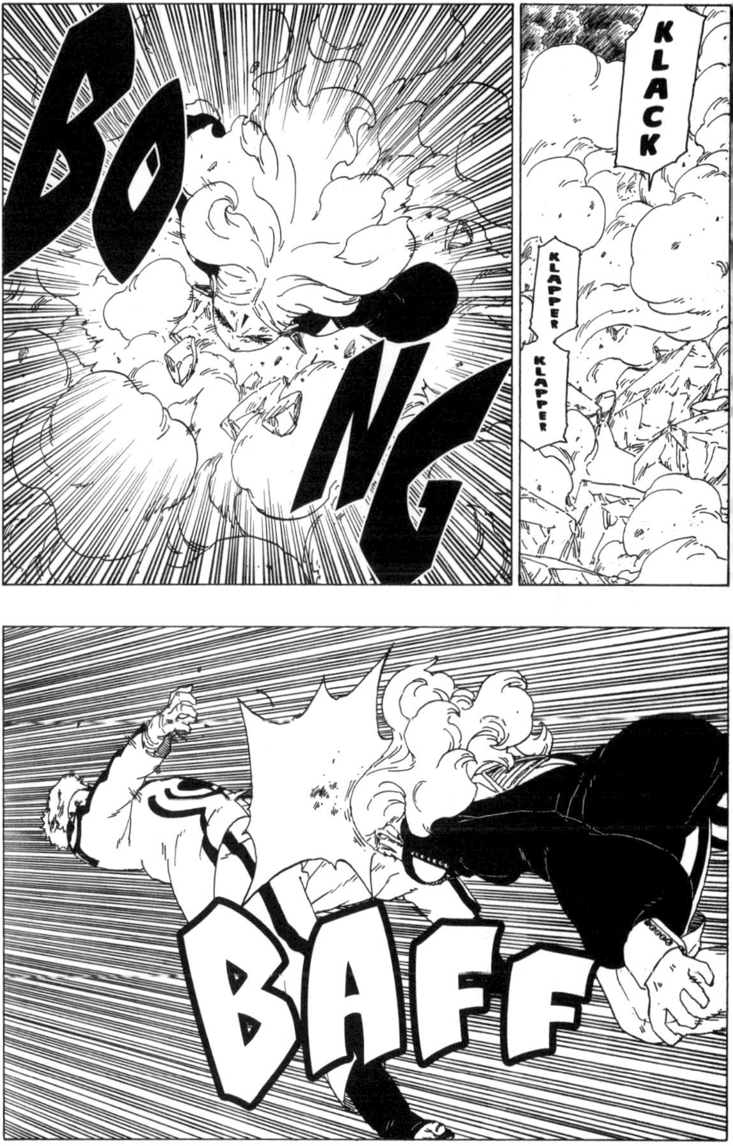
KLACK
KLAPPER
KLAPPER
BONG
BAFF

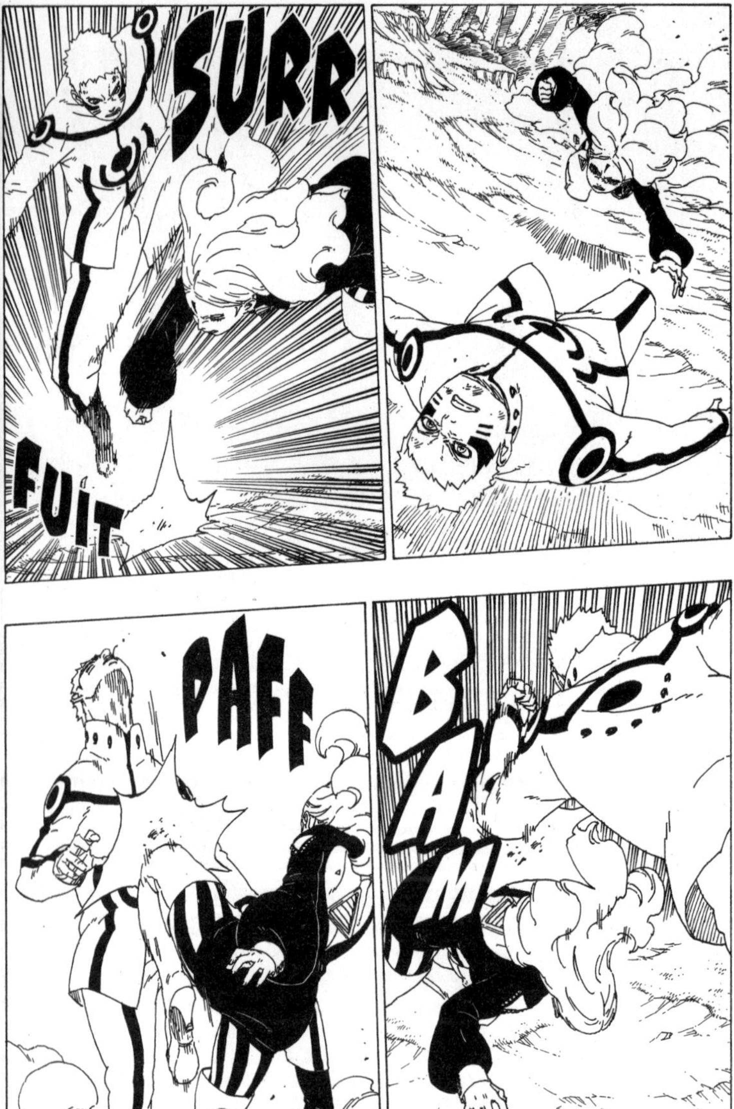
SURR
FUIT
BAM
PAFF

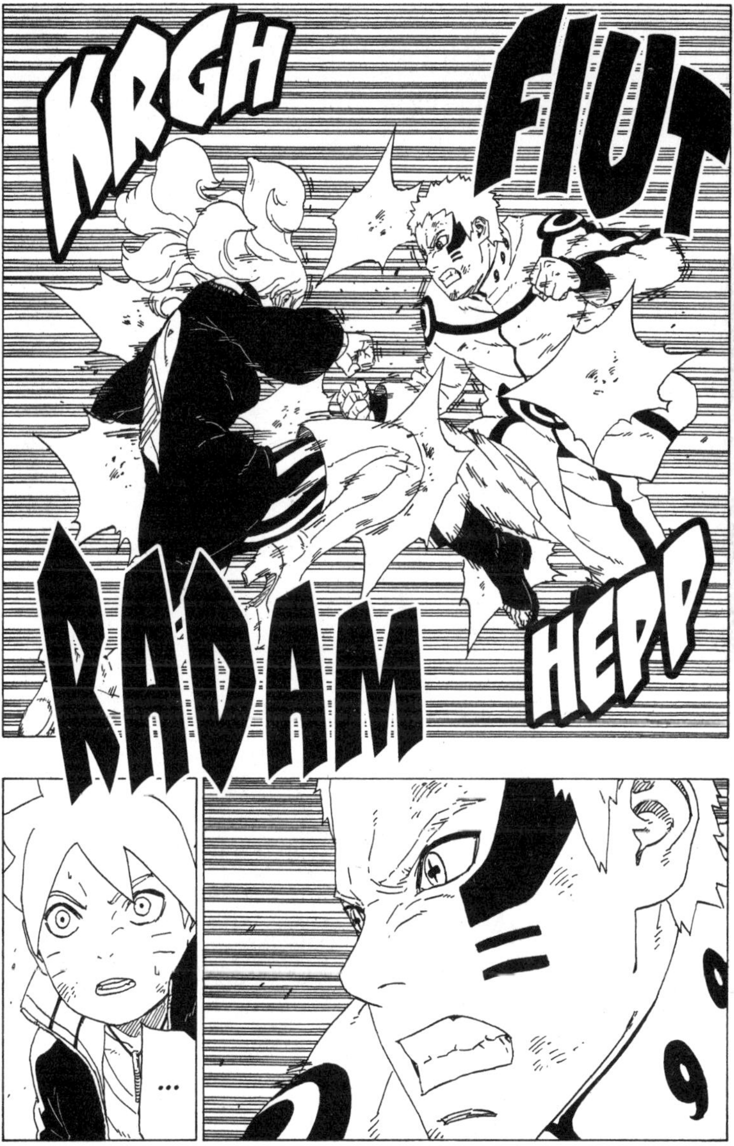
FIUT
KRGH
HEDD
RADAM
...

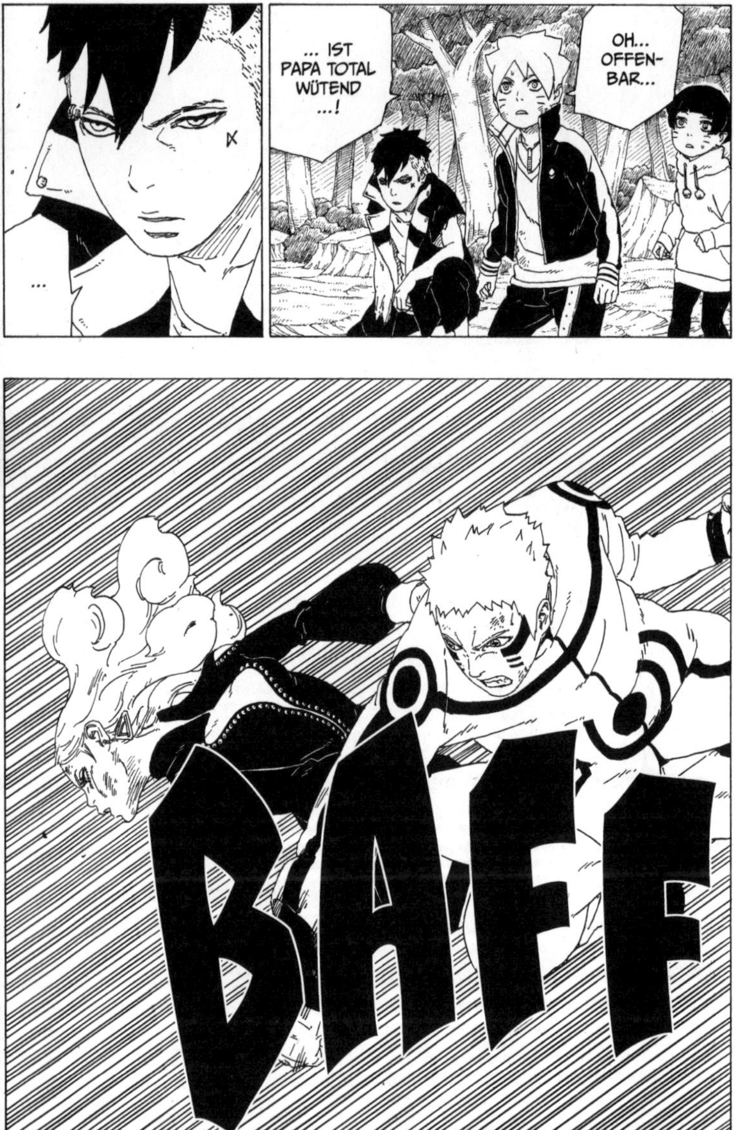
OH... OFFEN-BAR...
... IST PAPA TOTAL WÜTEND ...!
...
BAFF

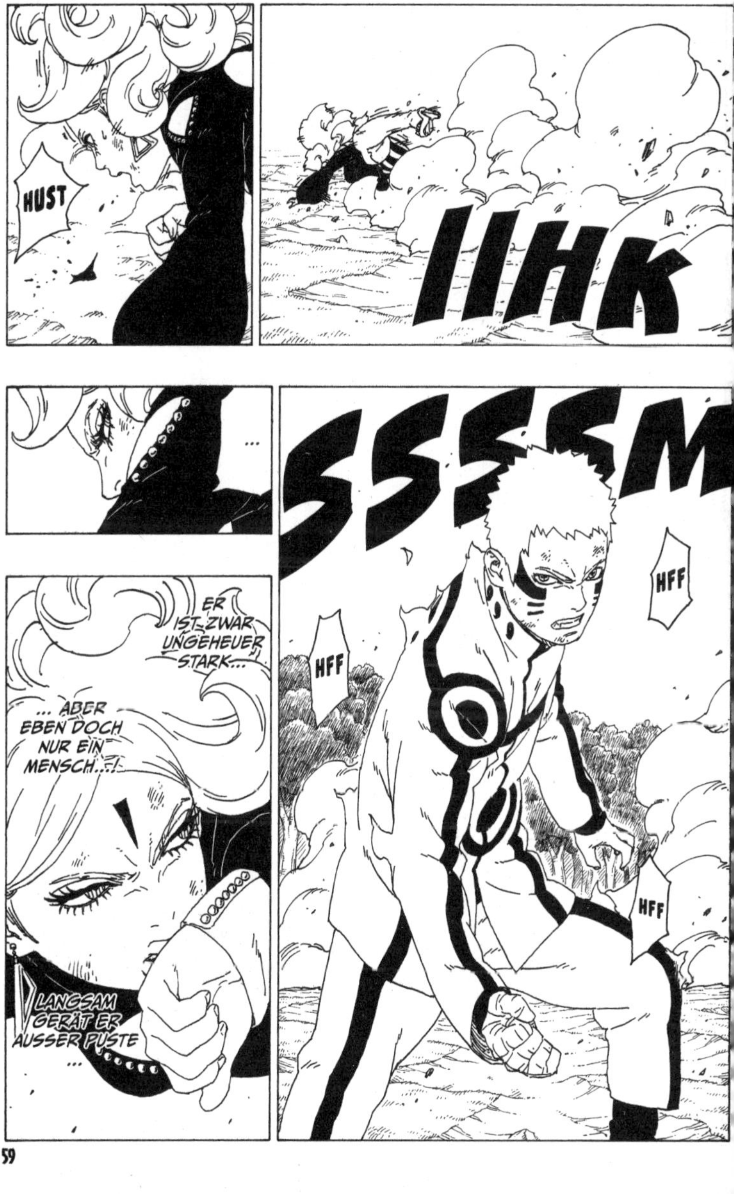
IIHK
HUST
SSSSM
HFF
HFF
HFF
...
ER IST ZWAR UNGEHEUER STARK...
... ABER EBEN DOCH NUR EIN MENSCH...!
LANGSAM GERÄT ER AUSSER PUSTE ...

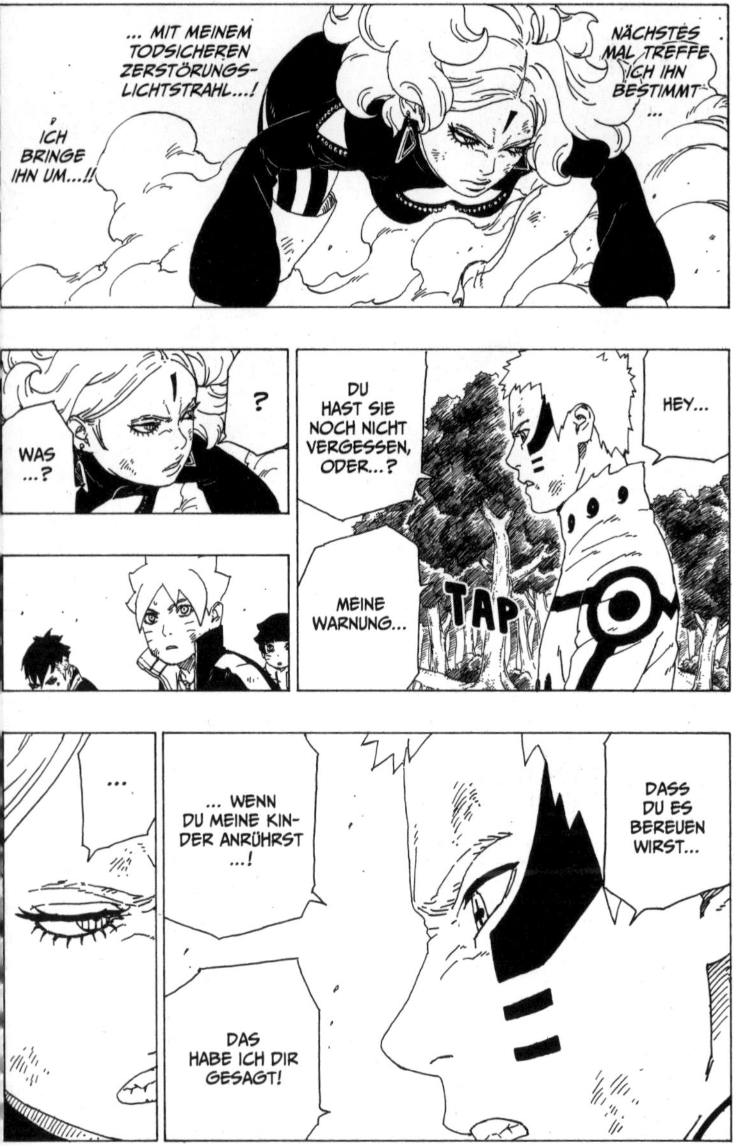
NÄCHSTES MAL TREFFE ICH IHN BESTIMMT ...
... MIT MEINEM TODSICHEREN ZERSTÖRUNGSLICHTSTRAHL...!
ICH BRINGE IHN UM...!!
HEY...
DU HAST SIE NOCH NICHT VERGESSEN, ODER...?
MEINE WARNUNG...
TAP
?
WAS ...?
DASS DU ES BEREUEN WIRST...
... WENN DU MEINE KINDER ANRÜHRST ...!
DAS HABE ICH DIR GESAGT!
...

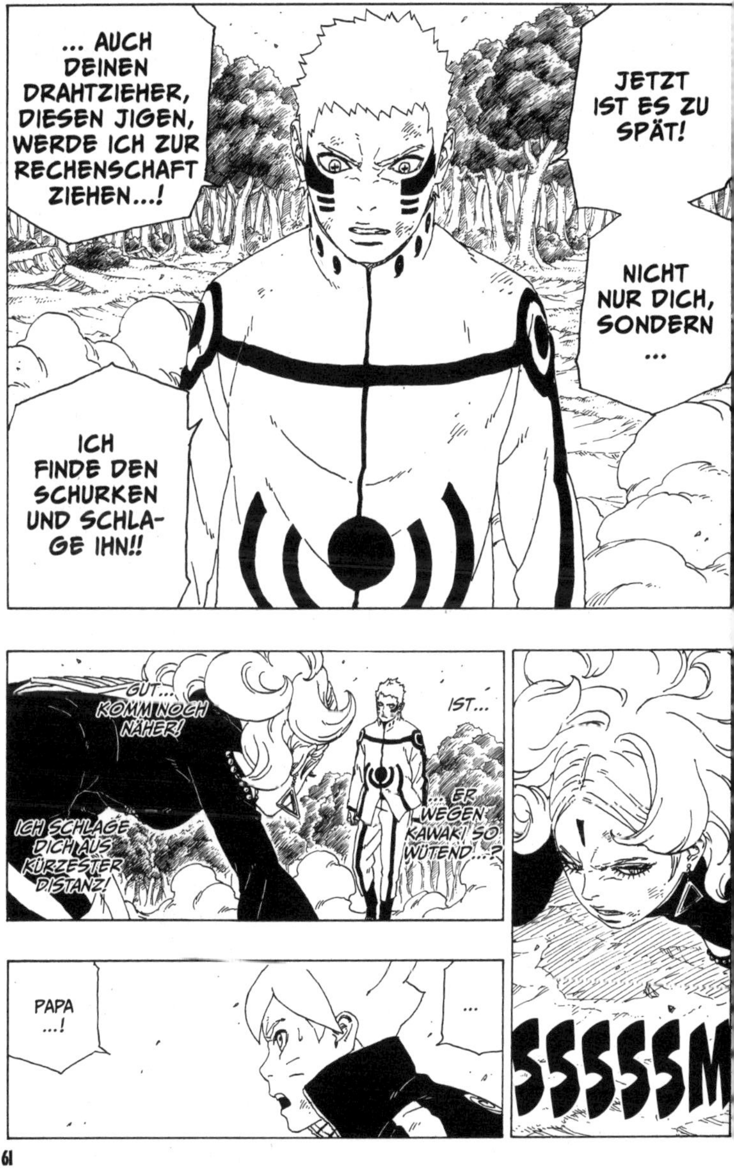

JETZT IST ES ZU SPÄT!
NICHT NUR DICH, SONDERN ...
... AUCH DEINEN DRAHTZIEHER, DIESEN JIGEN, WERDE ICH ZUR RECHENSCHAFT ZIEHEN...!
ICH FINDE DEN SCHURKEN UND SCHLAGE IHN!!
IST...
... ER WEGEN KAWAKI SO WÜTEND...?
GUT... KOMM NOCH NÄHER!
ICH SCHLAGE DICH AUS KÜRZESTER DISTANZ!
SSSSSM
...
PAPA ...!

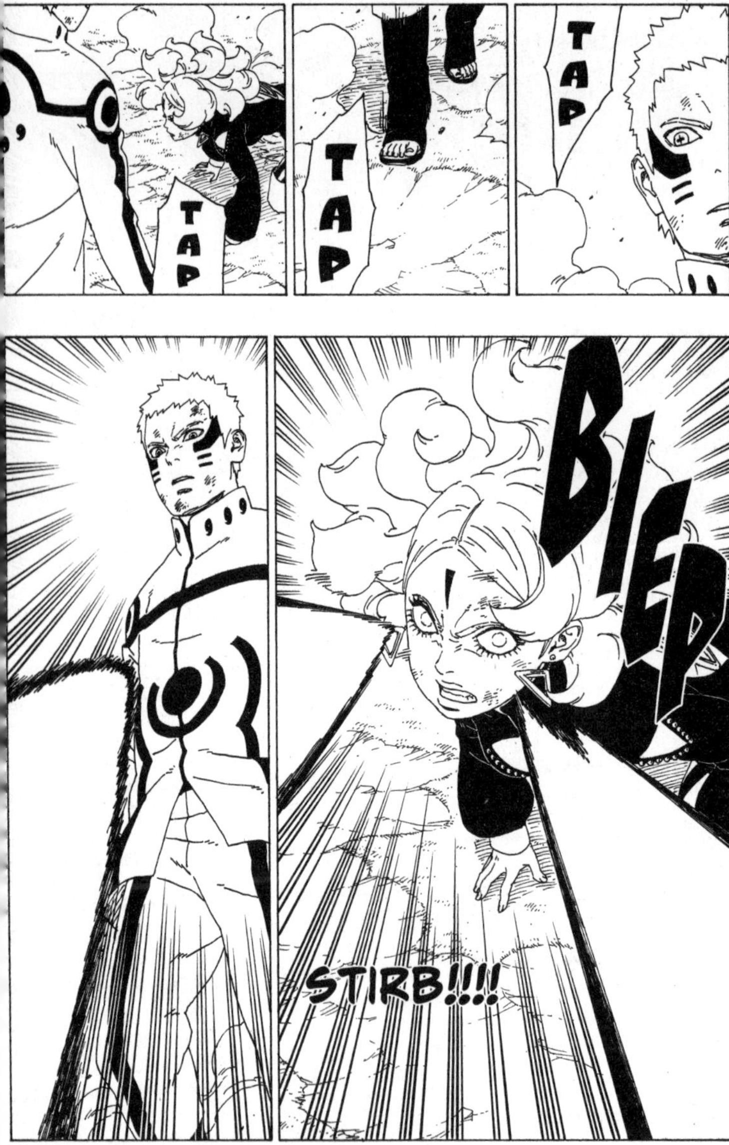
TAP
TAP
TAP
TAP
TAP
BIEP
STIRB!!!!

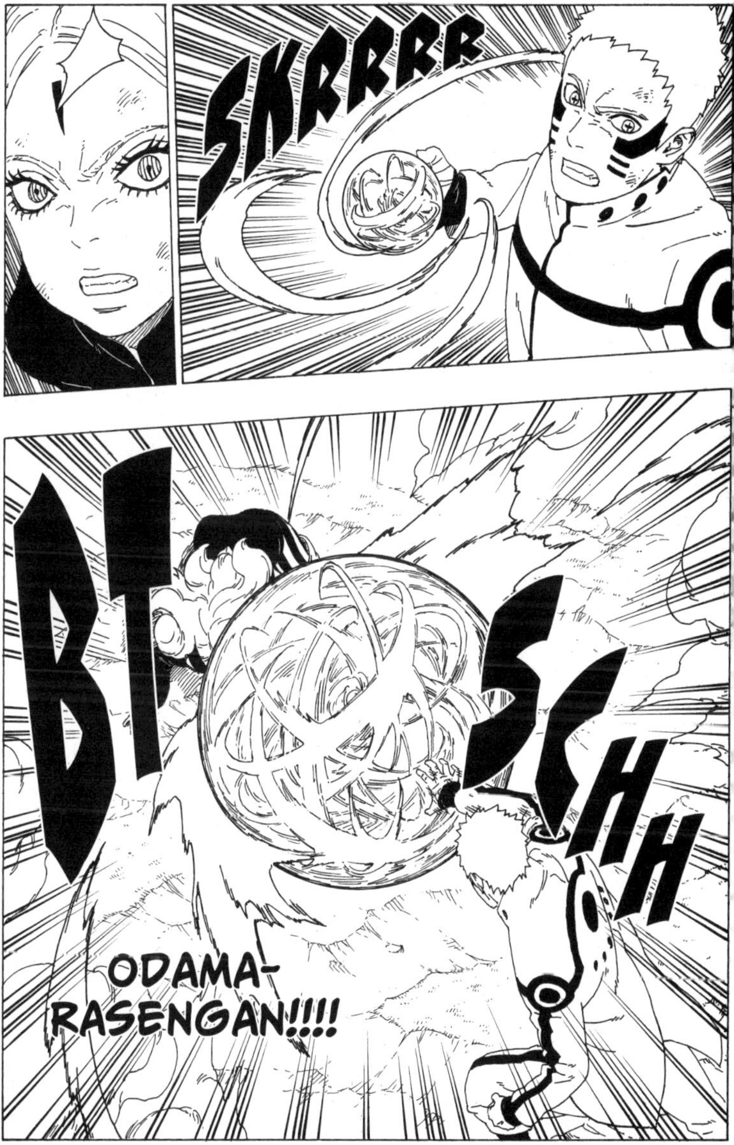
SKRRRR
BISCHH
ODAMA-RASENGAN!!!!

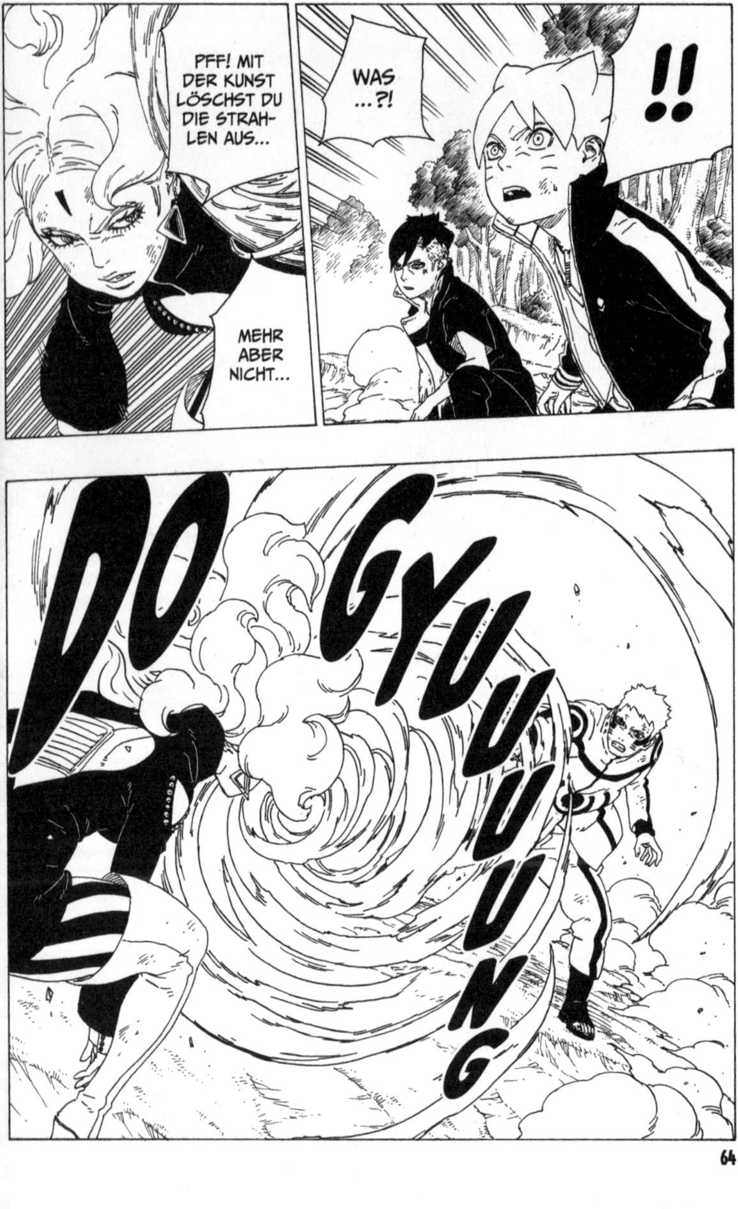
WAS ...?!
!!
PFF! MIT DER KUNST LÖSCHST DU DIE STRAHLEN AUS...
MEHR ABER NICHT...
DOGYUUUUNG

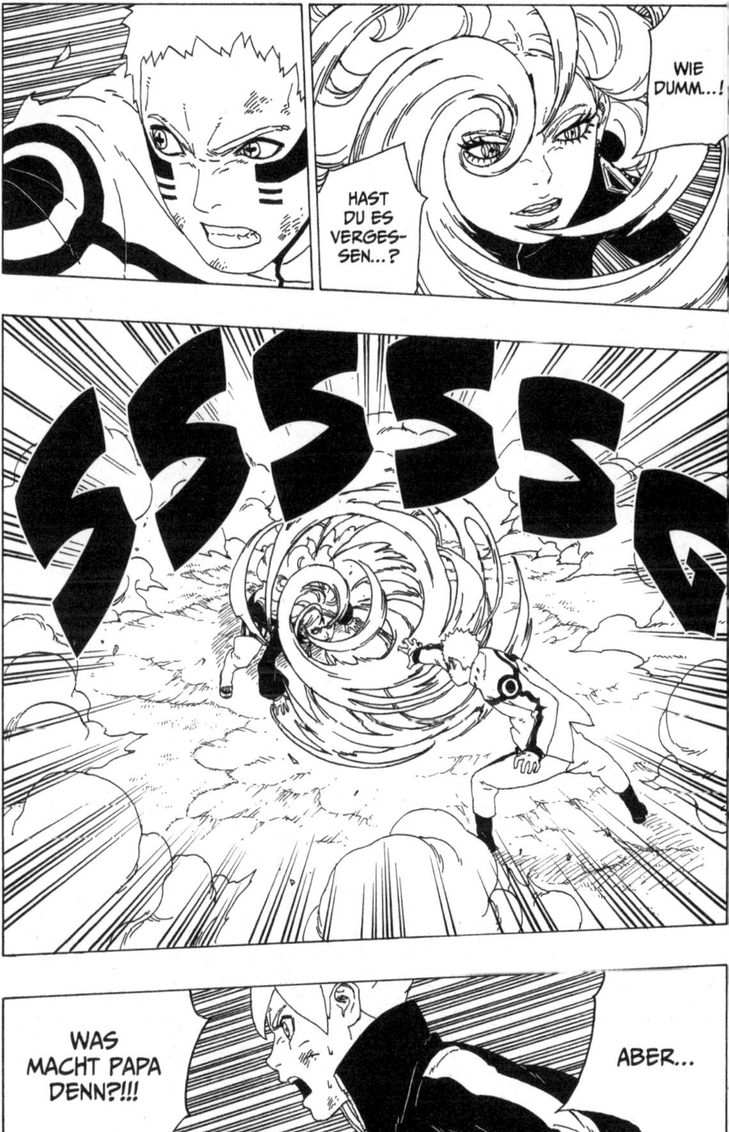
WIE DUMM...!
HAST DU ES VERGES-SEN...?
SSSSS
ABER...
WAS MACHT PAPA DENN?!!!

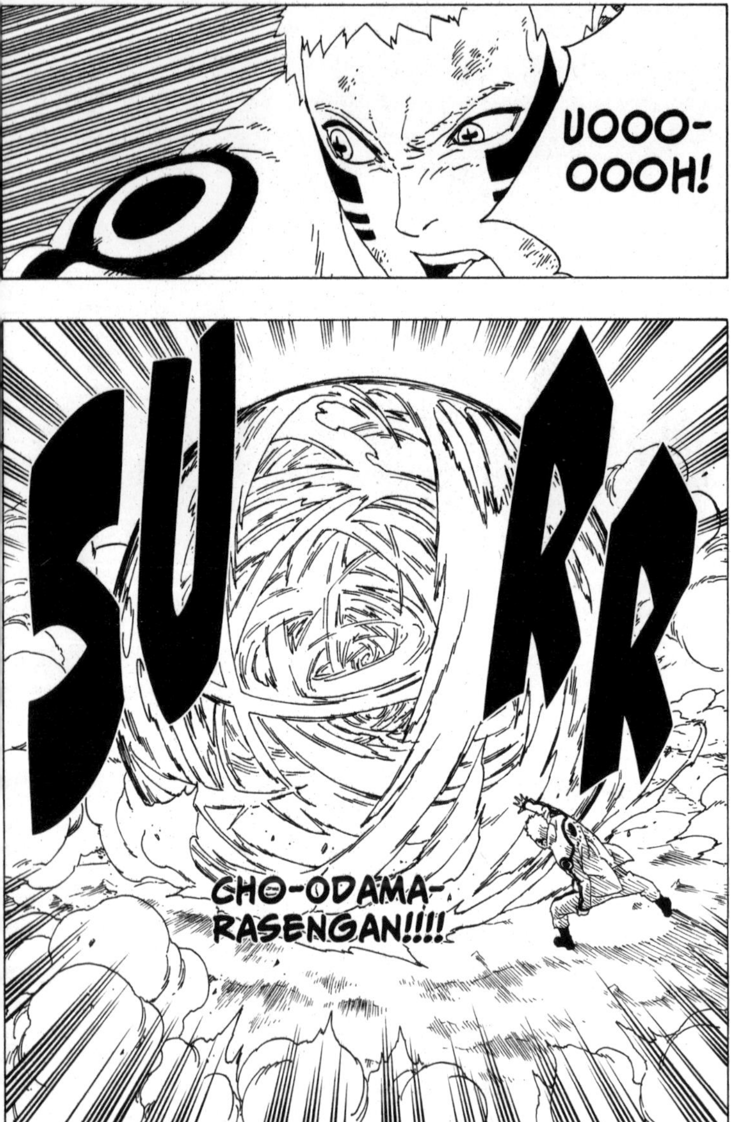
UOOO-
OOOH!
SURR
CHO-ODAMA-
RASENGAN!!!!

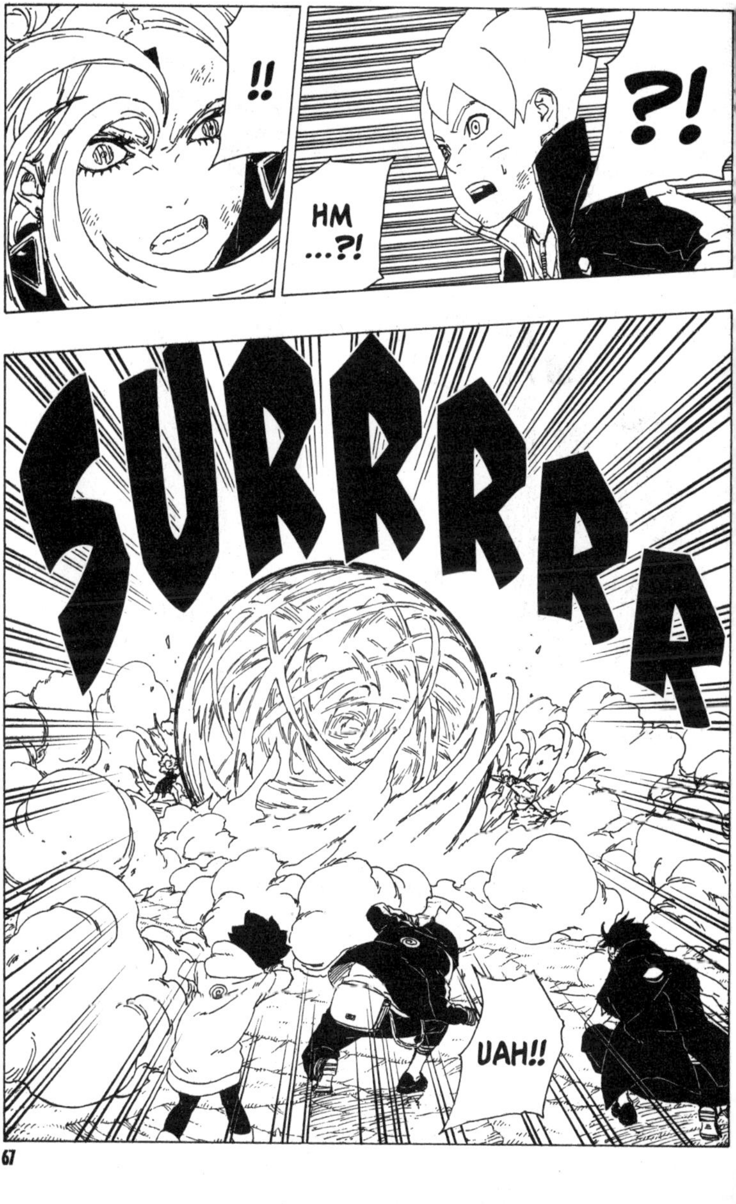
?!
HM
...?!
!!
SURRRRR
UAH!!

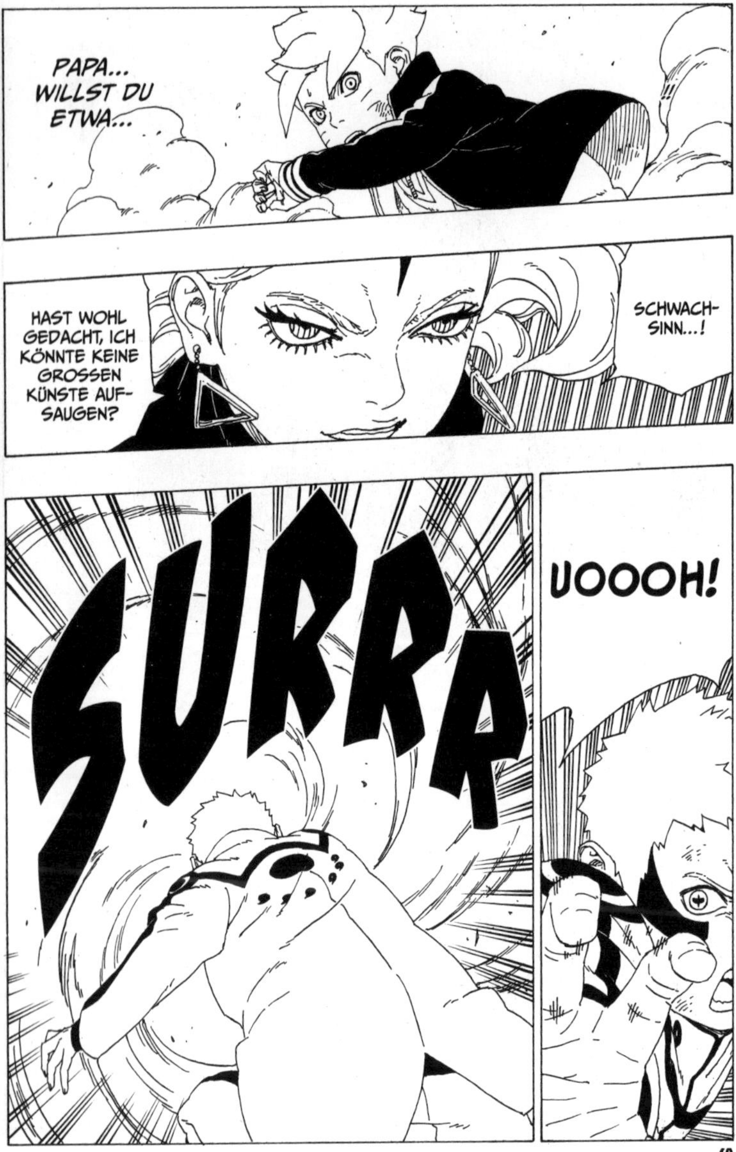
PAPA… WILLST DU ETWA…
SCHWACH-SINN…!
HAST WOHL GEDACHT, ICH KÖNNTE KEINE GROSSEN KÜNSTE AUF-SAUGEN?
UOOOH!
SURRR

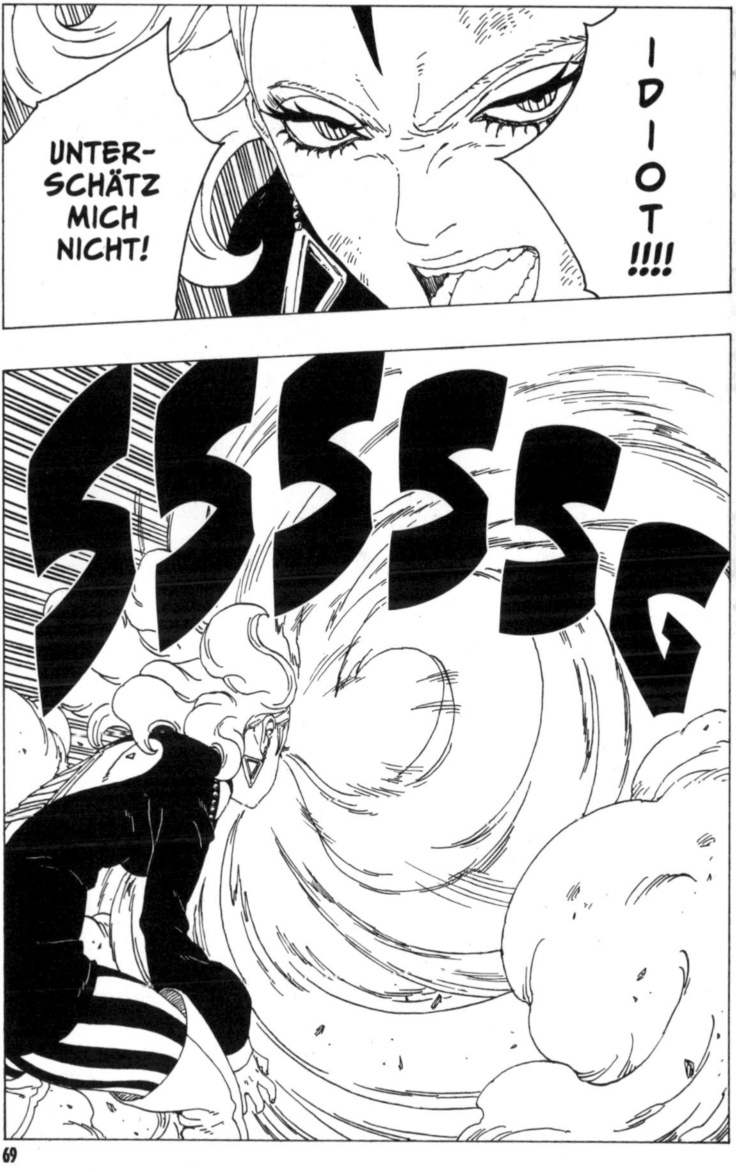
IDIOT!!!!
UNTER-SCHÄTZ MICH NICHT!
SSSSSG

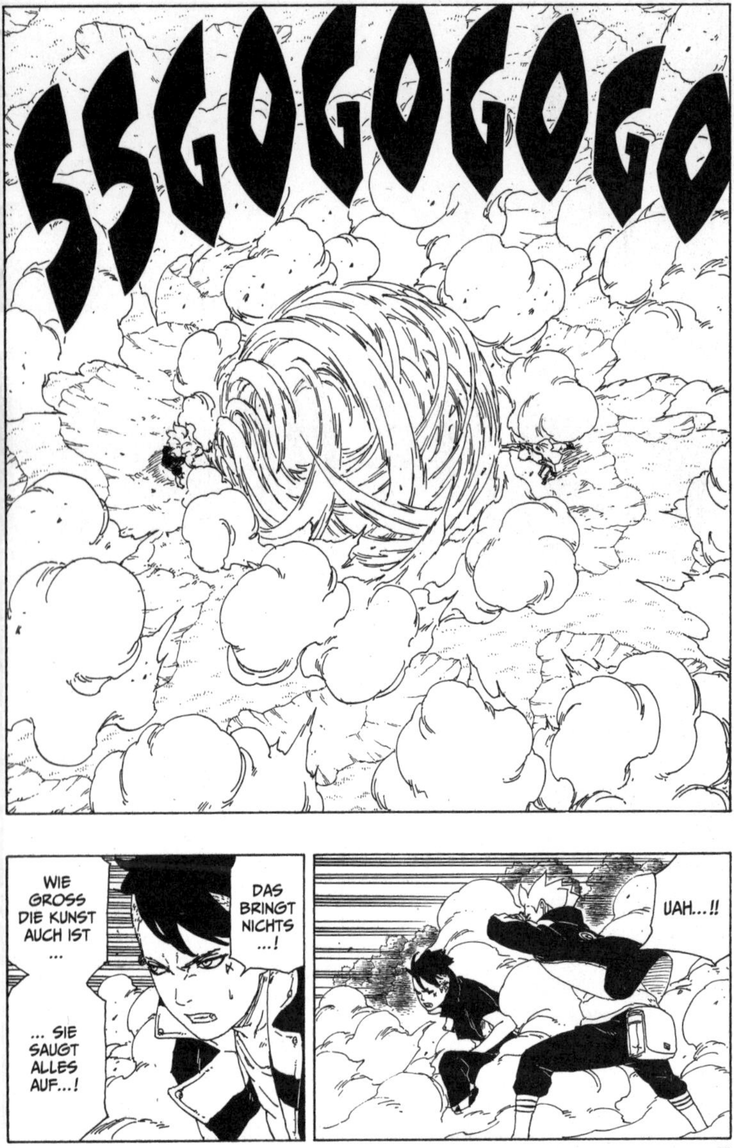
SSGOGOGOGO
UAH...!!
DAS BRINGT NICHTS ...!
WIE GROSS DIE KUNST AUCH IST ...
... SIE SAUGT ALLES AUF...!

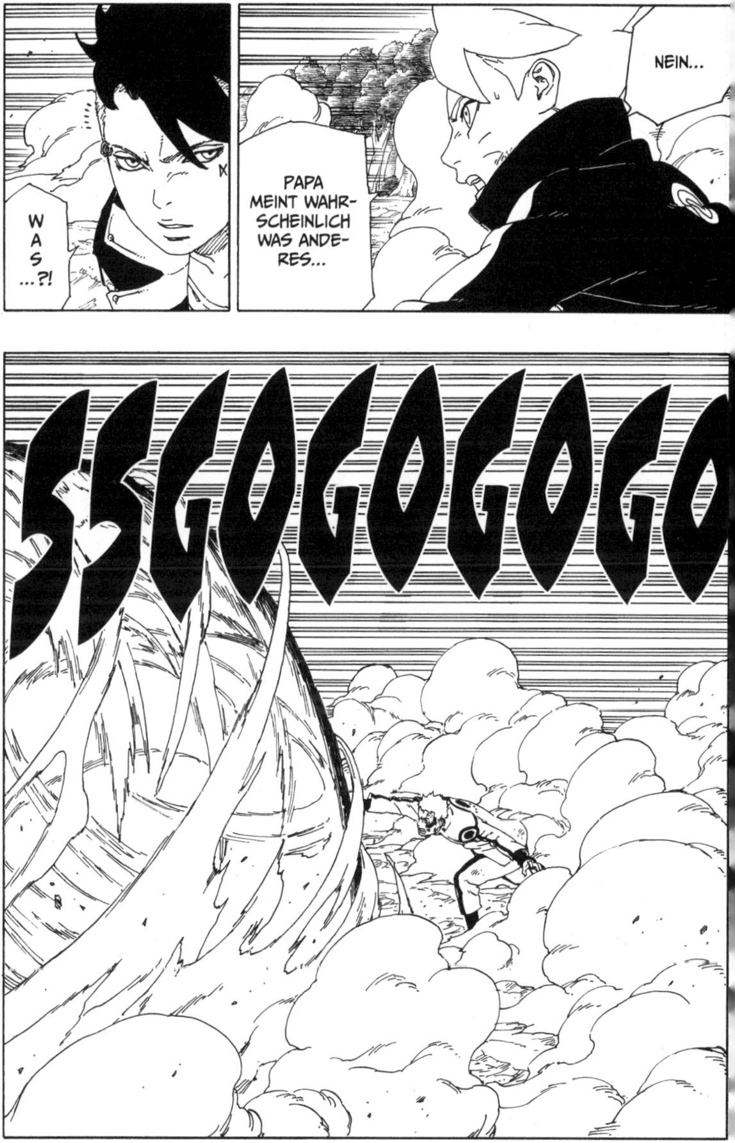
NEIN...
PAPA MEINT WAHR-SCHEINLICH WAS ANDE-RES...
WAS ...?!
SSGOGOGOGO

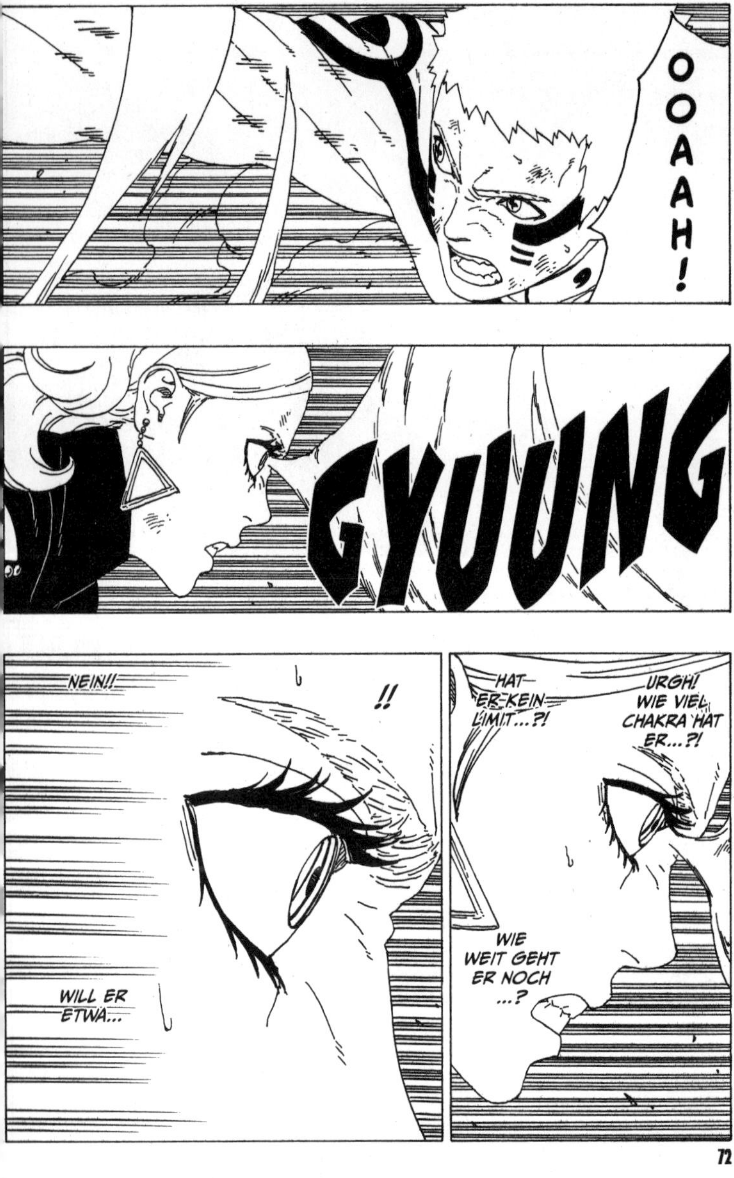
OOAAH!
GYUUNG
URGH! WIE VIEL CHAKRA HAT ER...?!
HAT ER KEIN LIMIT...?!
WIE WEIT GEHT ER NOCH ...?
!!
NEIN!!
WILL ER ETWA...

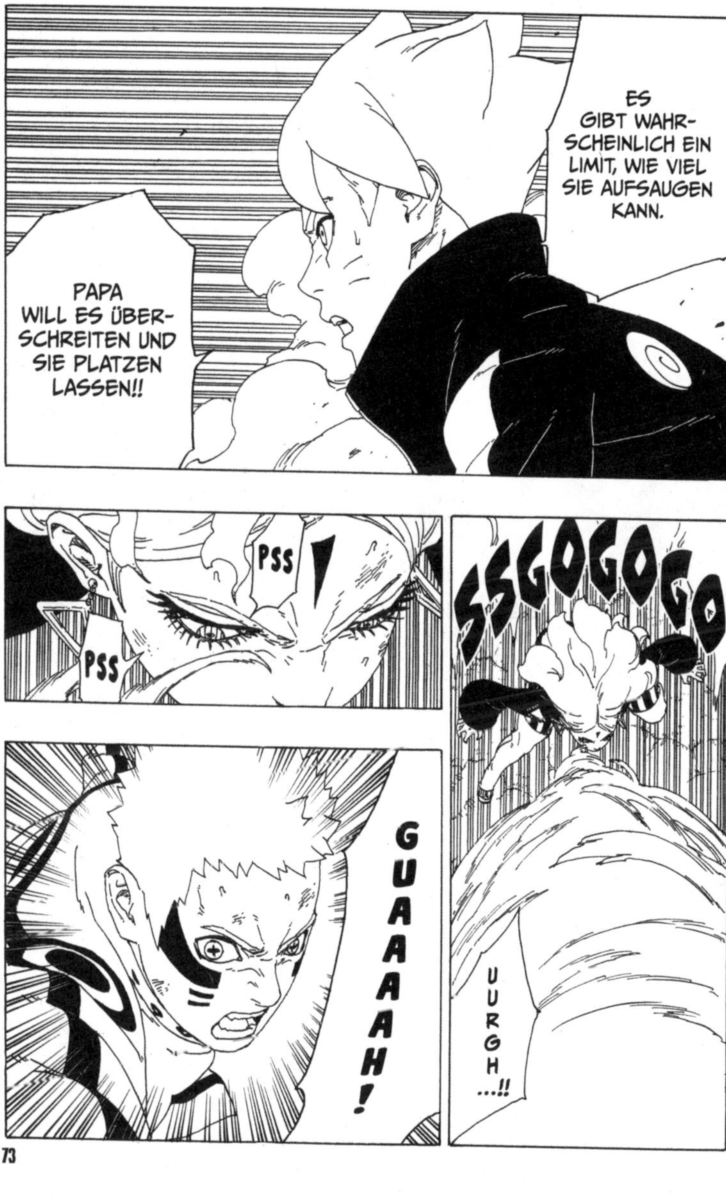
ES GIBT WAHRSCHEINLICH EIN LIMIT, WIE VIEL SIE AUFSAUGEN KANN.
PAPA WILL ES ÜBERSCHREITEN UND SIE PLATZEN LASSEN!!
SSGOGOGO
UURGH ...!!
PSS
PSS
GUAAAAAH!

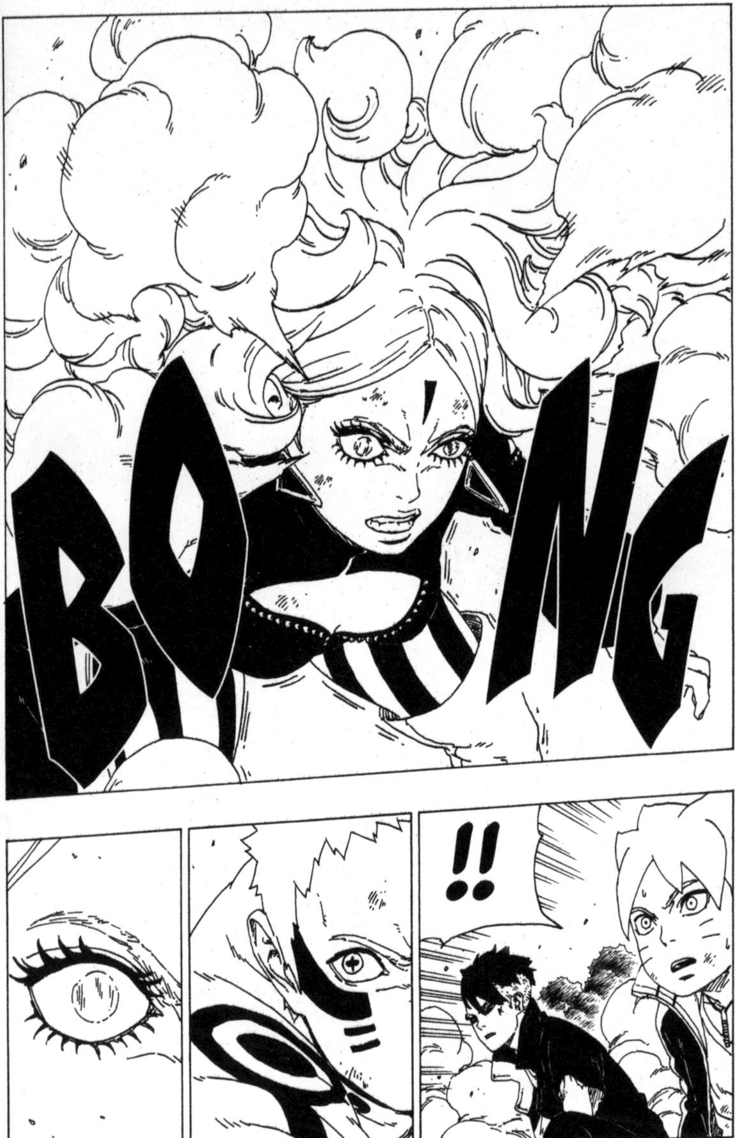
BOING
!!

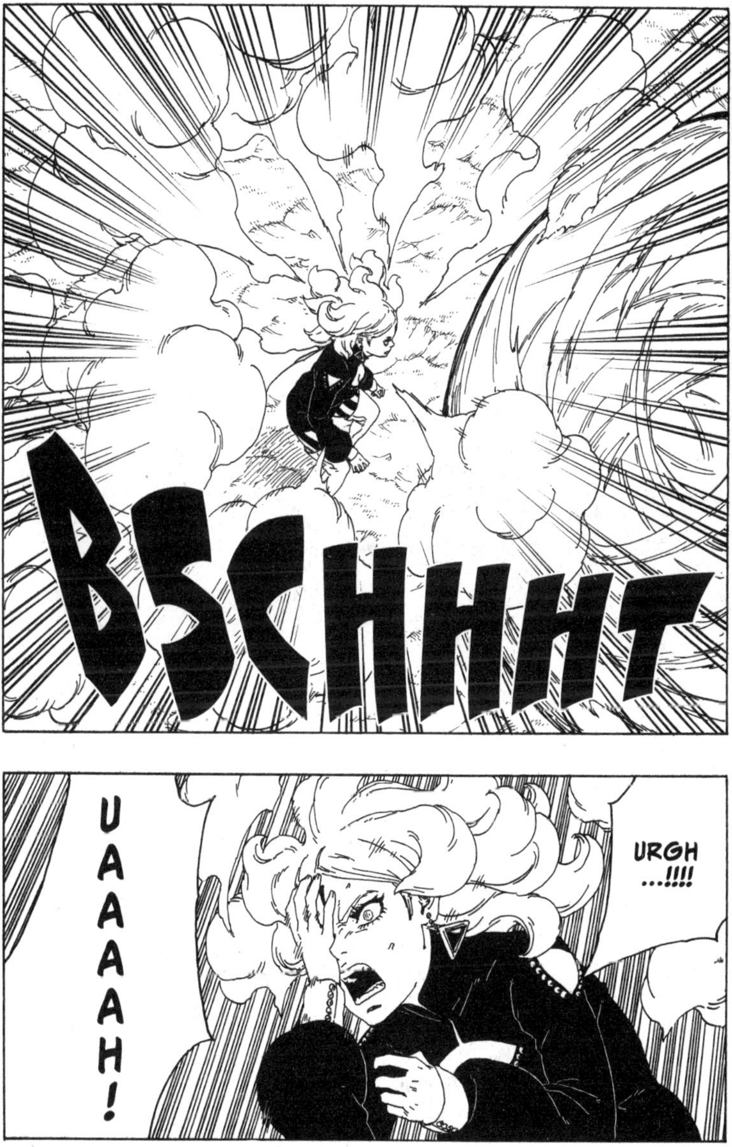
BSCHHHT
URGH ...!!!!
UAAAAAH!

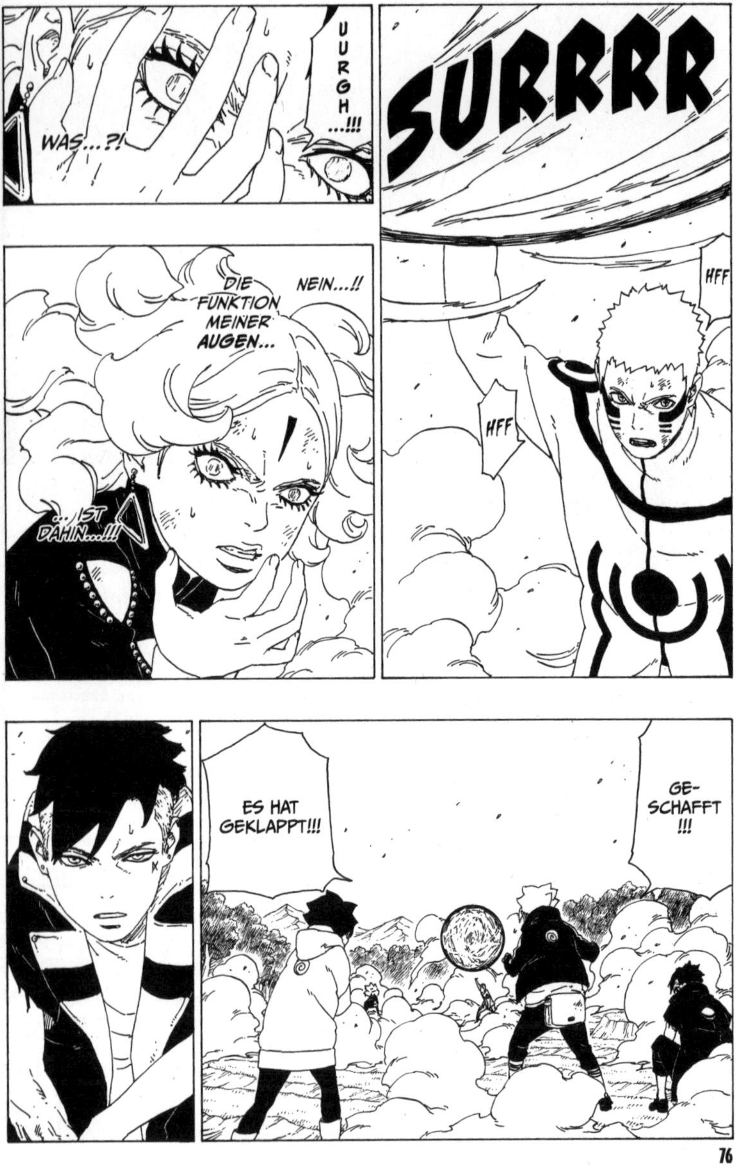
SURRRR
HFF
HFF
UURGH...!!!
WAS...?!
NEIN...!!
DIE FUNKTION MEINER AUGEN...
...IST DAHIN...!!!
GE-SCHAFFT!!!
ES HAT GEKLAPPT!!!

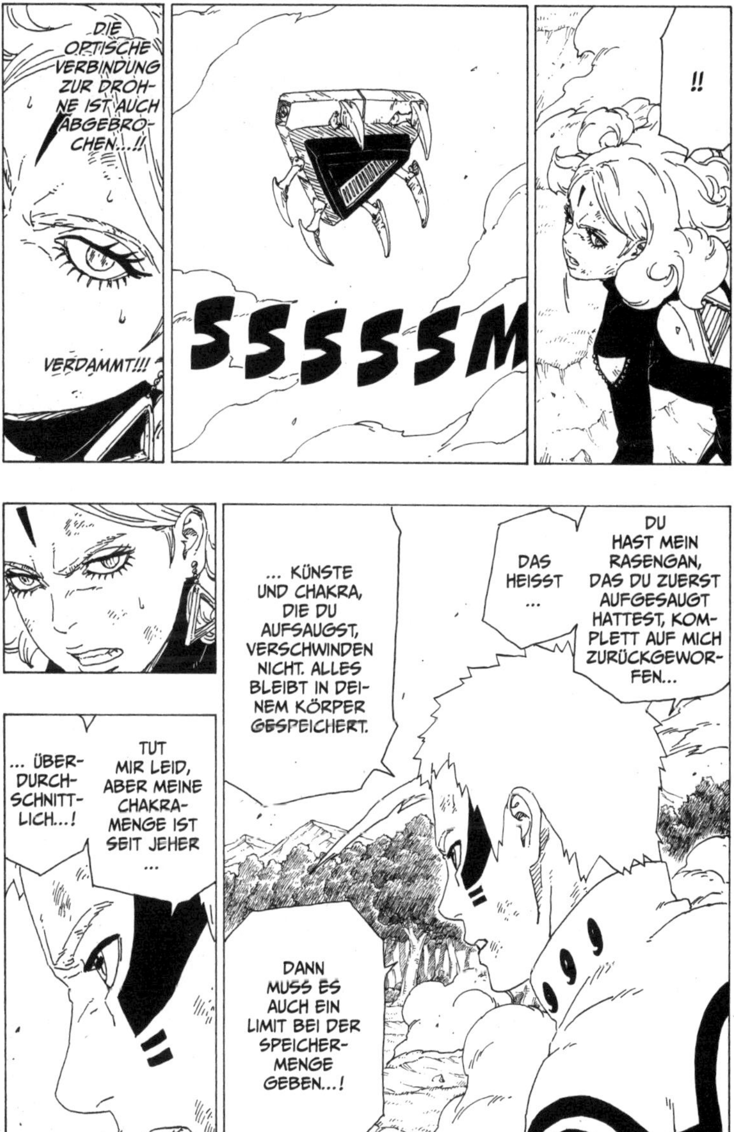
DIE OPTISCHE VERBINDUNG ZUR DROHNE IST AUCH ABGEBROCHEN...!!
VERDAMMT!!!
SSSSSM
!!
DU HAST MEIN RASENGAN, DAS DU ZUERST AUFGESAUGT HATTEST, KOMPLETT AUF MICH ZURÜCKGEWORFEN...
DAS HEISST ...
... KÜNSTE UND CHAKRA, DIE DU AUFSAUGST, VERSCHWINDEN NICHT. ALLES BLEIBT IN DEINEM KÖRPER GESPEICHERT.
DANN MUSS ES AUCH EIN LIMIT BEI DER SPEICHERMENGE GEBEN...!
TUT MIR LEID, ABER MEINE CHAKRAMENGE IST SEIT JEHER ...
... ÜBERDURCHSCHNITTLICH...!

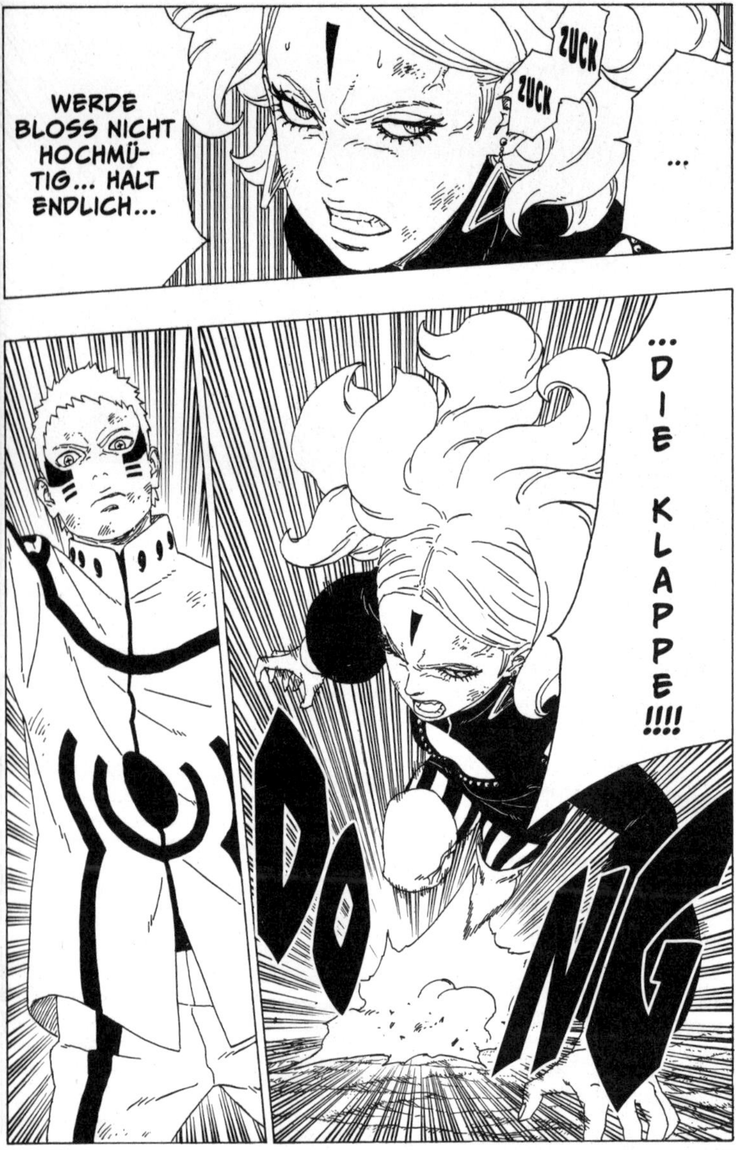
ZUCK
ZUCK
...
WERDE BLOSS NICHT HOCHMÜTIG... HALT ENDLICH...
...DIE KLAPPE!!!!
DONG

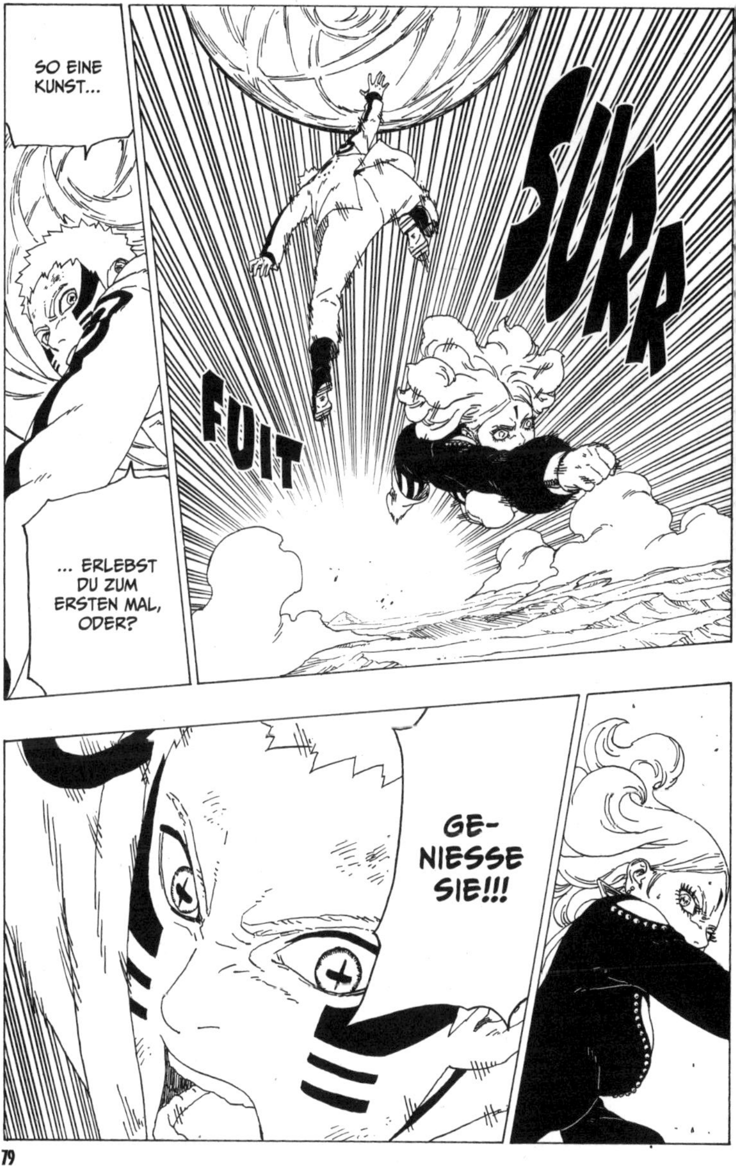
SURR
FUIT
SO EINE KUNST...
... ERLEBST DU ZUM ERSTEN MAL, ODER?
GE- NIESSE SIE!!!

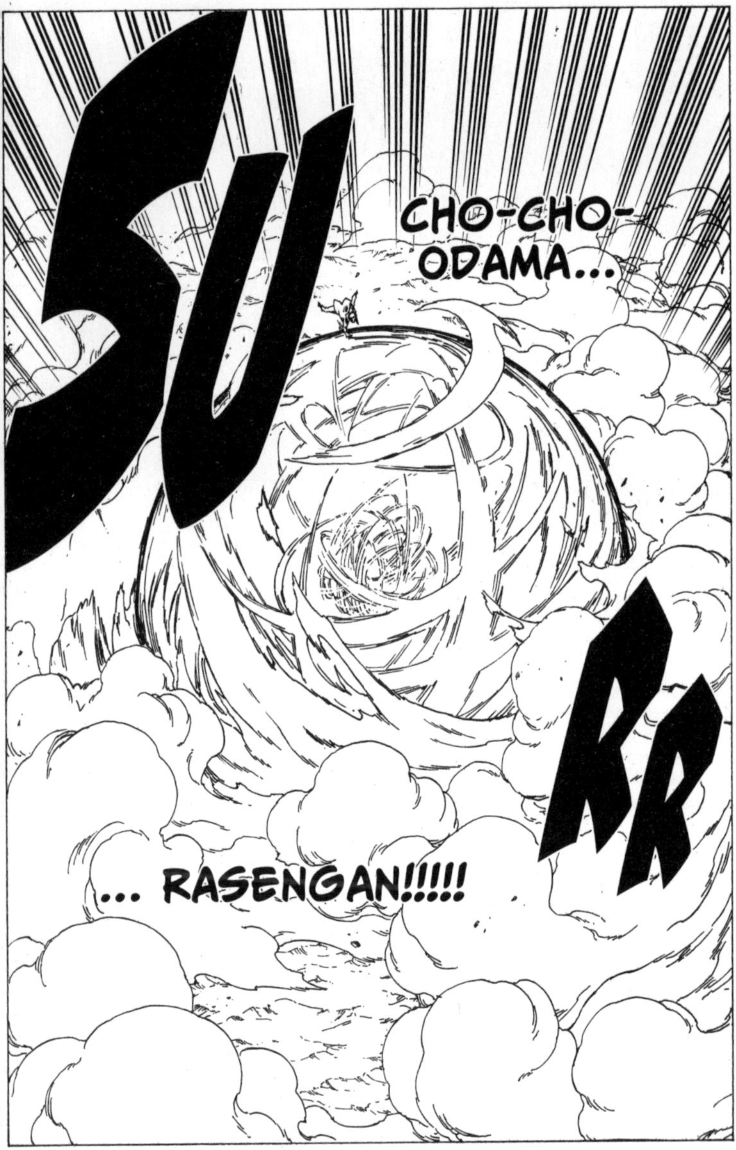
CHO-CHO-
ODAMA...
SU
RR
... RASENGAN!!!!!

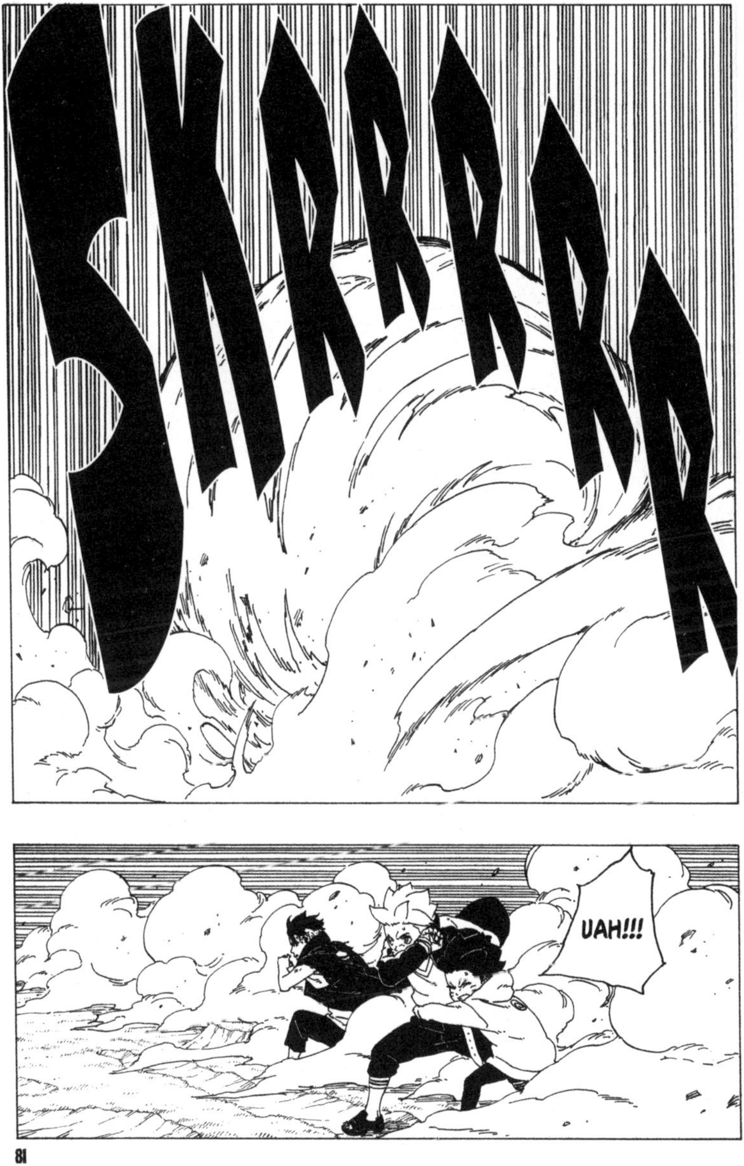
SKRRRRR
UAH!!!

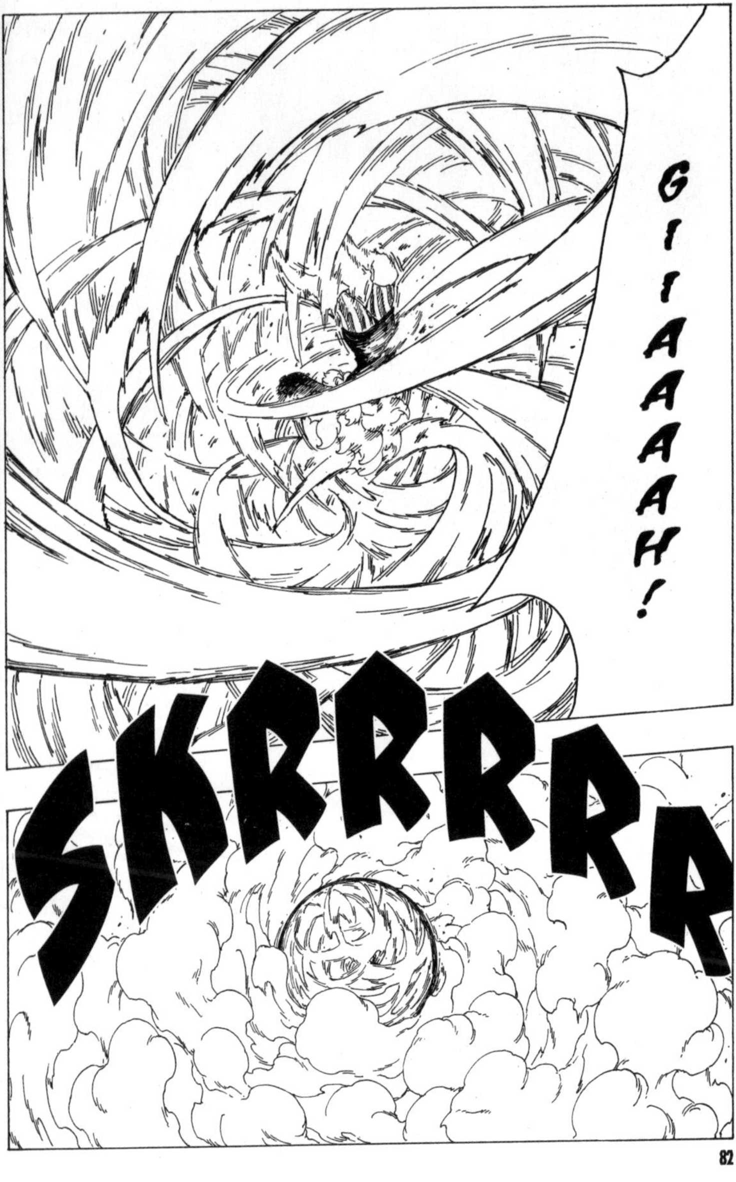
GIIAAAAAH!
SKRRRRR

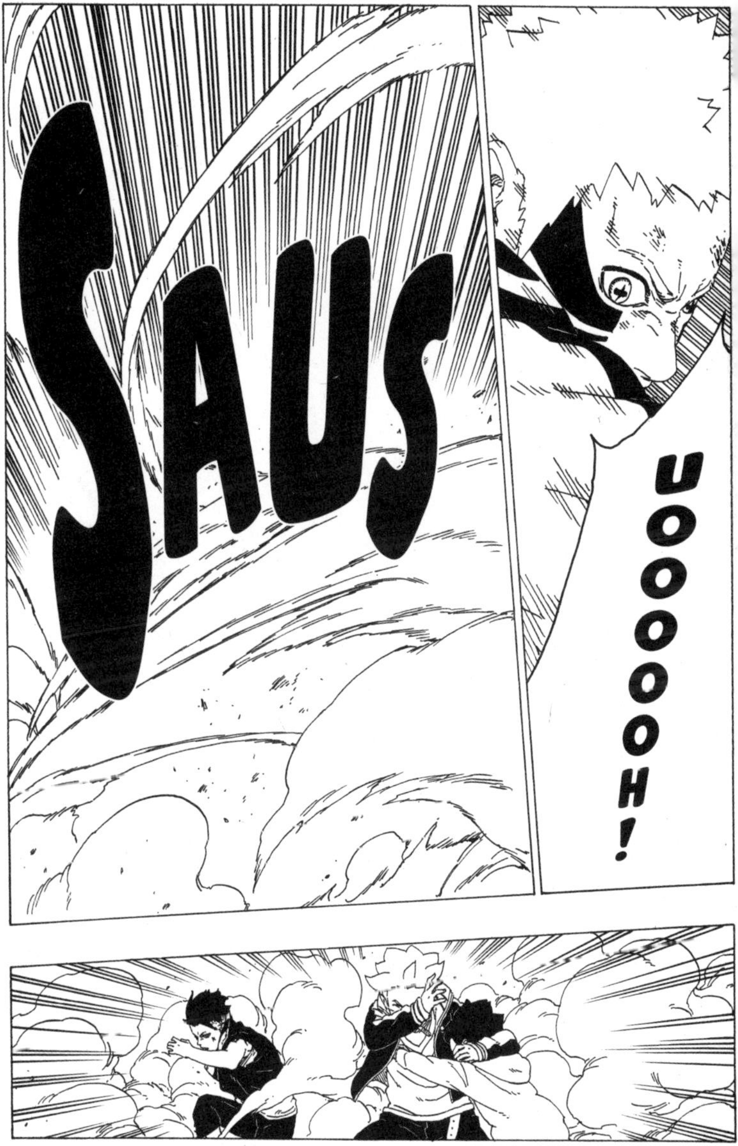
SAUS
UOOOOOOOH!

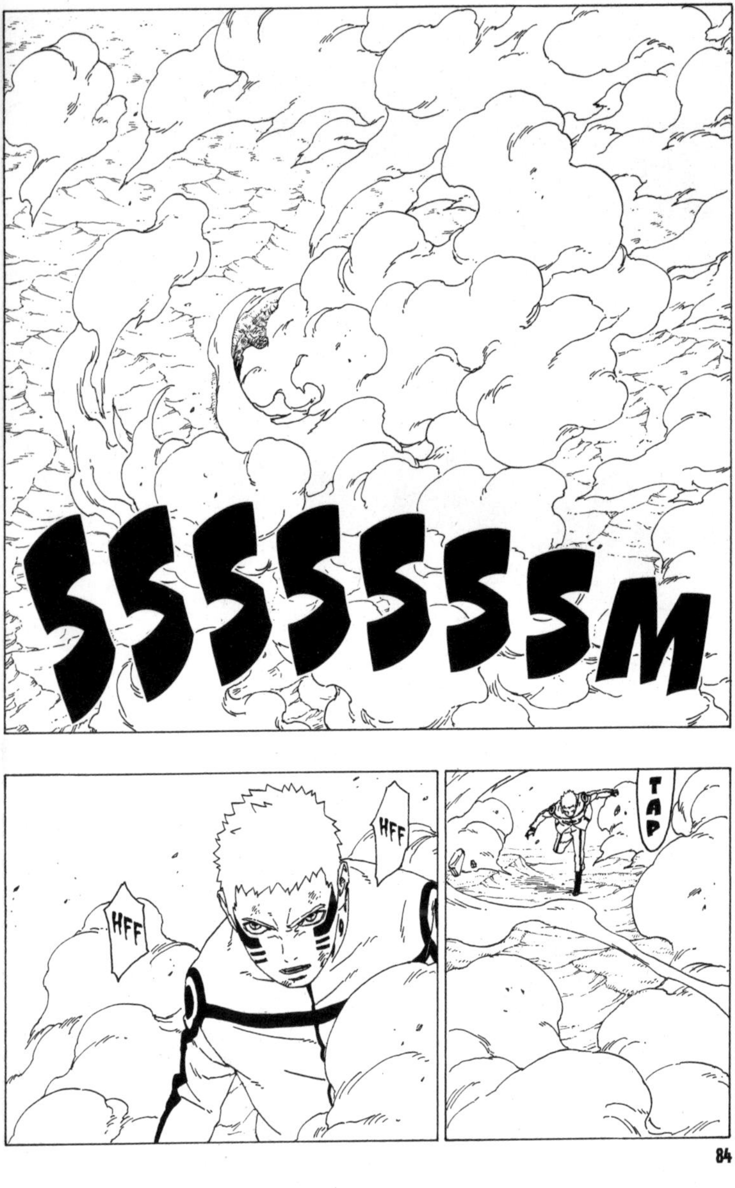
SSSSSSSM
TAP
HFF
HFF

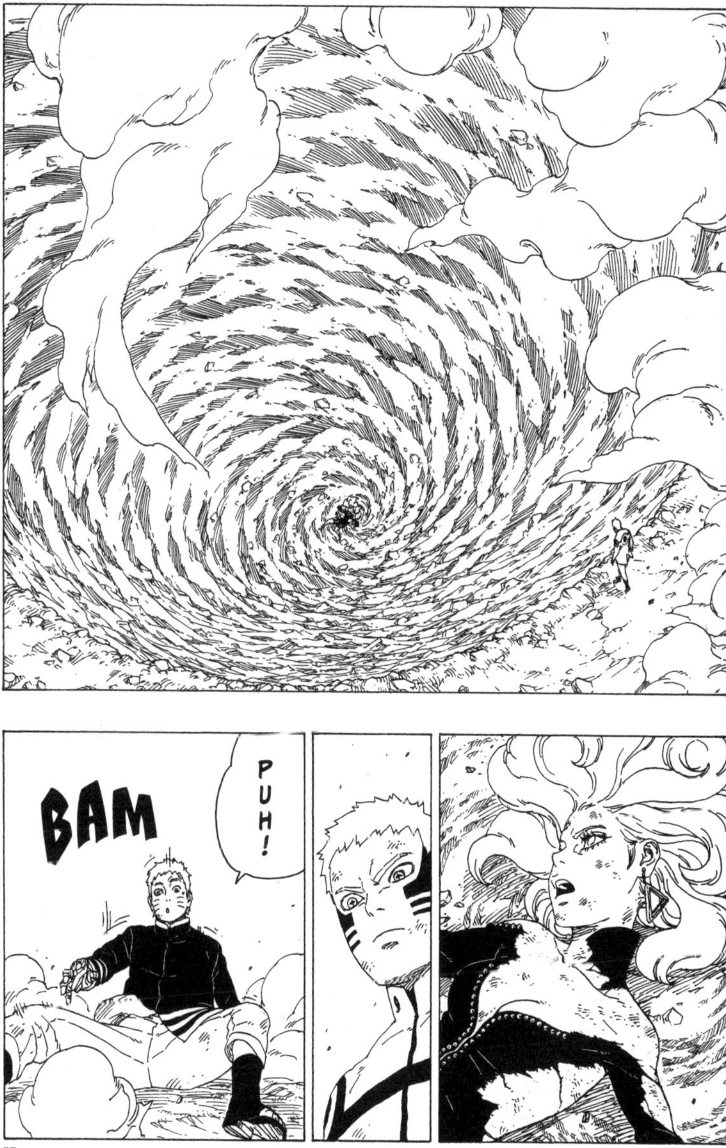
BAM
PUH!

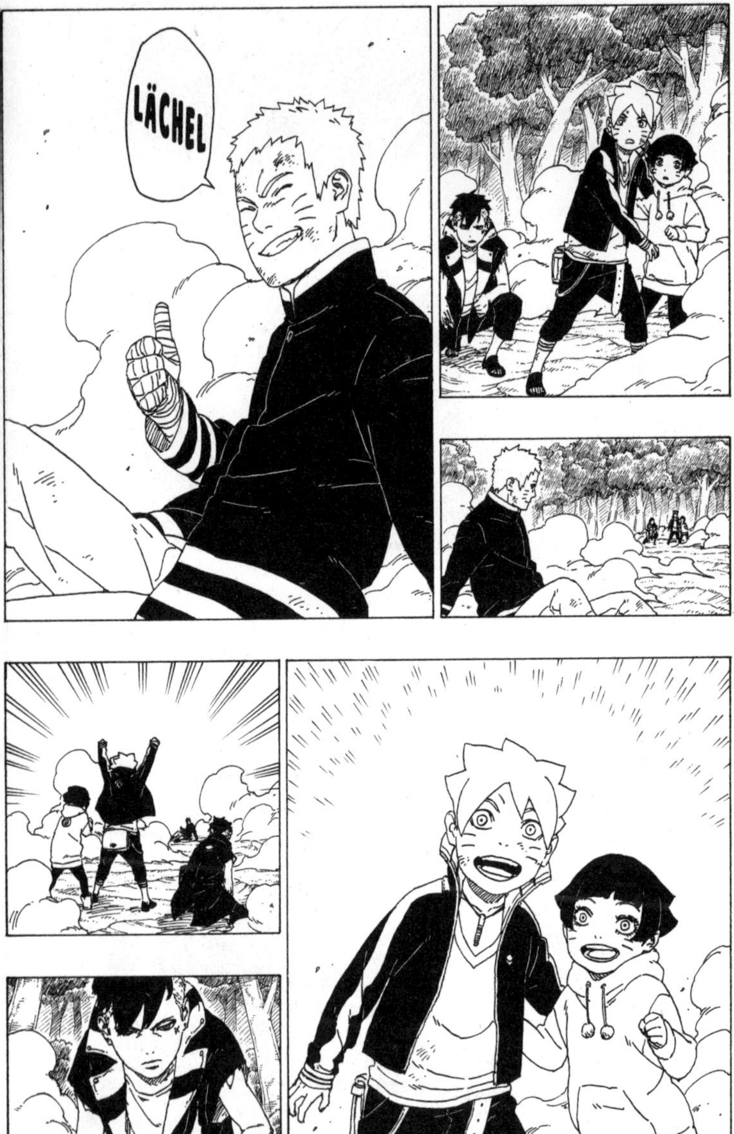
LÄCHEL

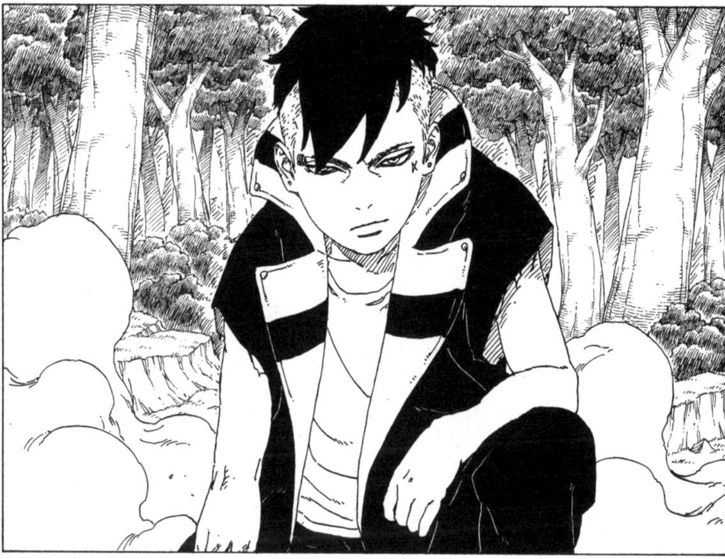

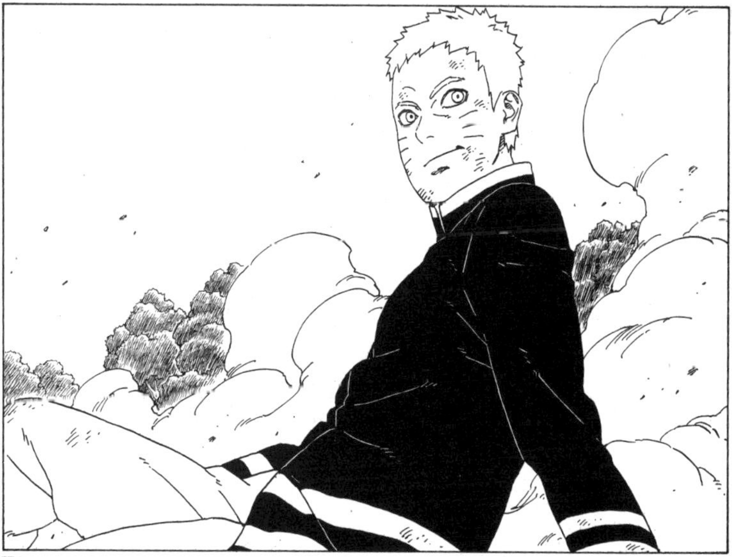

GEHEIMÜBERLIEFERUNG DER NINJA, TEIL 2: DIE NINJA UND IHRE AUFTRÄGE

DIE NINJA ARBEITEN, UM GELD ZU VERDIENEN. IN FILMEN UND FERNSEHDRAMEN KÄMPFEN DIE NINJA TAGTÄGLICH GROSSARTIG GEGEN BÖSE, DIE DIE WELT BEDROHEN, ODER GEGEN MYSTERIÖSE NINJA-DÖRFER. SOLCHE DARSTELLUNGEN SIND NICHT FALSCH, ABER SIE UMFASSEN NICHT ALLE AKTIVITÄTEN DER NINJA.

DIE NINJA NEHMEN AUFTRÄGE AN UND BEKOMMEN GELD DAFÜR. DER AUFTRAGGEBER BEZAHLT DEM DORF FÜR DEN ERLEDIGTEN AUFTRAG DAS HONORAR, DAS DORF ZIEHT DAVON DIE UNKOSTEN AB UND BEZAHLT DEM NINJA, DER DEN AUFTRAG ERLEDIGT HAT, DEN RESTLICHEN BETRAG. DAMIT AUCH DIE NINJA, DIE KEINE ODER NUR WENIGE AUFTRÄGE BEKOMMEN, ÜBERLEBEN KÖNNEN, IST IN VIELEN NINJA-DÖRFERN EIN MINIMALES GRUNDGEHALT FÜR ALLE NINJA GESICHERT (AUCH IN KONOHA IST DAS DER FALL). HEUTE GILT IN DEN FÜNF GRÖSSTEN NINJA-DÖRFERN DAS EINHEITLICHE SYSTEM DER AUFTRAGSSTUFEN.

STUFE D	ALLTAGSAUFTRÄGE (ENTLAUFENE HAUSKATZEN SUCHEN, BABYSITTEN, HILFE BEI DER KARTOFFELERNTE UND ÄHNLICHES)
STUFE C	REGULÄRE AUFTRÄGE (SPIONAGE, VERFOLGUNG VON DIEBEN, MEDIZINISCHE TÄTIGKEITEN)
STUFE B	AUFTRÄGE GEGEN NINJA (KAMPF GEGEN GE-NIN)
STUFE A	MILITÄRAUFTRÄGE (KAMPF GEGEN MEHRERE NINJA-EINHEITEN, CHU-NIN EINGESCHLOSSEN)
STUFE S	AUFTRÄGE GEGEN MÄCHTIGE GEGNER (KAMPF GEGEN JO-NIN ODER KAGE)

IN DER REGEL BEKOMMEN GE-NIN NUR AUFTRÄGE DER STUFEN D UND C. ABER DA IN ALLEN NINJA-DÖRFERN DURCH DEN NINJA-WELTKRIEG NINJA-MANGEL HERRSCHT, MÜSSEN NICHT SELTEN AUCH GE-NIN AUFTRÄGE DER STUFEN B UND A ÜBERNEHMEN (SO WIE BORUTO).

DIE NINJA, DIE EINEN FESTEN AUFGABENBEREICH HABEN – WIE POLIZISTEN ODER ANBU – ERHALTEN VON IHREM DORF EIN FESTES GEHALT, DAS DER SCHWIERIGKEIT IHRER AUFGABEN ENTSPRICHT. MIT DER ENTWICKLUNG DER NINJA-GESELLSCHAFT UND DEM ZUWACHS AN AUFTRÄGEN ERHALTEN IMMER MEHR NINJA EIN FESTES GEHALT. KATASUKE UND SUMIRE Z.B. WERDEN VON KONOHAS FORSCHUNGSINSTITUT MIT VERSCHIEDENEN PROJEKTEN BEAUFTRAGT UND ARBEITEN AUSSCHLIESSLICH ALS WISSENSCHAFTLER (IHRE AUFGABEN ENTSPRECHEN DER STUFE A UND IHRE GEHÄLTER SIND DAMIT HÖHER ALS BORUTOS).

AUFTRÄGE VON AUSSERHALB DES DORFES NEHMEN ZWEI DAFÜR ZUSTÄNDIGE CHU-NIN – SUIKA KAN'NONJI (AKA ERKLÄRSCHWESTER) UND FUYUKI MISHIRO (AKA EMPFANGSDAME) – ENTGEGEN, DIE SIE DANN AN GEEIGNETE NINJA VERTEILEN. BEI HOCHRANGIGEN AUFTRÄGEN (AB STUFE A) HALTEN SIE MIT NARUTO UND SHIKAMARU RÜCKSPRACHE, ANSONSTEN HABEN DIE AUFTRAGSVERTEILERINNEN GROSSE BEFUGNISSE UND WERDEN VON ALLEN GEFÜRCHTET, DA SIE DIE KONTROLLE ÜBER DAS EINKOMMEN JEDES NINJAS HABEN.

34: TRAINING!!

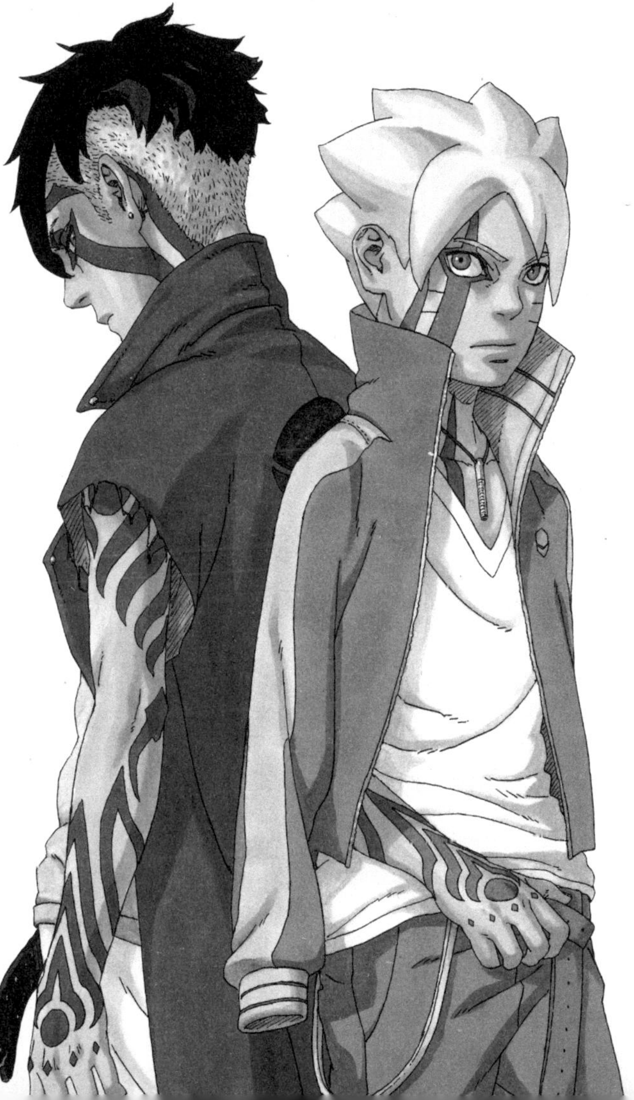

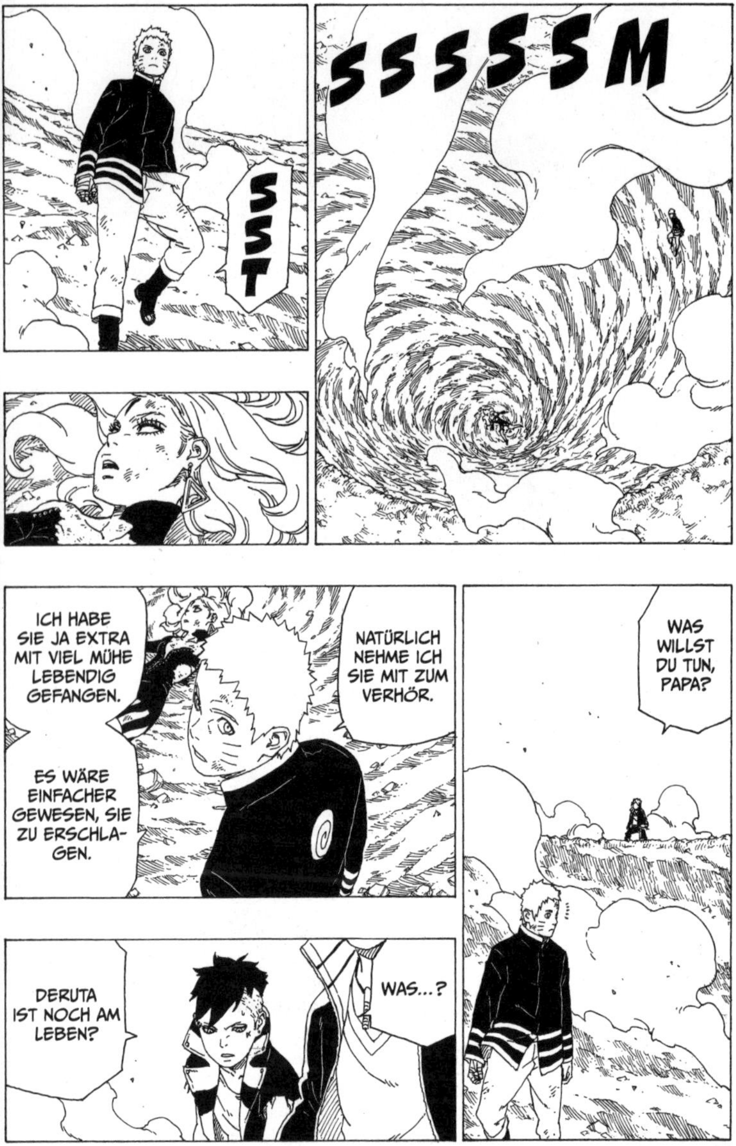
SSSSSM
SST
WAS WILLST DU TUN, PAPA?
NATÜRLICH NEHME ICH SIE MIT ZUM VERHÖR.
ICH HABE SIE JA EXTRA MIT VIEL MÜHE LEBENDIG GEFANGEN.
ES WÄRE EINFACHER GEWESEN, SIE ZU ERSCHLA-GEN.
WAS...?
DERUTA IST NOCH AM LEBEN?

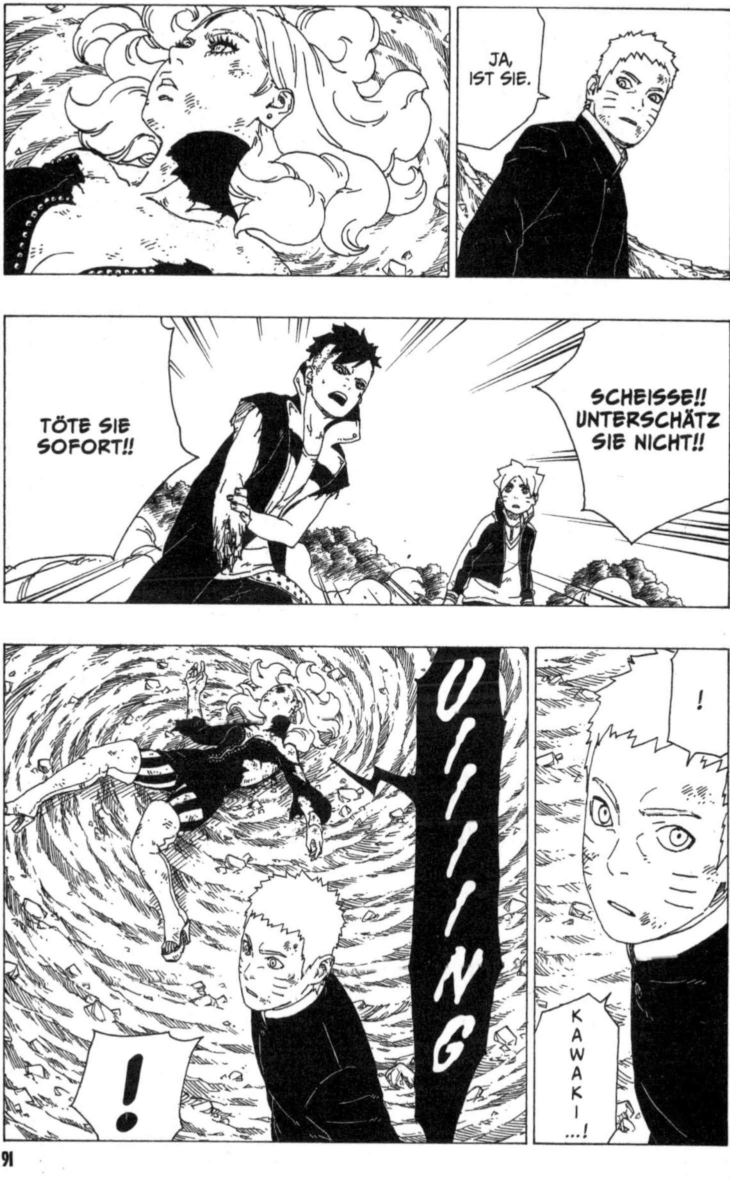
JA, IST SIE.
SCHEISSE!! UNTERSCHÄTZ SIE NICHT!!
TÖTE SIE SOFORT!!
!
KAWAKI ...!
UIIING
!

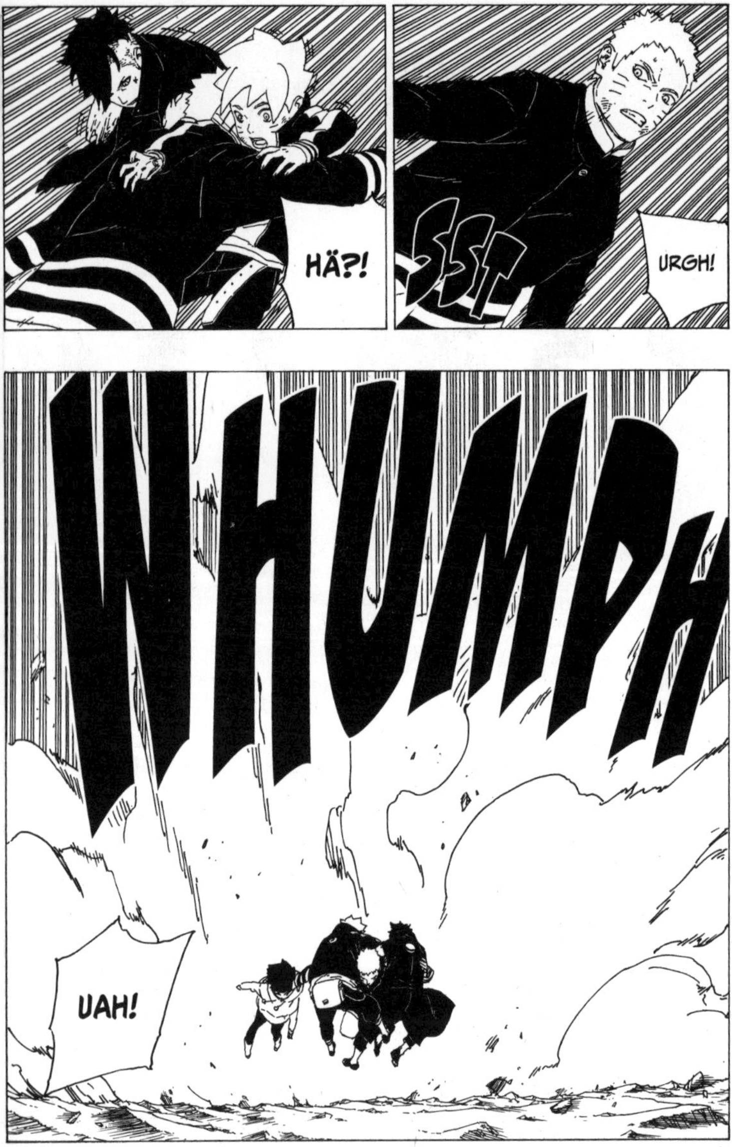
SST
URGH!
HÄ?!
WHUMPH
UAH!

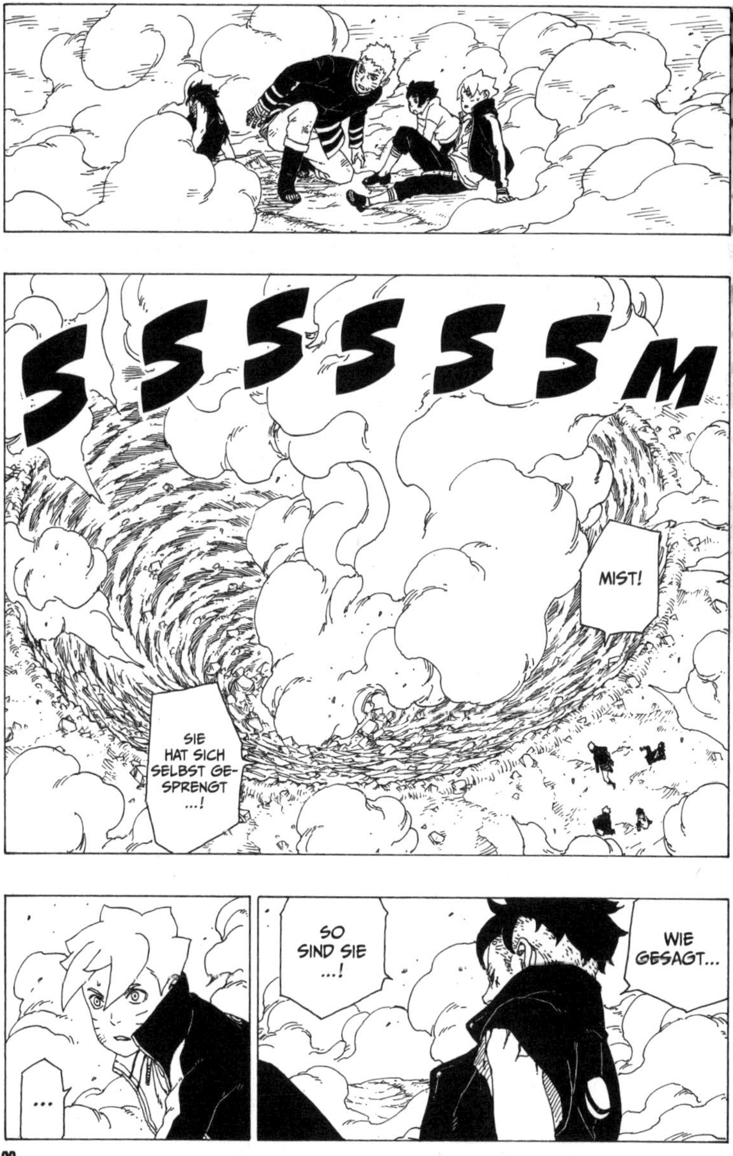
SSSSSSM
MIST!
SIE HAT SICH SELBST GESPRENGT ...!
WIE GESAGT...
SO SIND SIE ...!
...

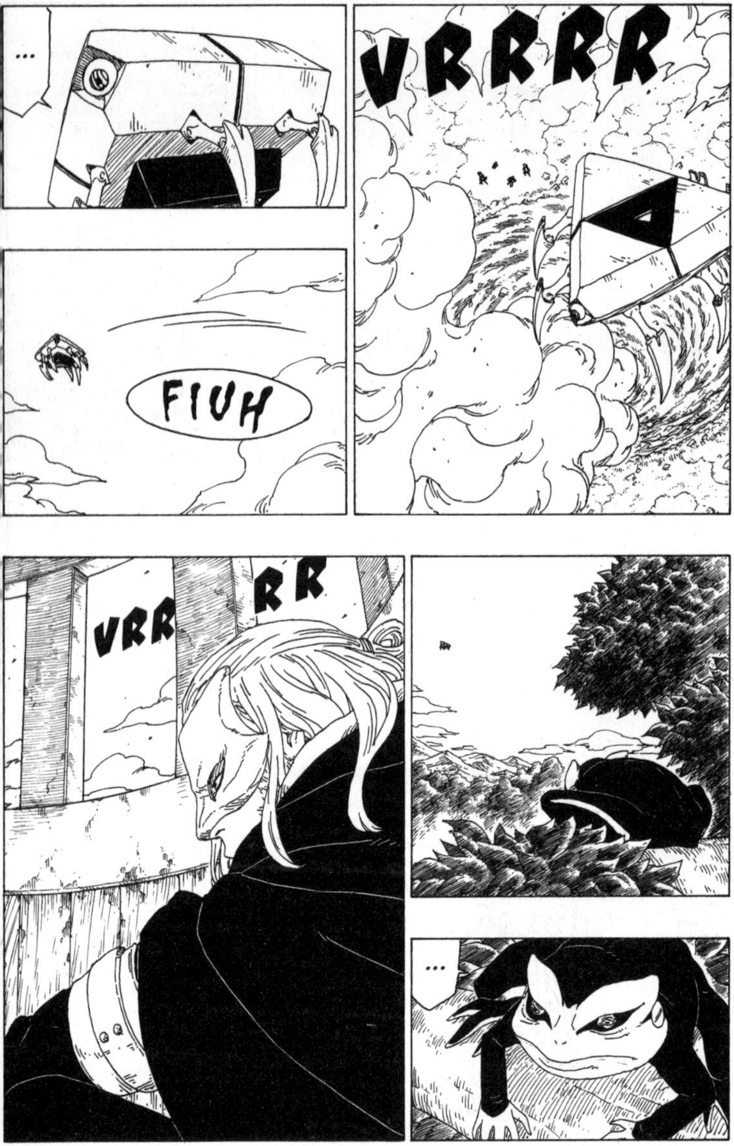
VRRRR
...
FIUH
...
VRR RR

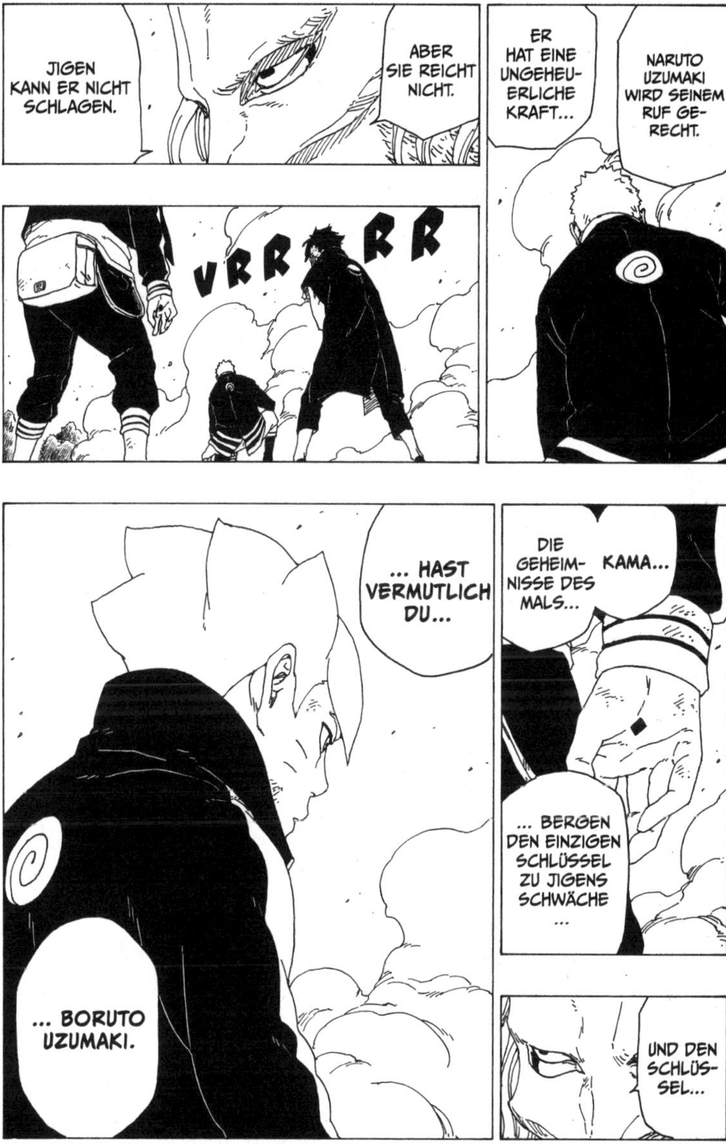
NARUTO UZUMAKI WIRD SEINEM RUF GERECHT.
ER HAT EINE UNGEHEUERLICHE KRAFT...
ABER SIE REICHT NICHT.
JIGEN KANN ER NICHT SCHLAGEN.
VRRRR
KAMA...
DIE GEHEIMNISSE DES MALS...
... BERGEN DEN EINZIGEN SCHLÜSSEL ZU JIGENS SCHWÄCHE ...
UND DEN SCHLÜSSEL...
... HAST VERMUTLICH DU...
... BORUTO UZUMAKI.

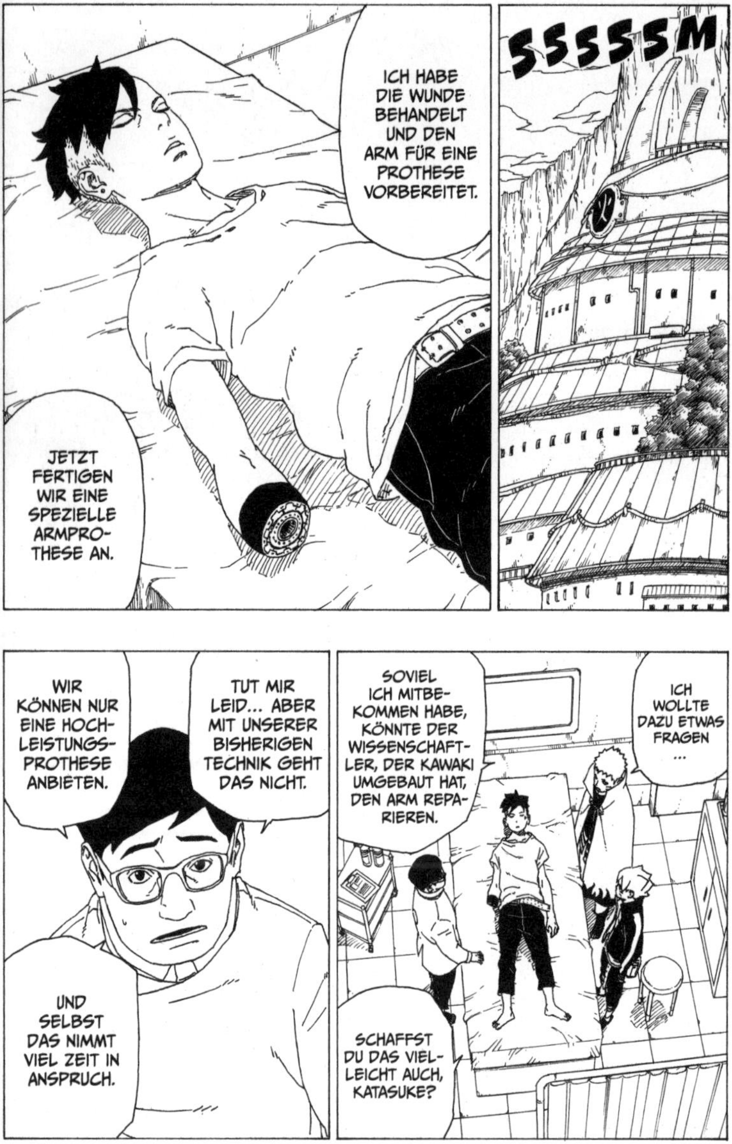
SSSSSM
ICH HABE DIE WUNDE BEHANDELT UND DEN ARM FÜR EINE PROTHESE VORBEREITET.
JETZT FERTIGEN WIR EINE SPEZIELLE ARMPROTHESE AN.
ICH WOLLTE DAZU ETWAS FRAGEN ...
SOVIEL ICH MITBEKOMMEN HABE, KÖNNTE DER WISSENSCHAFTLER, DER KAWAKI UMGEBAUT HAT, DEN ARM REPARIEREN.
SCHAFFST DU DAS VIELLEICHT AUCH, KATASUKE?
TUT MIR LEID... ABER MIT UNSERER BISHERIGEN TECHNIK GEHT DAS NICHT.
WIR KÖNNEN NUR EINE HOCHLEISTUNGSPROTHESE ANBIETEN.
UND SELBST DAS NIMMT VIEL ZEIT IN ANSPRUCH.

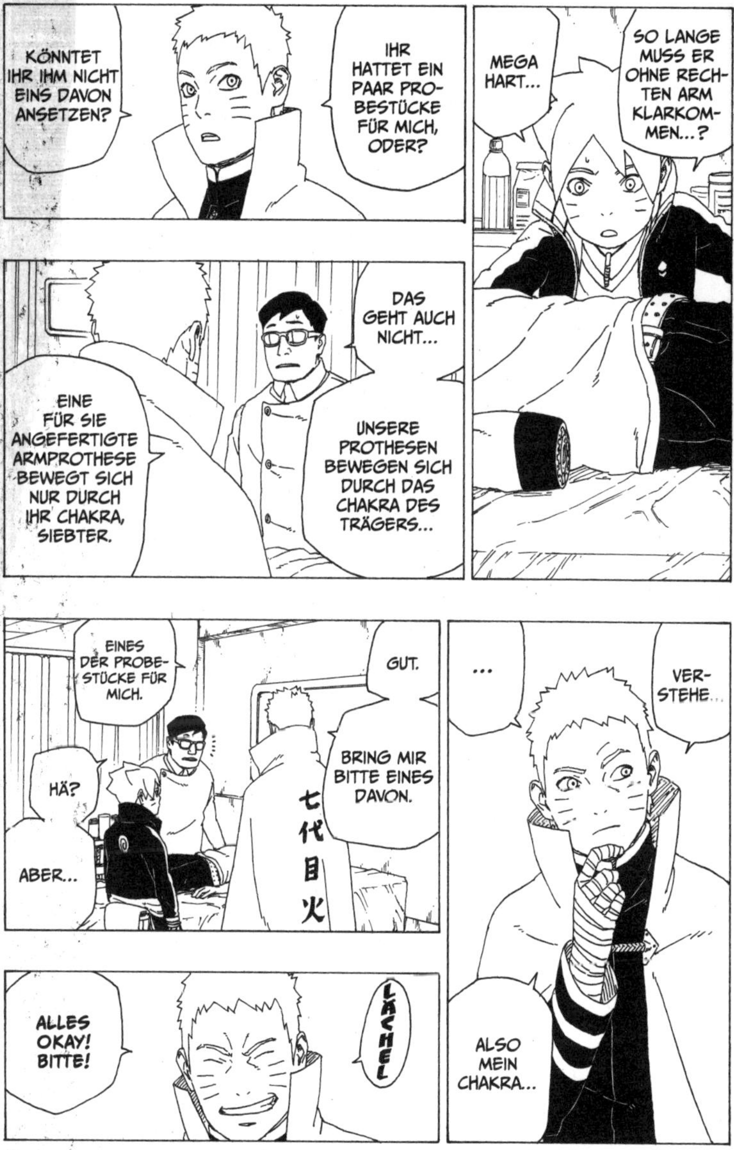
SO LANGE MUSS ER OHNE RECHTEN ARM KLARKOMMEN...?
MEGA HART...
IHR HATTET EIN PAAR PROBESTÜCKE FÜR MICH, ODER?
KÖNNTET IHR IHM NICHT EINS DAVON ANSETZEN?
DAS GEHT AUCH NICHT...
UNSERE PROTHESEN BEWEGEN SICH DURCH DAS CHAKRA DES TRÄGERS...
EINE FÜR SIE ANGEFERTIGTE ARMPROTHESE BEWEGT SICH NUR DURCH IHR CHAKRA, SIEBTER.
VERSTEHE...
...
ALSO MEIN CHAKRA...
GUT.
BRING MIR BITTE EINES DAVON.
七代目火
EINES DER PROBESTÜCKE FÜR MICH.
HÄ?
ABER...
LÄCHEL
ALLES OKAY! BITTE!

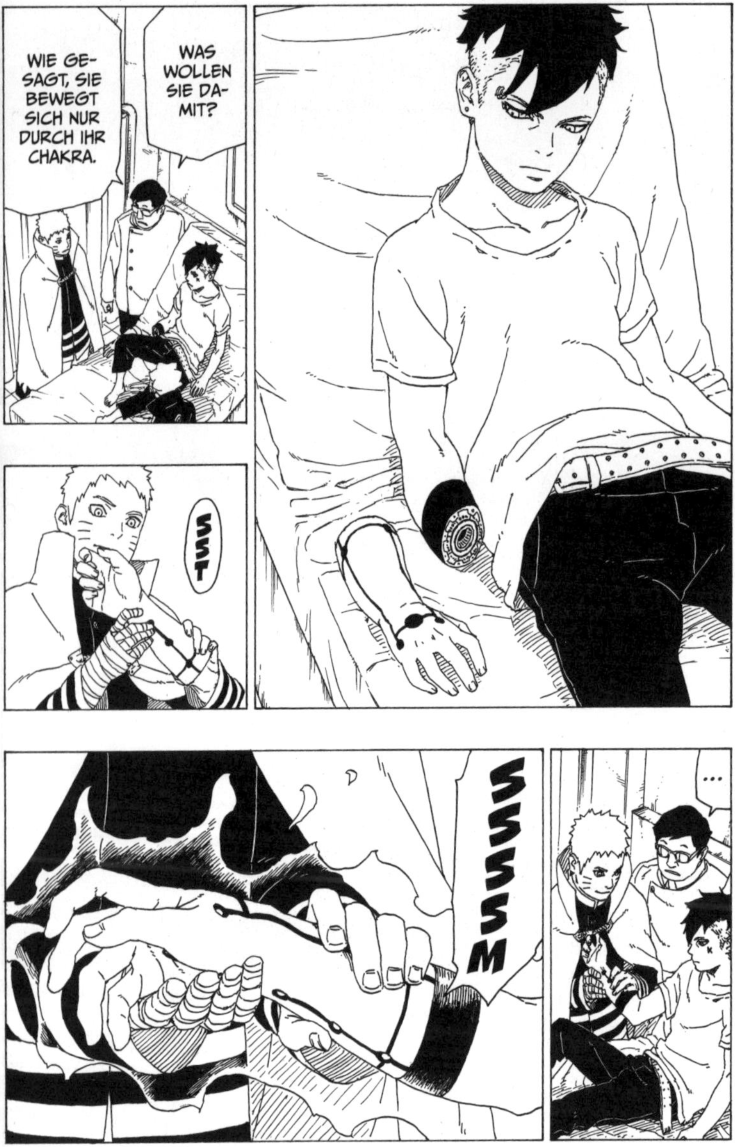
WAS WOLLEN SIE DAMIT?
WIE GESAGT, SIE BEWEGT SICH NUR DURCH IHR CHAKRA.
SST
...
SSSSM

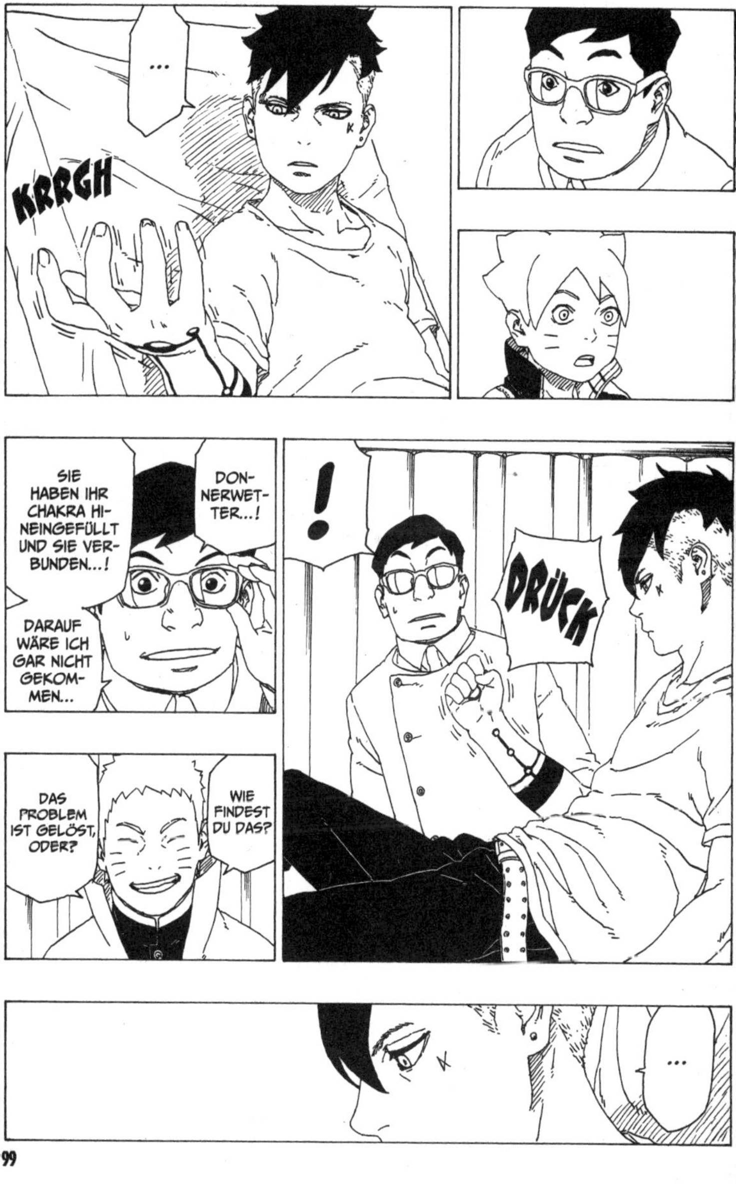

...
KRRGH
!
DRÜCK
DON-
NERWET-
TER...!
SIE
HABEN IHR
CHAKRA HI-
NEINGEFÜLLT
UND SIE VER-
BUNDEN...!
DARAUF
WÄRE ICH
GAR NICHT
GEKOM-
MEN...
WIE
FINDEST
DU DAS?
DAS
PROBLEM
IST GELÖST,
ODER?
...

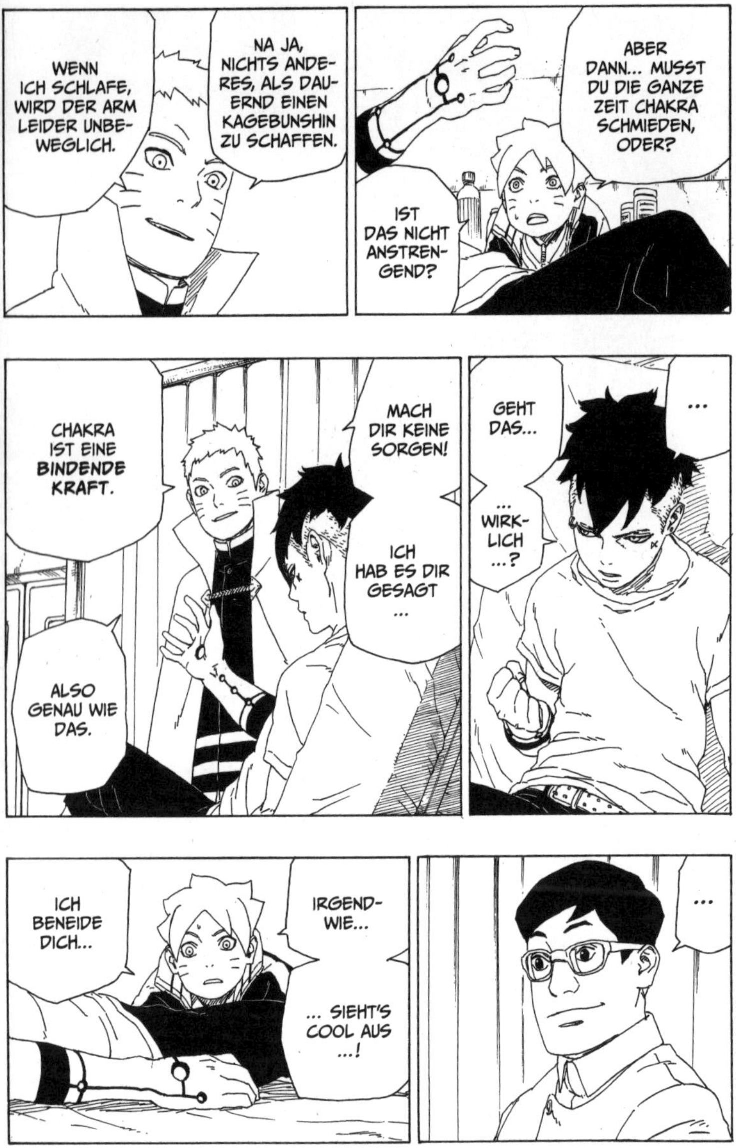
ABER DANN... MUSST DU DIE GANZE ZEIT CHAKRA SCHMIEDEN, ODER?
IST DAS NICHT ANSTRENGEND?
NA JA, NICHTS ANDERES, ALS DAUERND EINEN KAGEBUNSHIN ZU SCHAFFEN.
WENN ICH SCHLAFE, WIRD DER ARM LEIDER UNBEWEGLICH.
...
GEHT DAS...
... WIRKLICH ...?
MACH DIR KEINE SORGEN!
ICH HAB ES DIR GESAGT ...
CHAKRA IST EINE **BINDENDE** KRAFT.
ALSO GENAU WIE DAS.
...
IRGENDWIE...
... SIEHT'S COOL AUS ...!
ICH BENEIDE DICH...

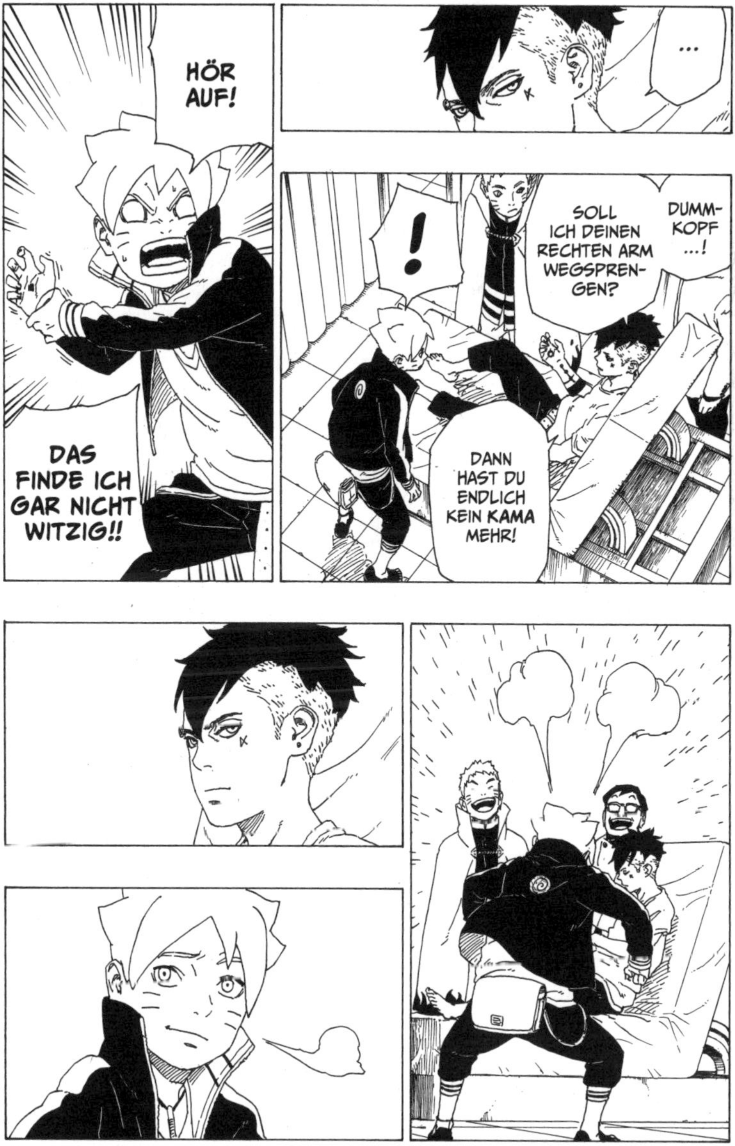
...
DUMM-
KOPF
...!
SOLL
ICH DEINEN
RECHTEN ARM
WEGSPREN-
GEN?
!
DANN
HAST DU
ENDLICH
KEIN KAMA
MEHR!
HÖR
AUF!
DAS
FINDE ICH
GAR NICHT
WITZIG!!

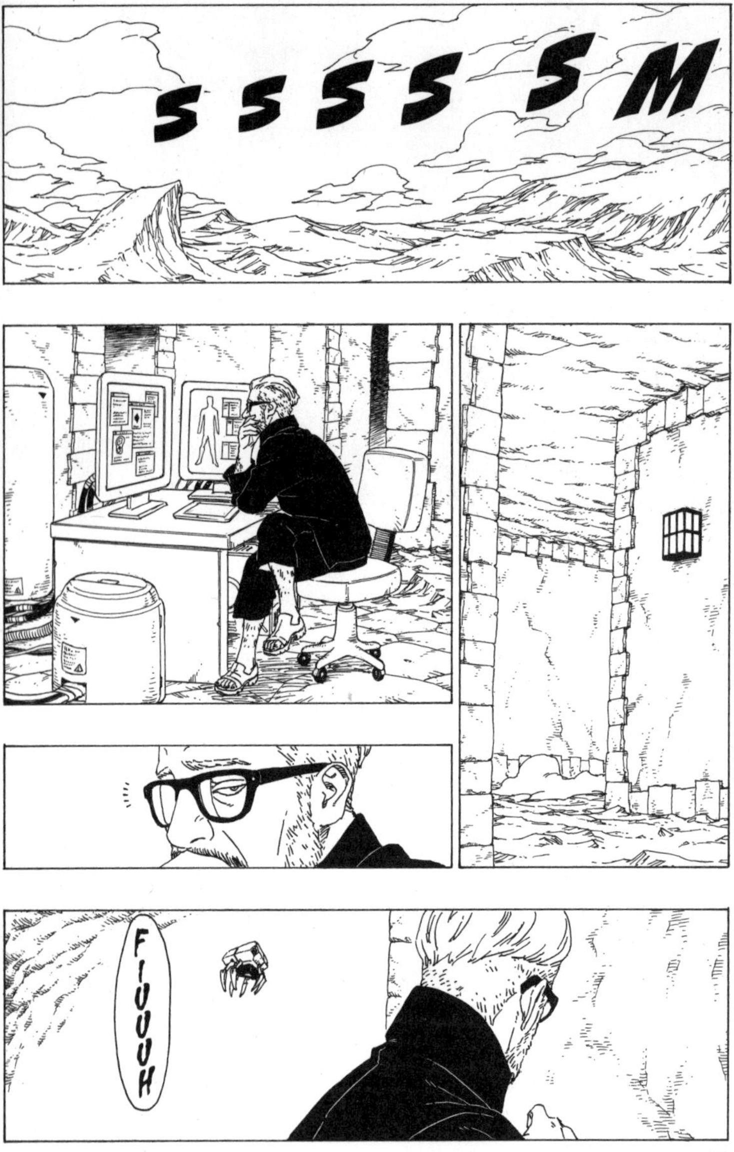
SSSSSM
FIUUUH

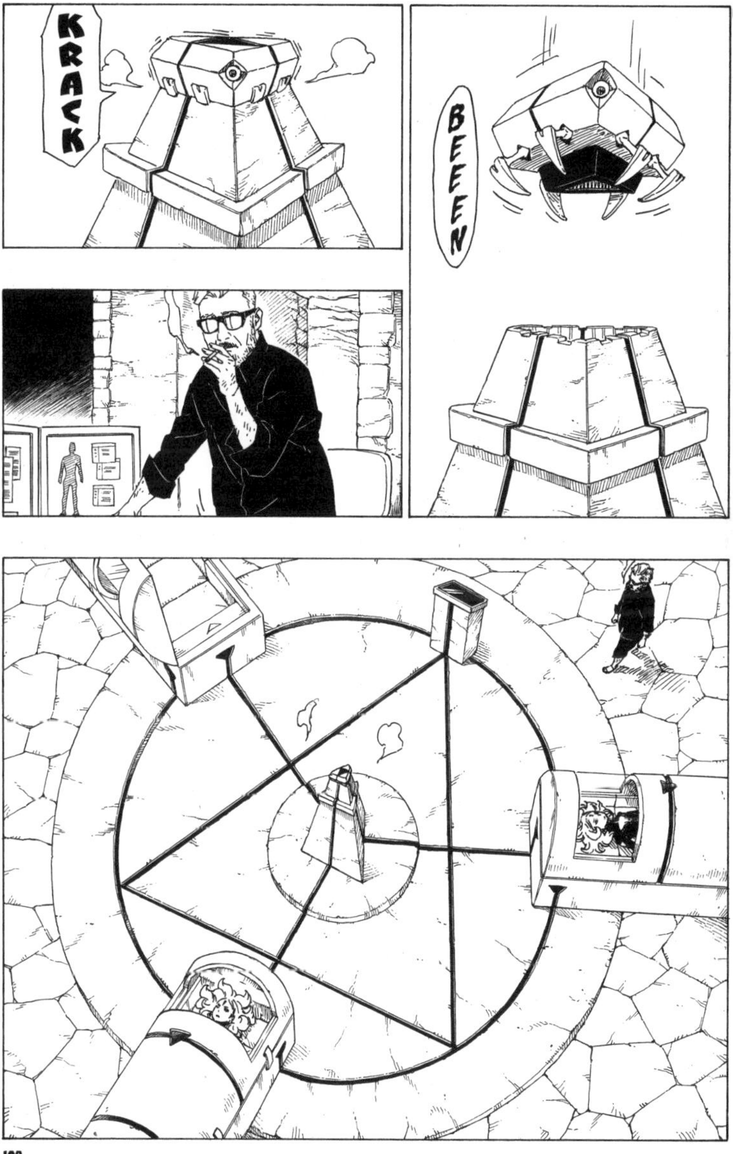
KRACK
BEEEEN

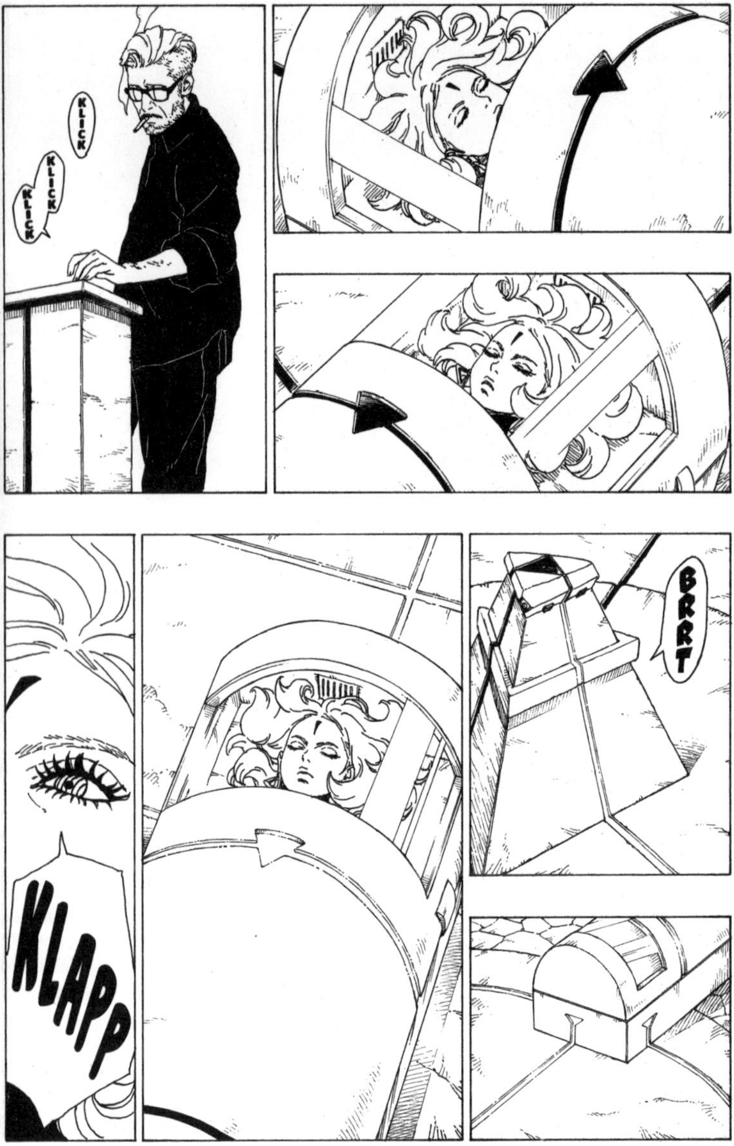
KLICK
KLICK
KLICK
BRRT
KLAPP

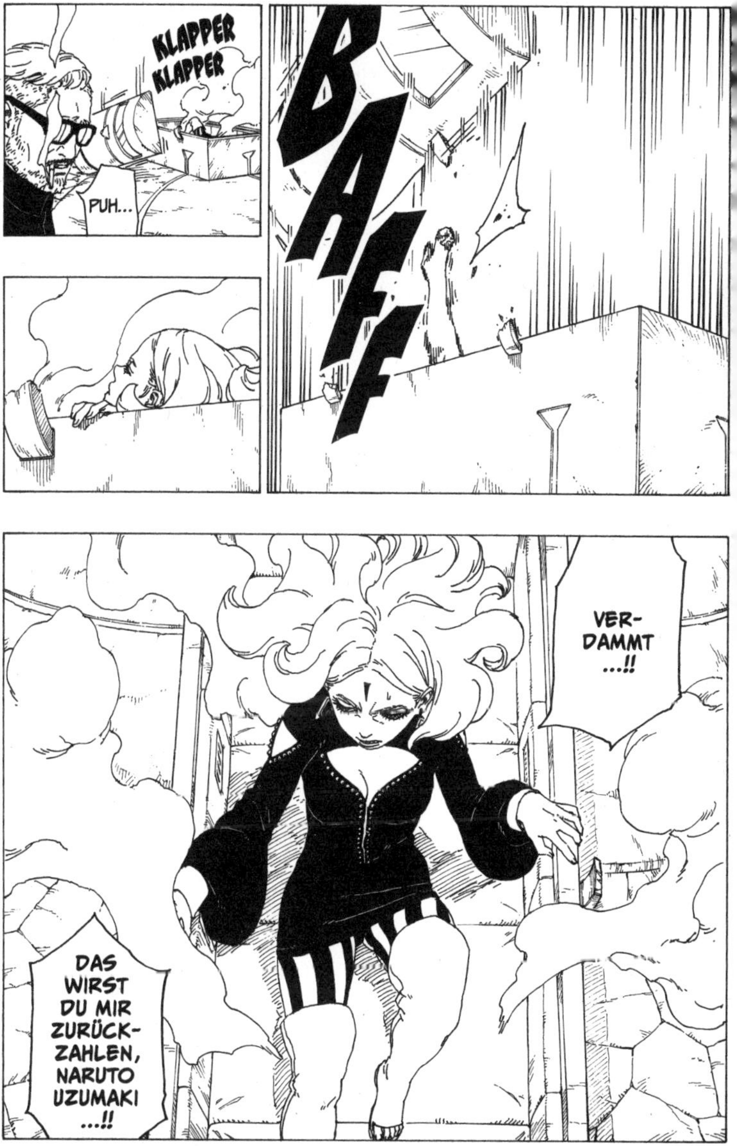
BAFF
KLAPPER KLAPPER
PUH...
VER-DAMMT ...!!
DAS WIRST DU MIR ZURÜCK-ZAHLEN, NARUTO UZUMAKI ...!!

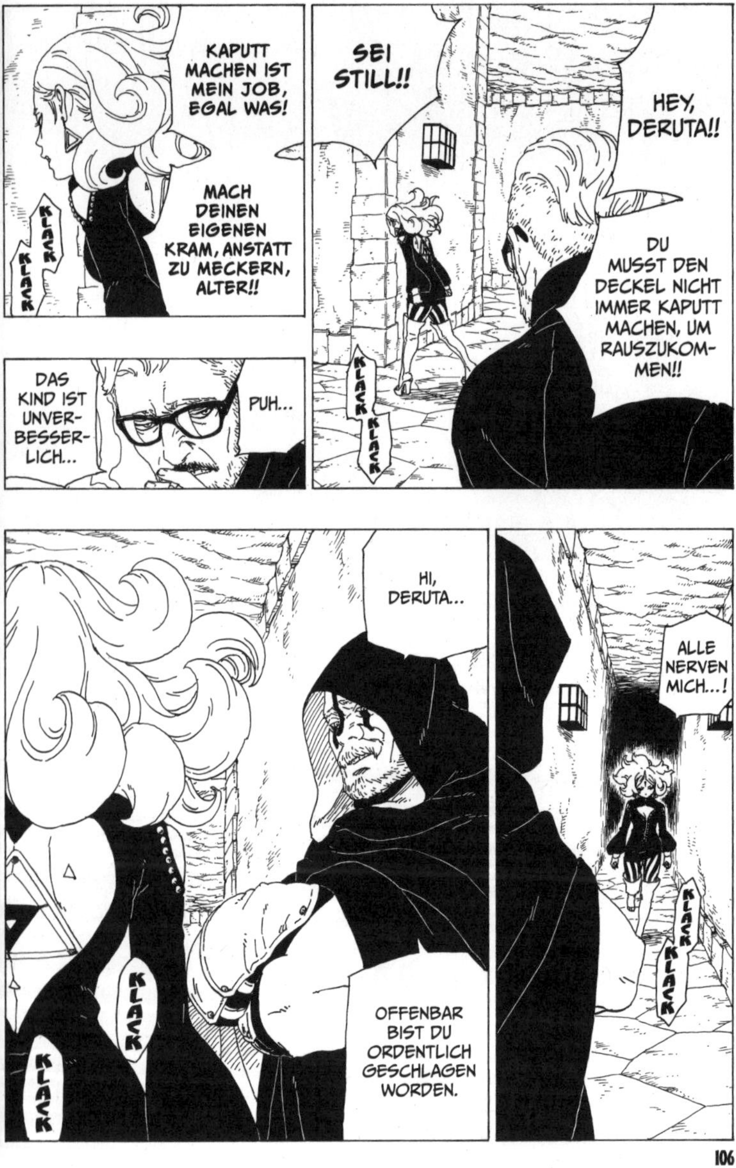
HEY, DERUTA!!
DU MUSST DEN DECKEL NICHT IMMER KAPUTT MACHEN, UM RAUSZUKOMMEN!!
SEI STILL!!
KLACK
KLACK
KAPUTT MACHEN IST MEIN JOB, EGAL WAS!
MACH DEINEN EIGENEN KRAM, ANSTATT ZU MECKERN, ALTER!!
KLACK
KLACK
PUH...
DAS KIND IST UNVERBESSERLICH...
ALLE NERVEN MICH...!
KLACK
KLACK
HI, DERUTA...
OFFENBAR BIST DU ORDENTLICH GESCHLAGEN WORDEN.
KLACK
KLACK

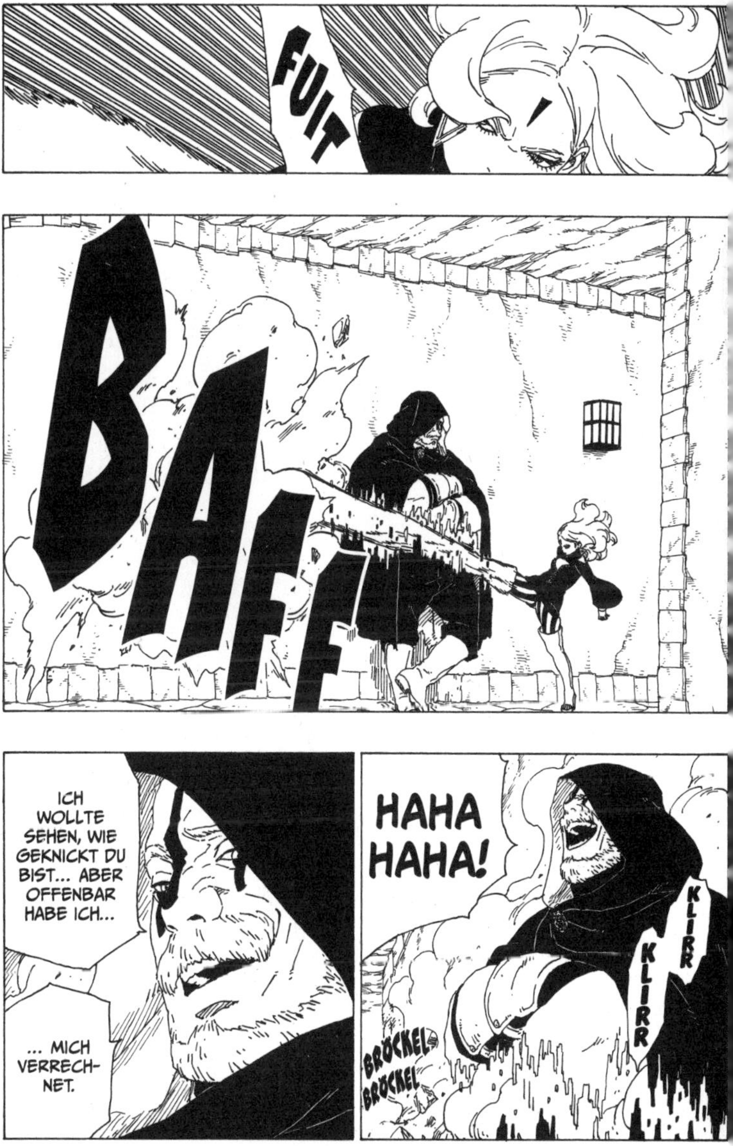
FUIT
BAFF
ICH WOLLTE SEHEN, WIE GEKNICKT DU BIST... ABER OFFENBAR HABE ICH...
... MICH VERRECH-NET.
HAHA HAHA!
KLIRR KLIRR
KLIRR
BRÖCKEL BRÖCKEL

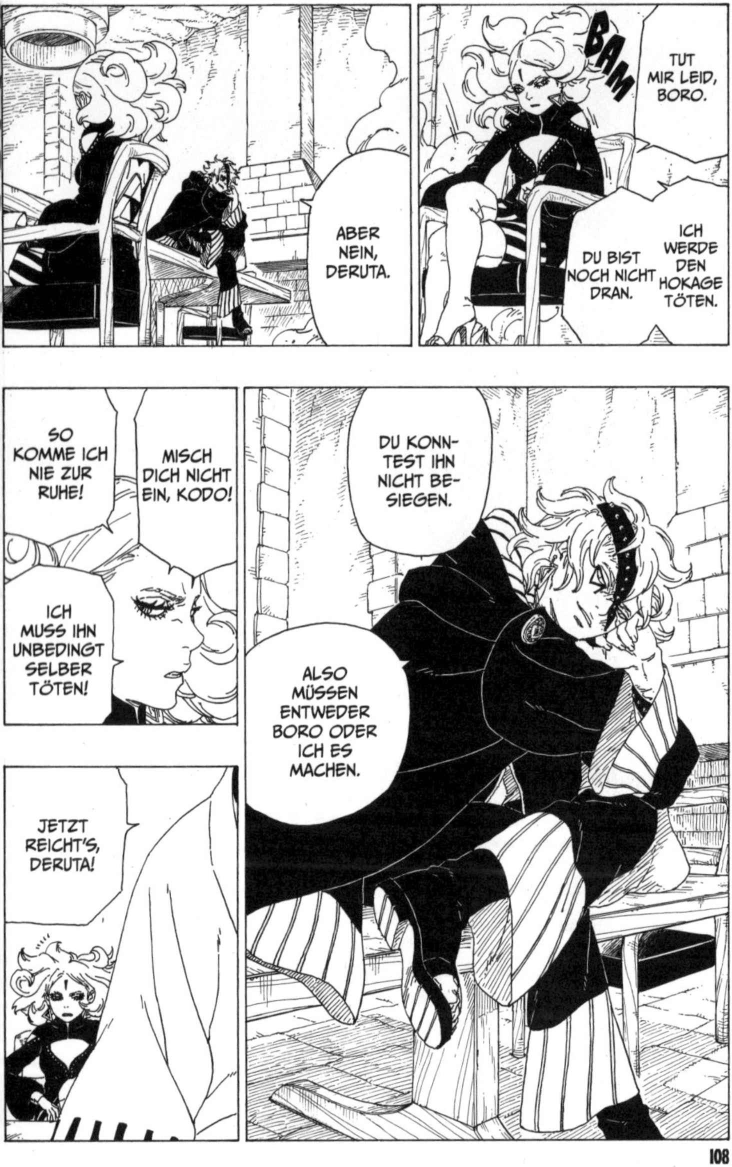
BAM
TUT MIR LEID, BORO.
ICH WERDE DEN HOKAGE TÖTEN.
DU BIST NOCH NICHT DRAN.
ABER NEIN, DERUTA.
DU KONNTEST IHN NICHT BESIEGEN.
ALSO MÜSSEN ENTWEDER BORO ODER ICH ES MACHEN.
MISCH DICH NICHT EIN, KODO!
SO KOMME ICH NIE ZUR RUHE!
ICH MUSS IHN UNBEDINGT SELBER TÖTEN!
JETZT REICHT'S, DERUTA!

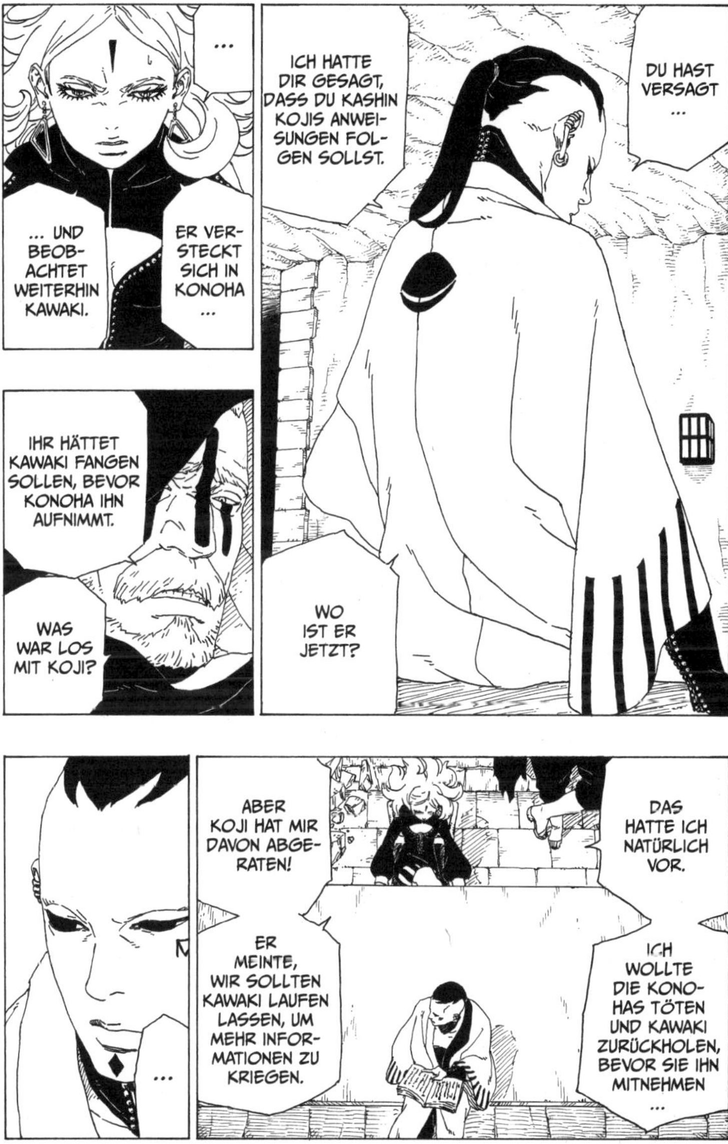
DU HAST VERSAGT ...
ICH HATTE DIR GESAGT, DASS DU KASHIN KOJIS ANWEISUNGEN FOLGEN SOLLST.
WO IST ER JETZT?
...
ER VERSTECKT SICH IN KONOHA ...
... UND BEOBACHTET WEITERHIN KAWAKI.
IHR HÄTTET KAWAKI FANGEN SOLLEN, BEVOR KONOHA IHN AUFNIMMT.
WAS WAR LOS MIT KOJI?
DAS HATTE ICH NATÜRLICH VOR.
ICH WOLLTE DIE KONOHAS TÖTEN UND KAWAKI ZURÜCKHOLEN, BEVOR SIE IHN MITNEHMEN ...
ABER KOJI HAT MIR DAVON ABGERATEN!
ER MEINTE, WIR SOLLTEN KAWAKI LAUFEN LASSEN, UM MEHR INFORMATIONEN ZU KRIEGEN.
...

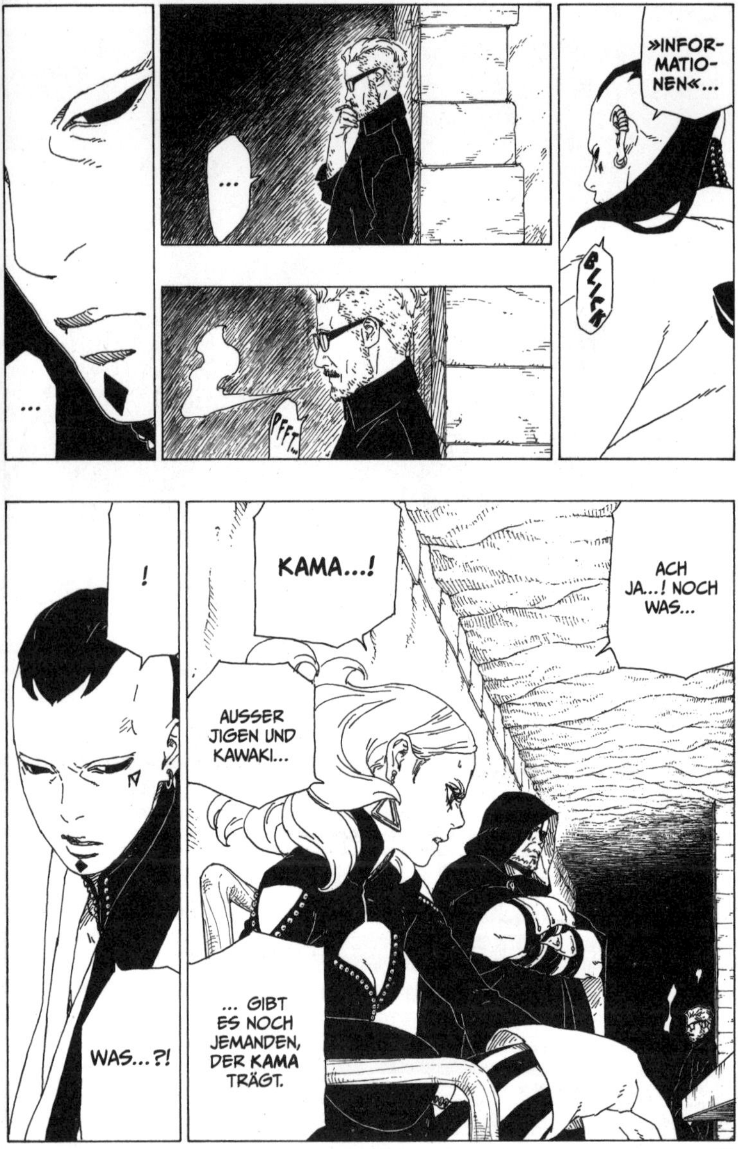

»INFORMATIONEN«...
BLICK
...
PFFT...
...
ACH JA...! NOCH WAS...
AUSSER JIGEN UND KAWAKI...
... GIBT ES NOCH JEMANDEN, DER KAMA TRÄGT.
KAMA...!
!
WAS...?!

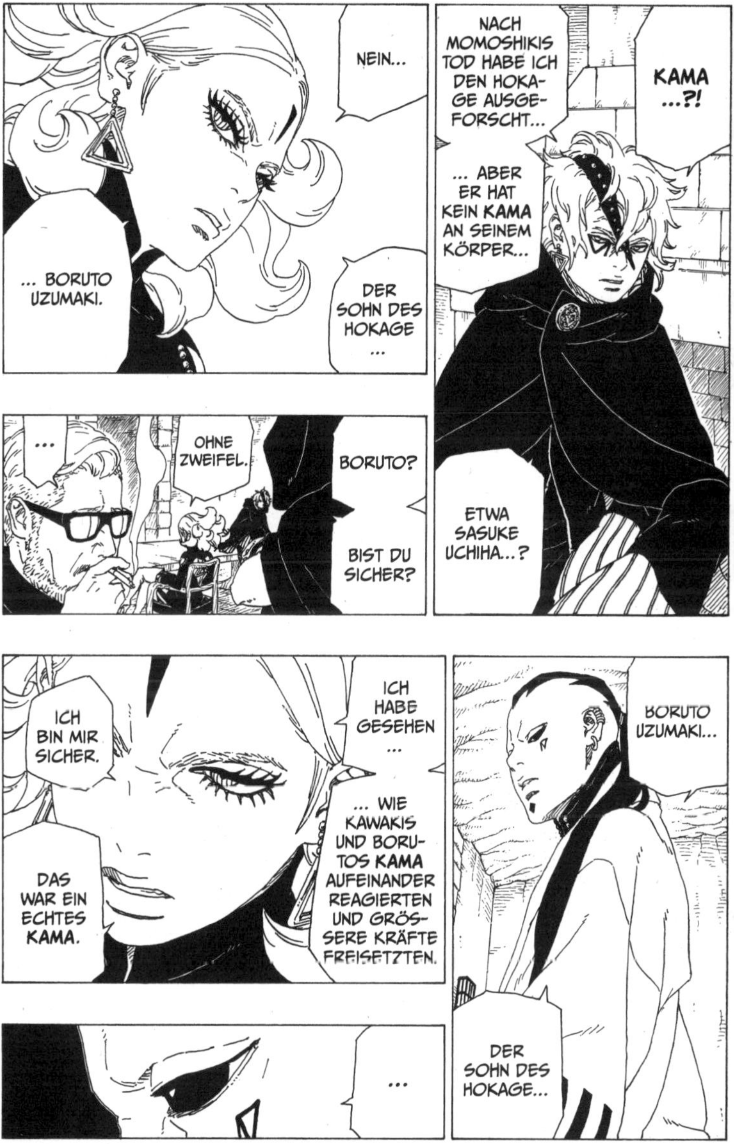
KAMA ...?!
NACH MOMOSHIKIS TOD HABE ICH DEN HOKAGE AUSGEFORSCHT...
... ABER ER HAT KEIN KAMA AN SEINEM KÖRPER...
ETWA SASUKE UCHIHA...?
NEIN...
DER SOHN DES HOKAGE ...
... BORUTO UZUMAKI.
BORUTO?
BIST DU SICHER?
OHNE ZWEIFEL.
...
BORUTO UZUMAKI...
DER SOHN DES HOKAGE...
ICH HABE GESEHEN ...
... WIE KAWAKIS UND BORUTOS KAMA AUFEINANDER REAGIERTEN UND GRÖSSERE KRÄFTE FREISETZTEN.
ICH BIN MIR SICHER.
DAS WAR EIN ECHTES KAMA.
...

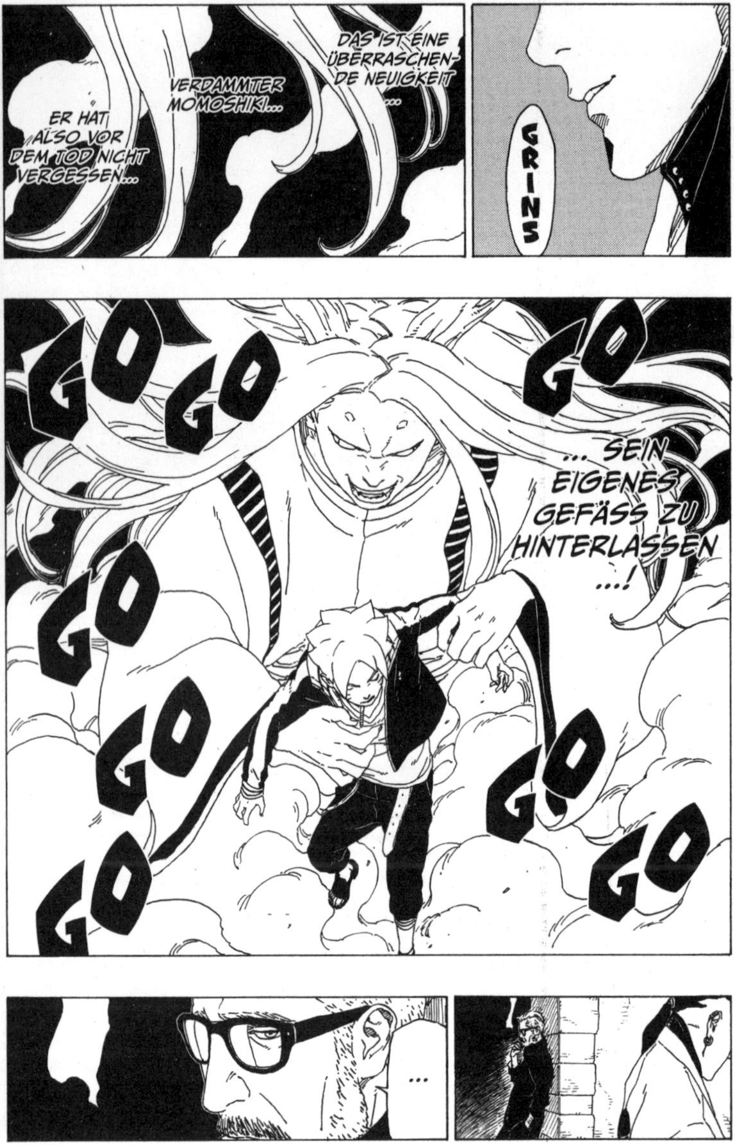
Das ist eine überraschende Neuigkeit ...
Verdammter Momoshiki...
Er hat also vor dem Tod nicht vergessen...
GRINS
GO GO GO
GO
... sein eigenes Gefäss zu hinterlassen ...!
GO GO GO
GO GO
...

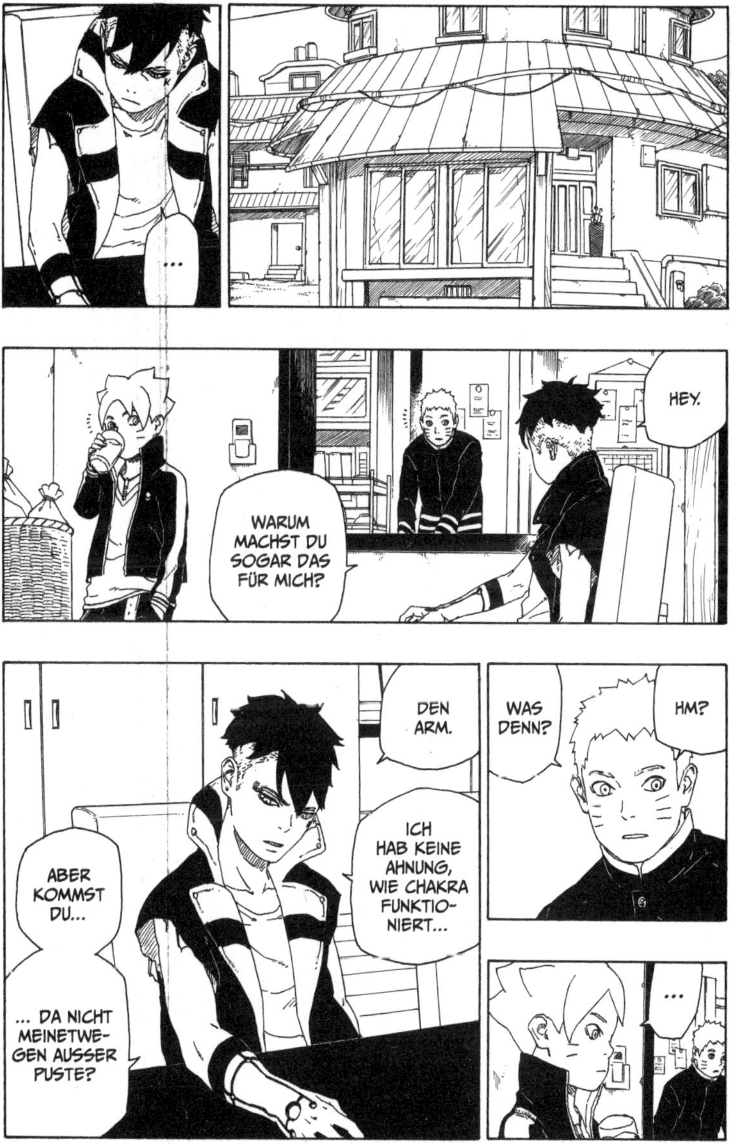
...
HEY.
WARUM MACHST DU SOGAR DAS FÜR MICH?
HM?
WAS DENN?
DEN ARM.
ICH HAB KEINE AHNUNG, WIE CHAKRA FUNKTIO-NIERT...
ABER KOMMST DU...
... DA NICHT MEINETWE-GEN AUSSER PUSTE?
...

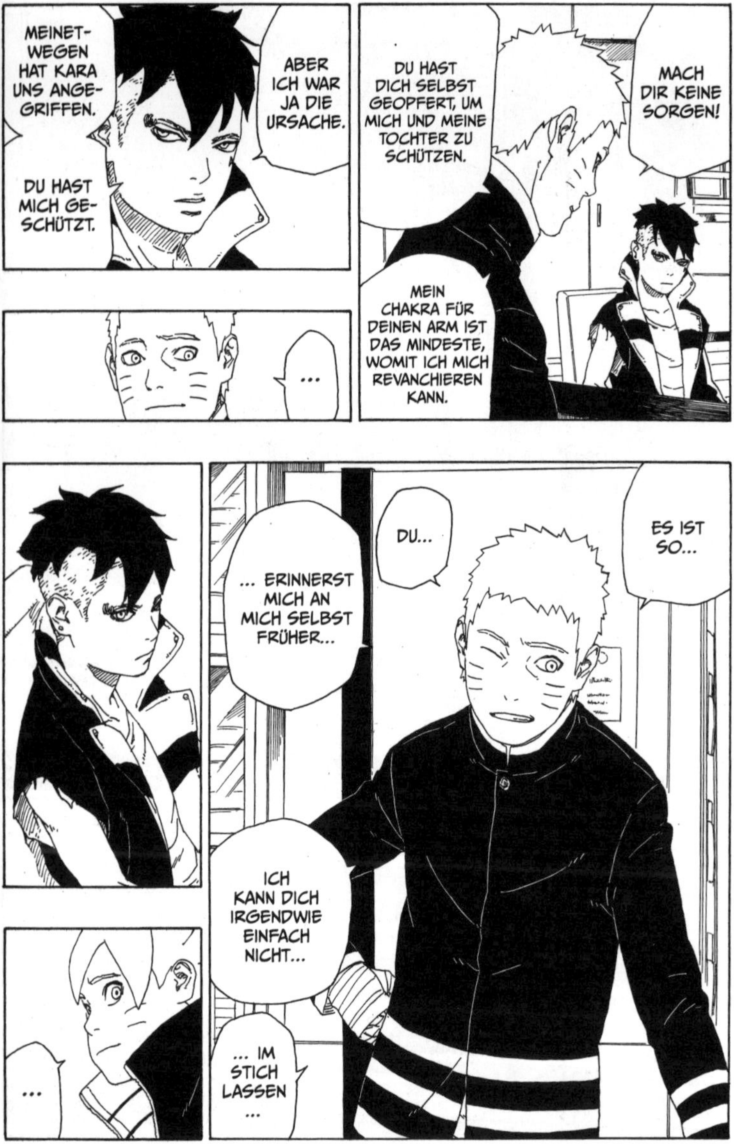
MACH DIR KEINE SORGEN!
DU HAST DICH SELBST GEOPFERT, UM MICH UND MEINE TOCHTER ZU SCHÜTZEN.
MEIN CHAKRA FÜR DEINEN ARM IST DAS MINDESTE, WOMIT ICH MICH REVANCHIEREN KANN.
ABER ICH WAR JA DIE URSACHE.
MEINETWEGEN HAT KARA UNS ANGEGRIFFEN.
DU HAST MICH GESCHÜTZT.
...
ES IST SO...
DU...
... ERINNERST MICH AN MICH SELBST FRÜHER...
ICH KANN DICH IRGENDWIE EINFACH NICHT...
... IM STICH LASSEN ...
...

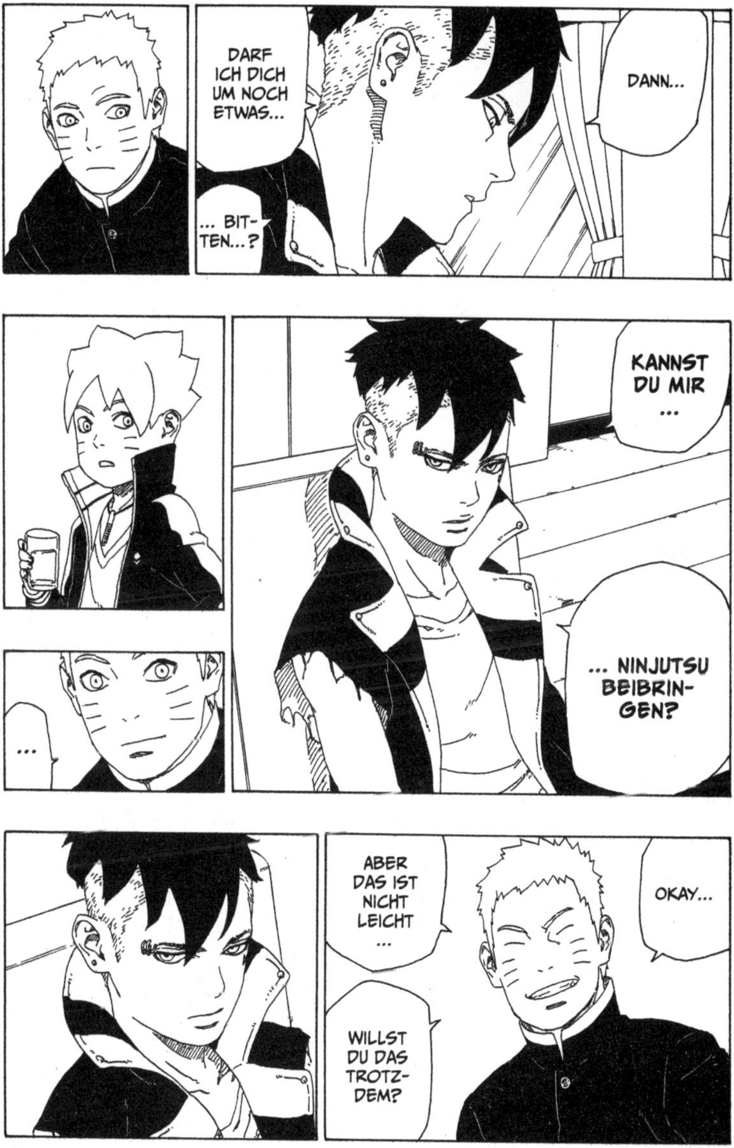
DANN...
DARF ICH DICH UM NOCH ETWAS...
... BIT-TEN...?
KANNST DU MIR ...
... NINJUTSU BEIBRIN-GEN?
...
OKAY...
ABER DAS IST NICHT LEICHT ...
WILLST DU DAS TROTZ-DEM?

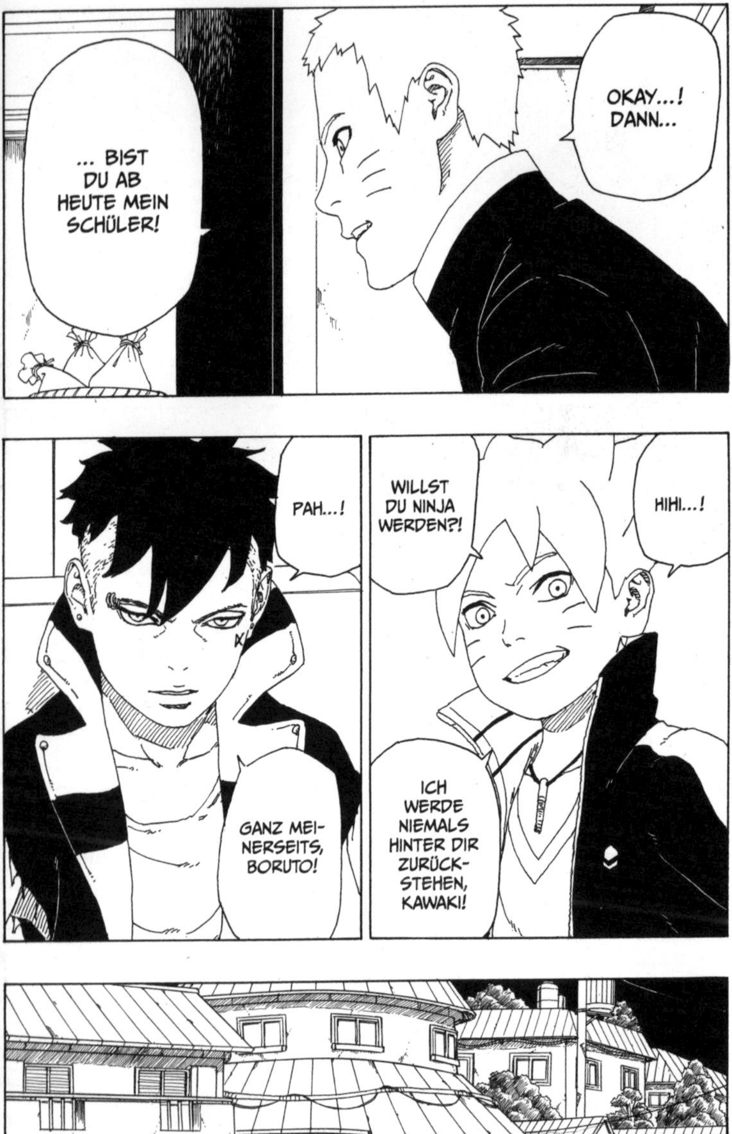
OKAY...! DANN...
... BIST DU AB HEUTE MEIN SCHÜLER!
HIHI...!
WILLST DU NINJA WERDEN?!
ICH WERDE NIEMALS HINTER DIR ZURÜCK-STEHEN, KAWAKI!
PAH...!
GANZ MEI-NERSEITS, BORUTO!

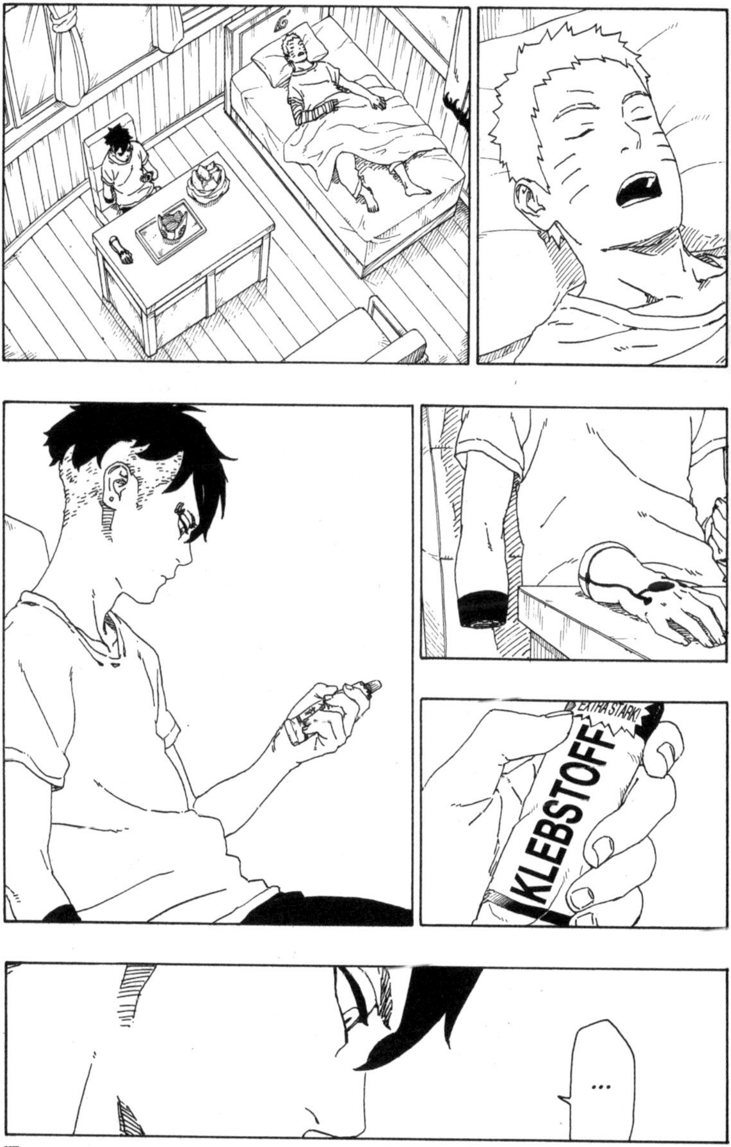

EXTRA STARK!
KLEBSTOFF
...

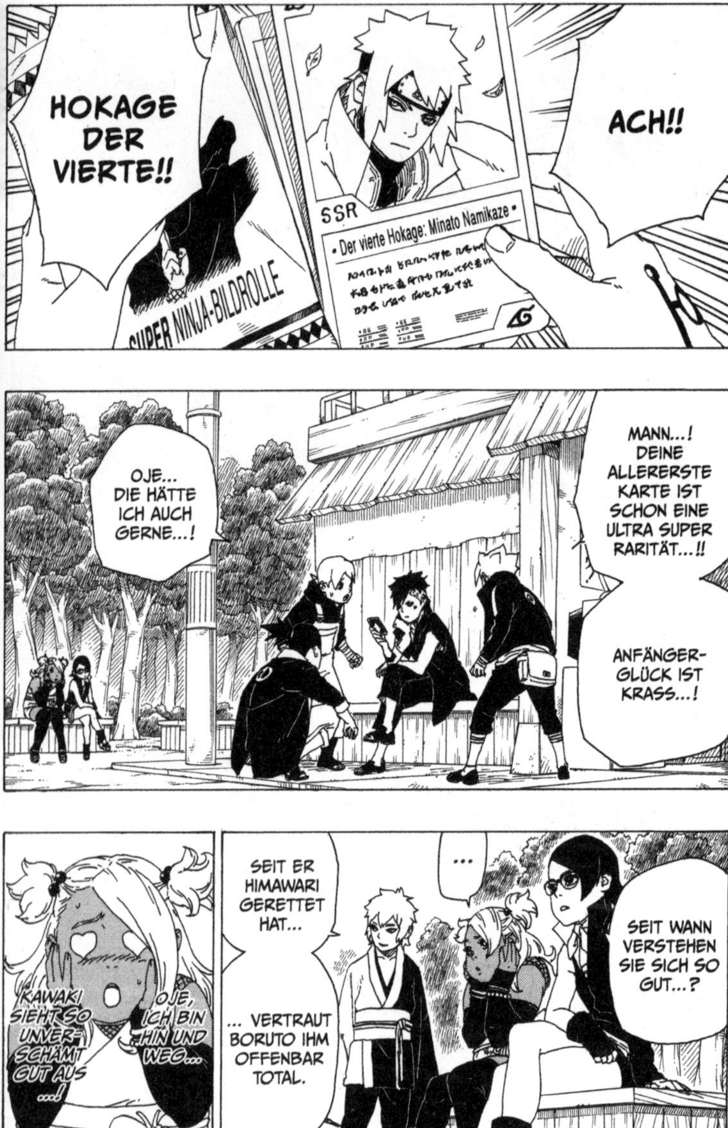
ACH!!
HOKAGE DER VIERTE!!
SSR
• Der vierte Hokage: Minato Namikaze •
SUPER NINJA-BILDROLLE
MANN...! DEINE ALLERERSTE KARTE IST SCHON EINE ULTRA SUPER RARITÄT...!!
ANFÄNGER-GLÜCK IST KRASS...!
OJE... DIE HÄTTE ICH AUCH GERNE...!
SEIT WANN VERSTEHEN SIE SICH SO GUT...?
...
SEIT ER HIMAWARI GERETTET HAT...
... VERTRAUT BORUTO IHM OFFENBAR TOTAL.
OJE, ICH BIN HIN UND WEG...
KAWAKI SIEHT SO UNVER-SCHÄMT GUT AUS ...!

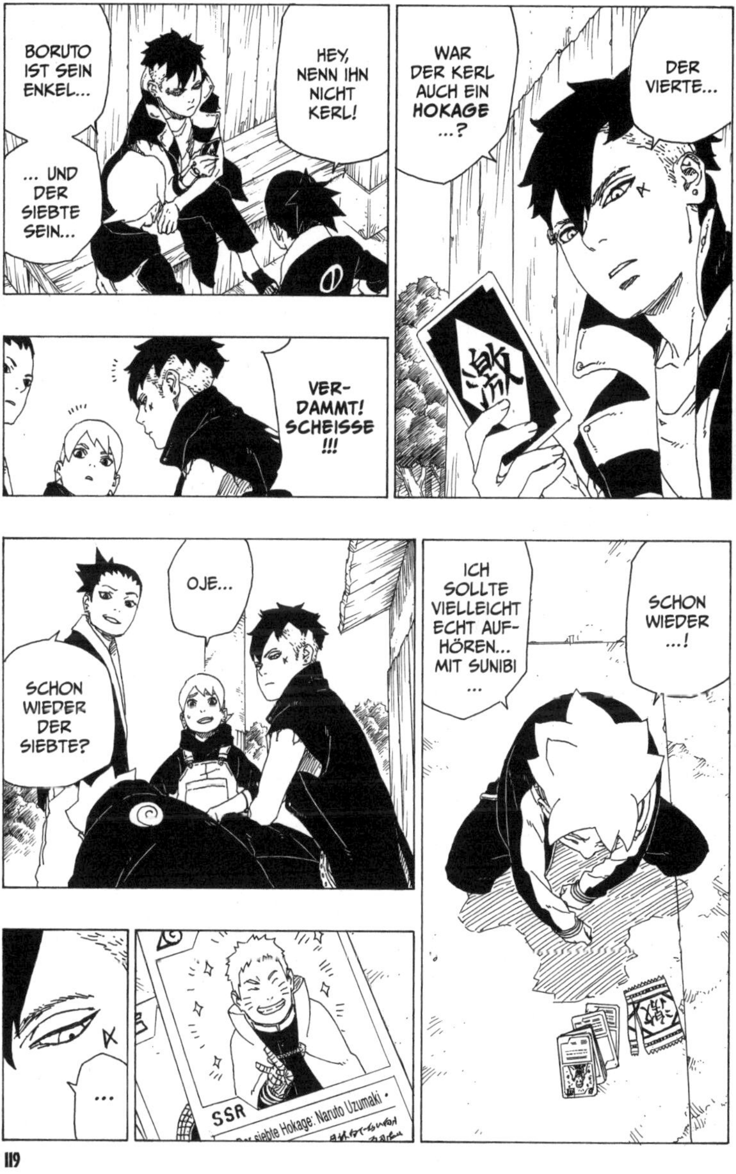
DER VIERTE...
WAR DER KERL AUCH EIN HOKAGE ...?
HEY, NENN IHN NICHT KERL!
BORUTO IST SEIN ENKEL...
... UND DER SIEBTE SEIN...
VER-DAMMT! SCHEISSE !!!
SCHON WIEDER ...!
ICH SOLLTE VIELLEICHT ECHT AUF-HÖREN... MIT SUNIBI ...
OJE...
SCHON WIEDER DER SIEBTE?
SSR
Der siebte Hokage: Naruto Uzumaki •
...

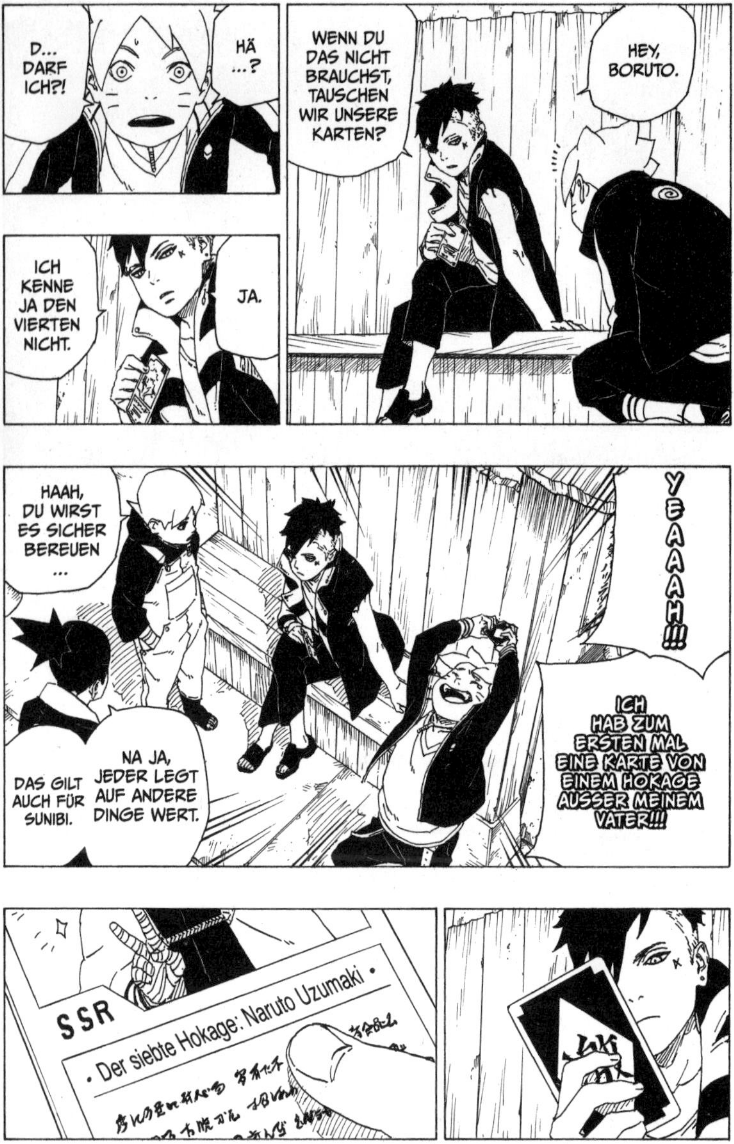
HEY, BORUTO.
WENN DU DAS NICHT BRAUCHST, TAUSCHEN WIR UNSERE KARTEN?
HÄ ...?
D... DARF ICH?!
JA.
ICH KENNE JA DEN VIERTEN NICHT.
YEAAAAH!!!
ICH HAB ZUM ERSTEN MAL EINE KARTE VON EINEM HOKAGE AUSSER MEINEM VATER!!!
HAAH, DU WIRST ES SICHER BEREUEN ...
NA JA, JEDER LEGT AUF ANDERE DINGE WERT.
DAS GILT AUCH FÜR SUNIBI.
SSR
• Der siebte Hokage: Naruto Uzumaki •

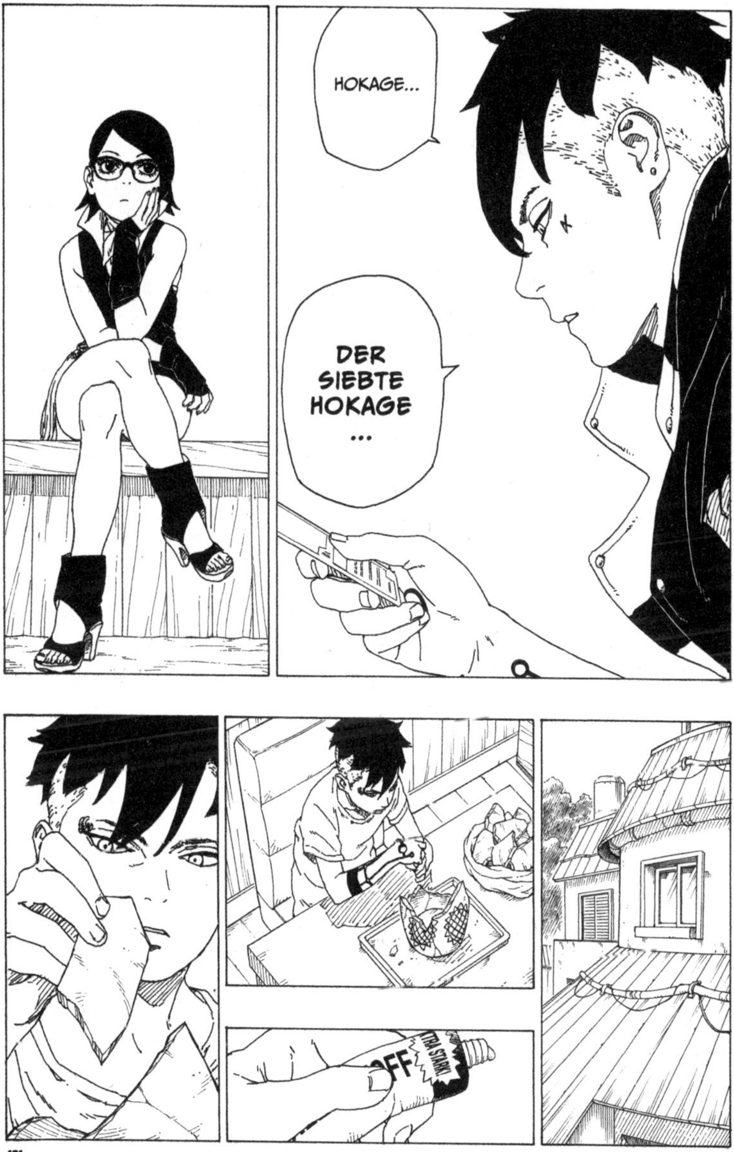
HOKAGE...
DER SIEBTE HOKAGE ...

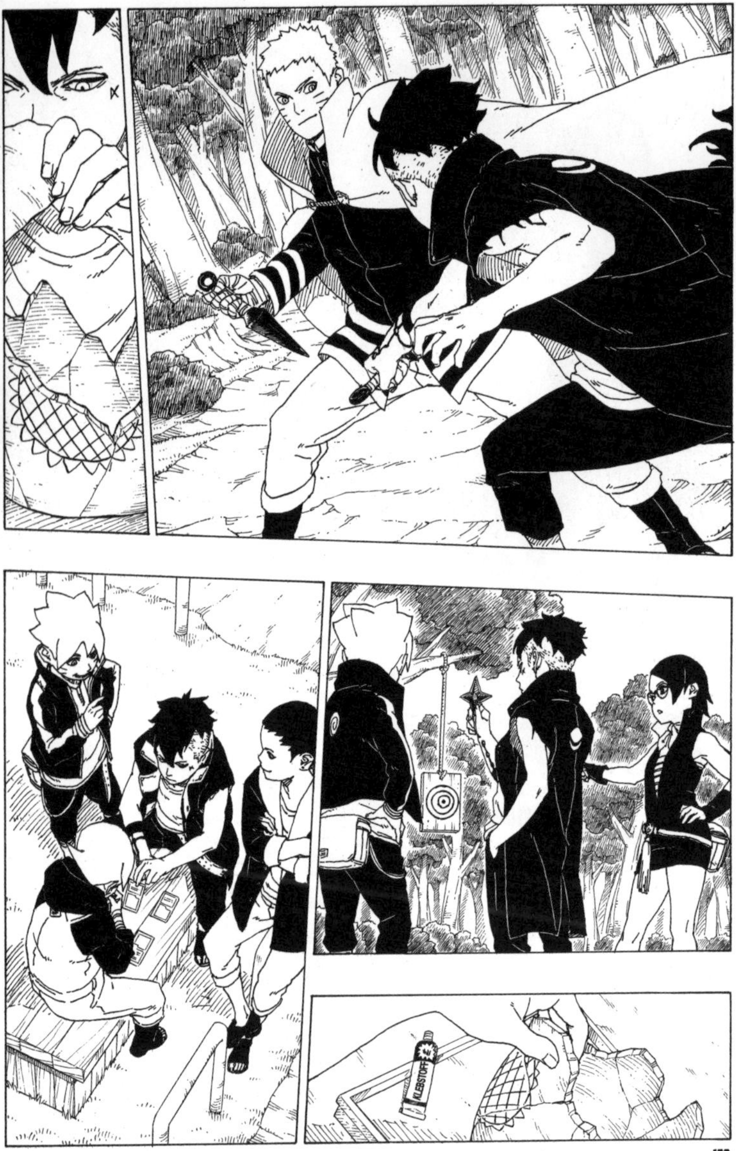
KLEBSTOFF

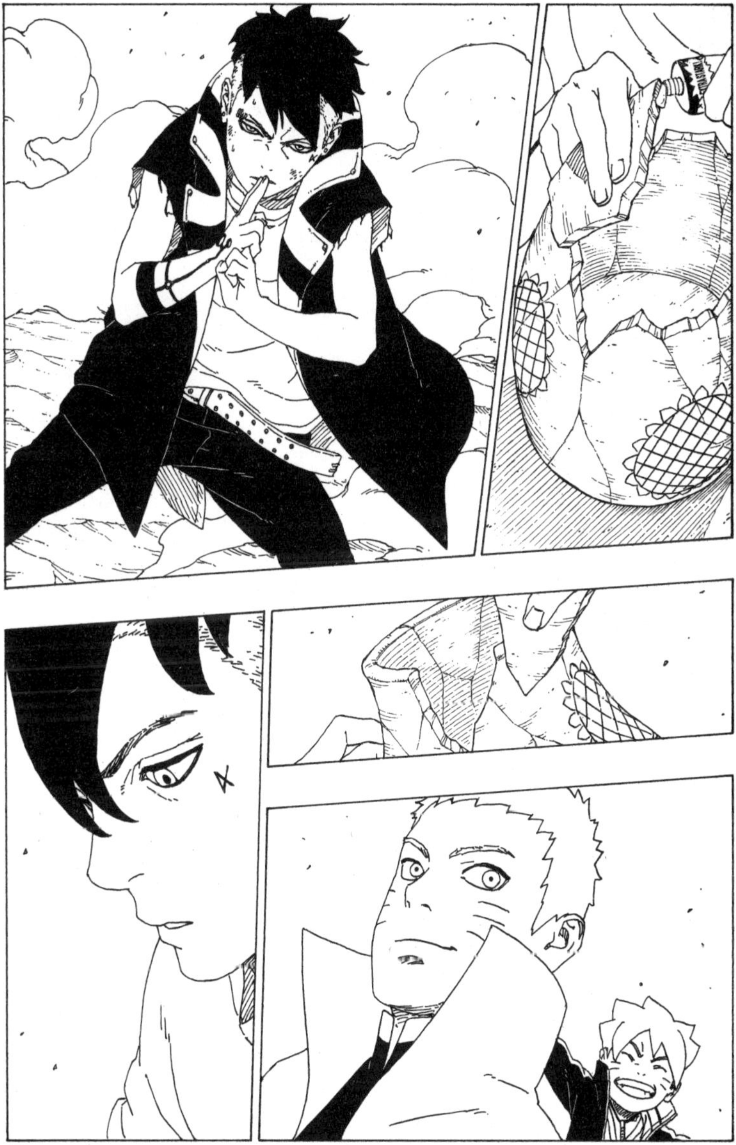

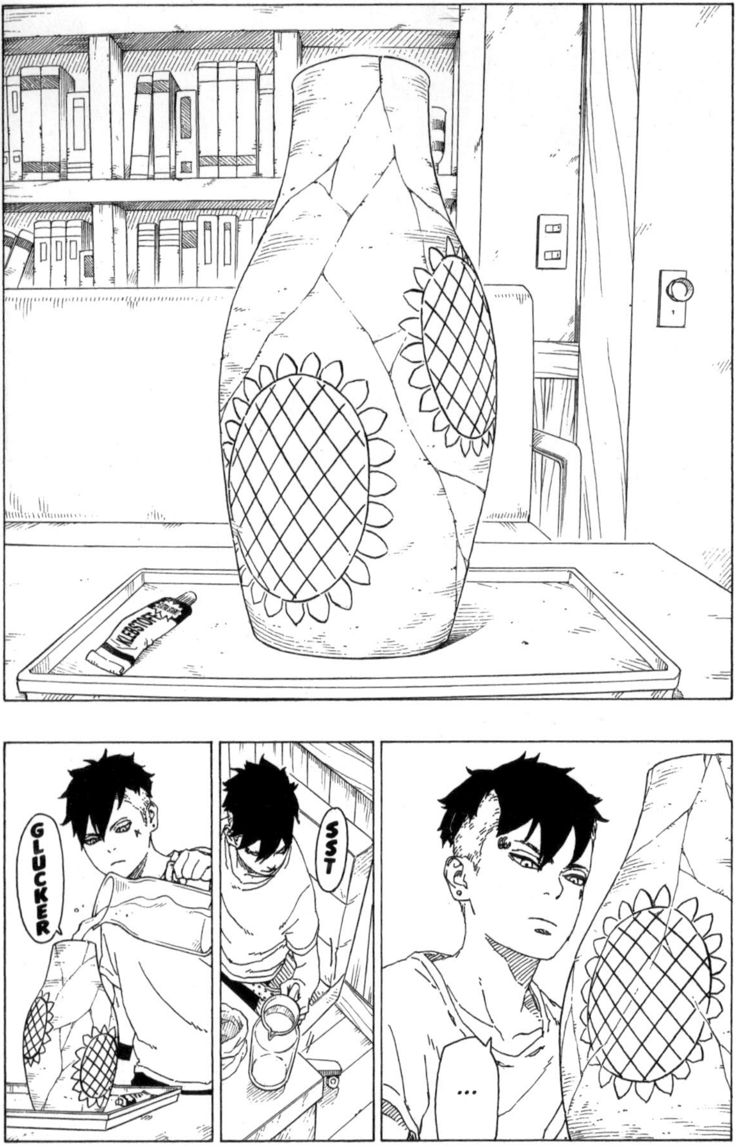
KLEBSTOFF
...
SST
GLUCKER

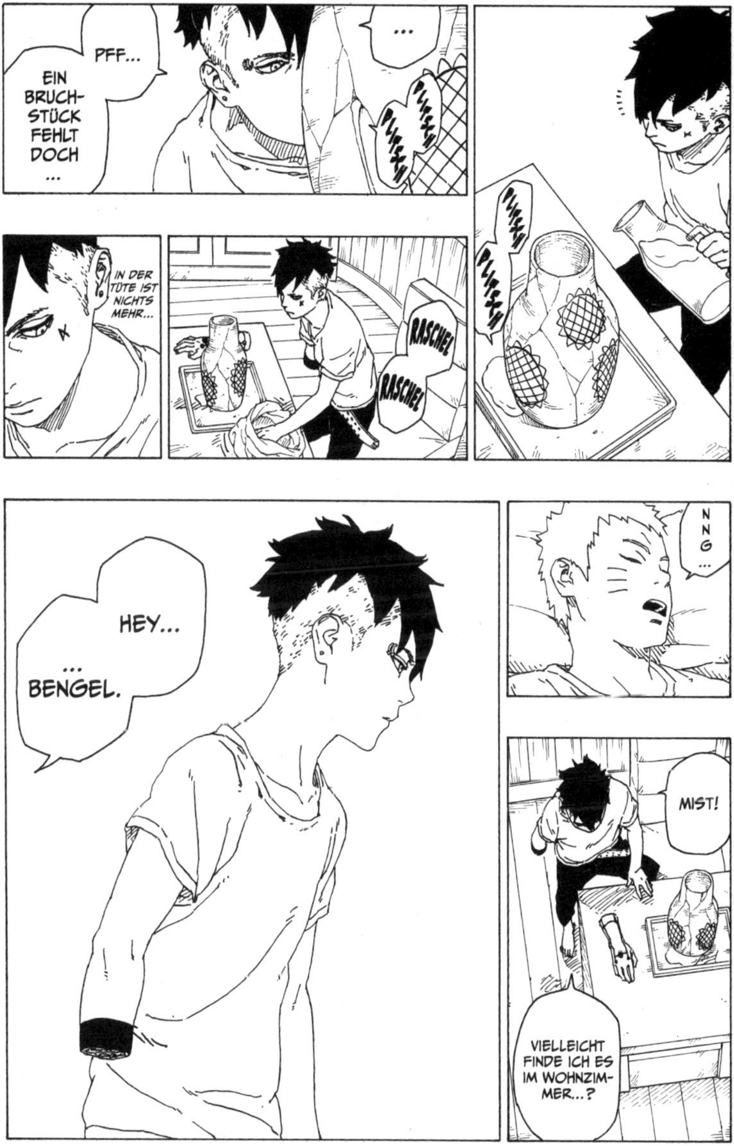
PLITSCH
PLITSCH
...
PLITSCH
PLITSCH
PFF...
EIN BRUCH-STÜCK FEHLT DOCH ...
RASCHEL
RASCHEL
IN DER TÜTE IST NICHTS MEHR...
NNG ...
MIST!
VIELLEICHT FINDE ICH ES IM WOHNZIM-MER...?
HEY...
... BENGEL.

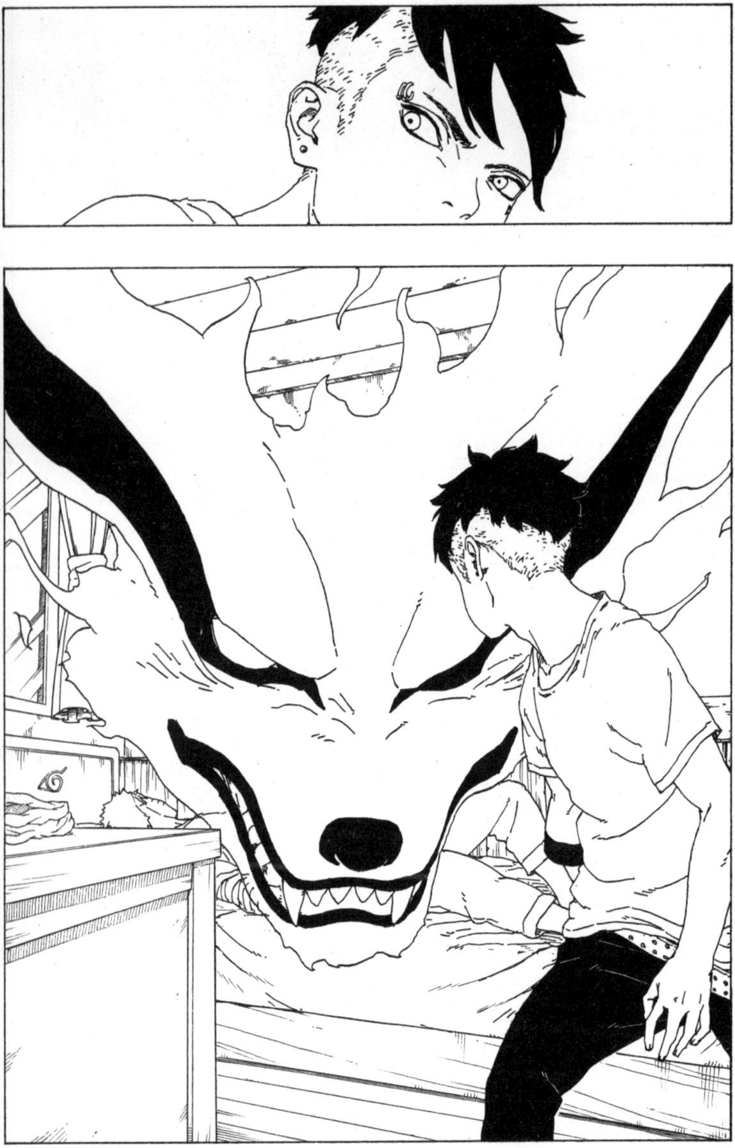

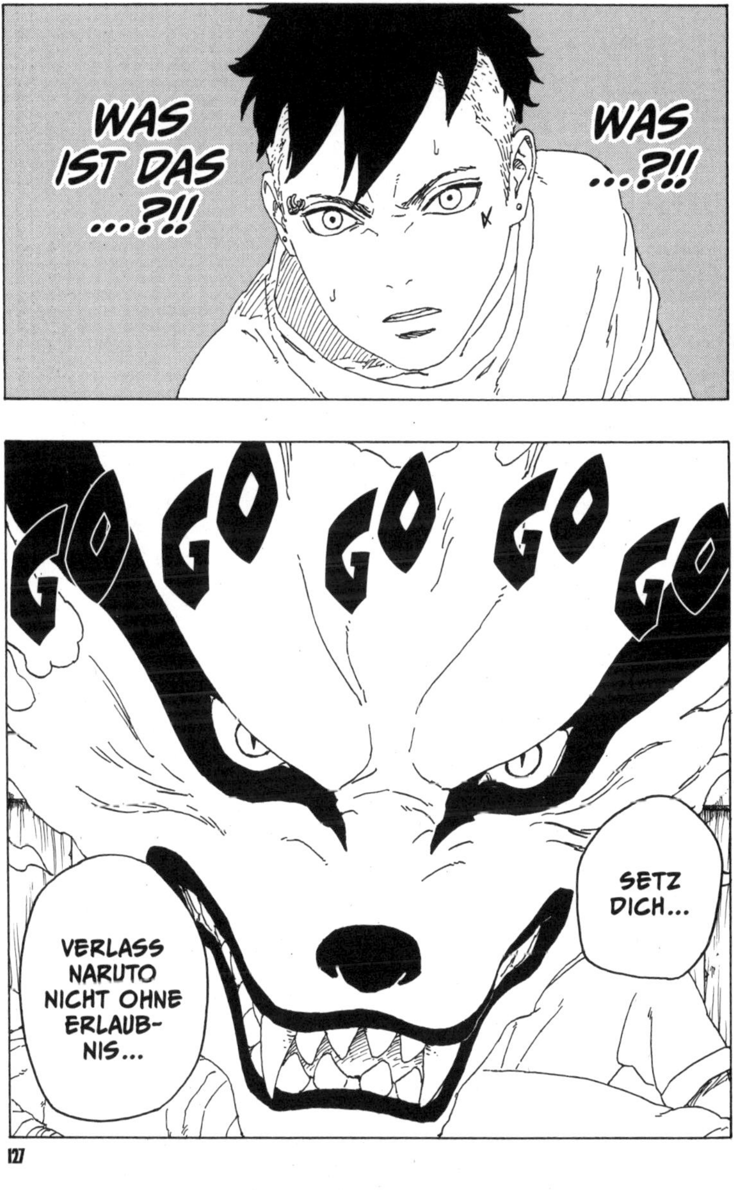
WAS ...?!!
WAS IST DAS ...?!!
GO GO GO GO GO
SETZ DICH...
VERLASS NARUTO NICHT OHNE ERLAUB-NIS...

GEHEIMÜBERLIEFERUNG DER NINJA, TEIL 3: DIE NINJA UND IHRE EINHEITEN

DIE KLEINSTE ARBEITSEINHEIT DER NINJA BESTEHT AUS DREI PERSONEN. DA DIE NINJA GRUNDSÄTZLICH IM GEHEIMEN ARBEITEN, IST EIN TRUPP AUS DREI PERSONEN IDEAL, UM DIE TOTEN WINKEL DER ANDEREN ZU DECKEN, OHNE SICH ÜBERMÄSSIG GEGENSEITIG DEN AKTIONSRADIUS EINZUSCHRÄNKEN. JEDE EINHEIT AUS DREI NINJA WIRD VON EINEM ANFÜHRER GELEITET. DIE GRUPPE BEDEUTET IHREN MITGLIEDERN GENAUSO VIEL WIE IHRE FAMILIE. DIE MITGLIEDER SIND WIE GESCHWISTER.

MANCH NINJA MIT AUSSERGEWÖHNLICHEN FÄHIGKEITEN – WIE Z.B. NARUTO – AGIERT AUCH ALLEIN. UND KONOHAMARU SARUTOBI, DER ALS DAS GROSSE TALENT KONOHAS BERÜHMT IST, BEVORZUGT DAS ARBEITEN ZU ZWEIT, MIT NUR EINEM PARTNER. MANCHMAL GIBT ES AUCH SPEZIELLE AUFGABEN FÜR EINZELNE NINJA, ABER DIE MEISTEN NINJA AGIEREN IM DREIERTRUPP. JE NACH ART DES AUFTRAGS WERDEN AUCH MANCHMAL DIE MITGLIEDER EINER DREIKÖPFIGEN TRUPPE GEWECHSELT.

BEI GRÖSSEREN AUFTRÄGEN WIRD AUS SECHS PERSONEN – D.H. AUS ZWEI TRUPPEN – EIN KADER (COMBAT SQUAD) GEBILDET. EIN KADER WIRD VON EINEM KOMMANDEUR GEFÜHRT, UND INSGESAMT SIEBEN PERSONEN – EIN KOMMANDEUR UND SECHS KADER-MITGLIEDER – ARBEITEN ZUSAMMEN.

EIN KADER IST IN DER REGEL DIE GRÖSSTE ARBEITSEINHEIT DER NINJA. EINE EINHEIT AUS MEHR PERSONEN WIRD SEHR SELTEN GEBILDET, DENN DIE MEISTEN NINJUTSU WIRKEN IN EINEM SEHR WEITEN KREIS UND DIE GEFAHR, DASS EIGENE LEUTE SIE ABBEKOMMEN KÖNNTEN, IST ZU GROSS.

IN EINEM KRIEG WIRD PROVISORISCH AUCH EIN ZUG GEBILDET. EIN ZUG BESTEHT AUS DREI KADERN UND WIRD VON EINEM JO-NIN GEFÜHRT. EIN ZUG KANN FÜR KOMPLIZIERTE PLÄNE EINGESETZT WERDEN: ETWA ZUR ZERSTÖRUNG EINER BELAGERUNG ODER FÜR SIMULTANE ANGRIFFE AUS MEHREREN RICHTUNGEN. DURCH DEN EINSATZ VERSCHIEDENER SPEZIALISTEN WIE FERNMELDER, MEDIZINER, COMPUTERSPEZIALISTEN ODER SENSOR-NINJA IST EIN ZUG FÜR ALLE MÖGLICHEN LAGEN PASSEND.

IN GROSSEN KRIEGEN WIE IM NINJA-WELTKRIEG WURDEN DAZU NOCH KOMPANIEN GEBILDET. EINE KOMPANIE AUS DREI ZÜGEN MIT EINEM KOMPANIECHEF, ALSO 67 NINJA, KAM FÜR SPEZIALISIERTE AUFGABEN ZUM EINSATZ: Z.B. ZUR FREISETZUNG EINER KATON-KUNST ODER ZUR NACHRICHTENÜBERTRAGUNG AN EXTREM FERNE ORTE. AUF IHREM SPEZIELLEN FACHGEBIET KANN EINE KOMPANIE GENAUSO VIEL LEISTEN WIE DIE FÜNF KAGE, ODER SOGAR NOCH MEHR.

AUS DREI KOMPANIEN KANN AUCH EIN BATAILLON GEBILDET WERDEN, ABER SEIT DEM ENDE DES NINJA-WELTKRIEGS IST IN KEINEM DER DÖRFER EIN EINSATZ DER NINJA IN DIESEM GROSSEN MASS VORGEKOMMEN. DIE AUSBILDUNG HOCH QUALIFIZIERTER NINJA, DIE ALS KOMPANIECHEF ODER BATAILLONSKOMMANDEUR EINGESETZT WERDEN KÖNNEN, WURDE JEDOCH GEZIELT GEFÖRDERT, DA VIELE OFFIZIERE IM WELTKRIEG GEFALLEN SIND.

35: DAS HÄNGT VON DIR AB!

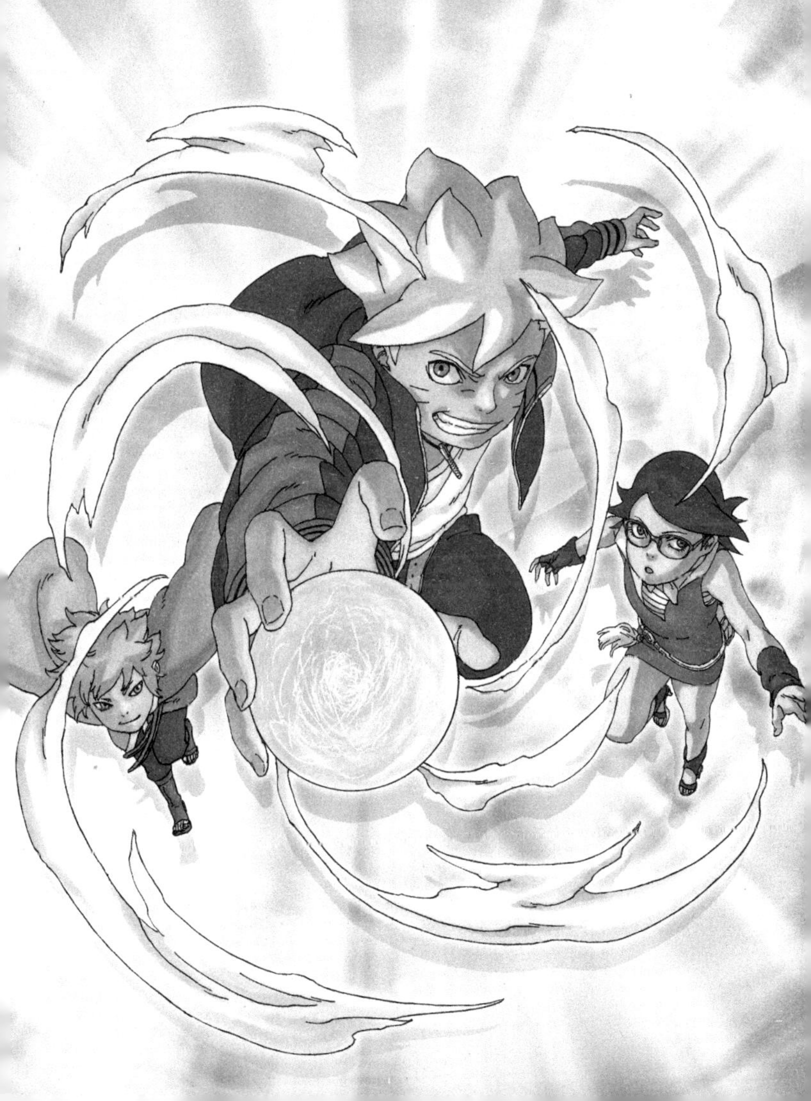

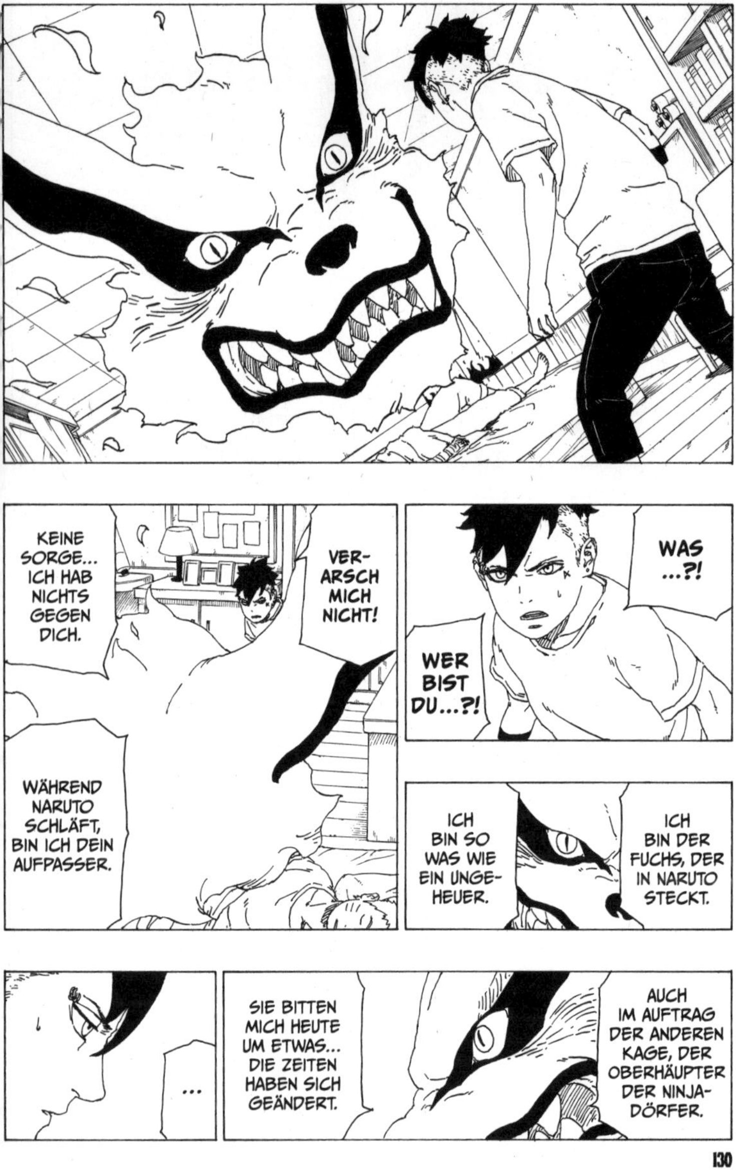
WAS ...?!
WER BIST DU...?!
ICH BIN DER FUCHS, DER IN NARUTO STECKT.
ICH BIN SO WAS WIE EIN UNGE-HEUER.
VER-ARSCH MICH NICHT!
KEINE SORGE... ICH HAB NICHTS GEGEN DICH.
WÄHREND NARUTO SCHLÄFT, BIN ICH DEIN AUFPASSER.
AUCH IM AUFTRAG DER ANDEREN KAGE, DER OBERHÄUPTER DER NINJA-DÖRFER.
SIE BITTEN MICH HEUTE UM ETWAS... DIE ZEITEN HABEN SICH GEÄNDERT.
...

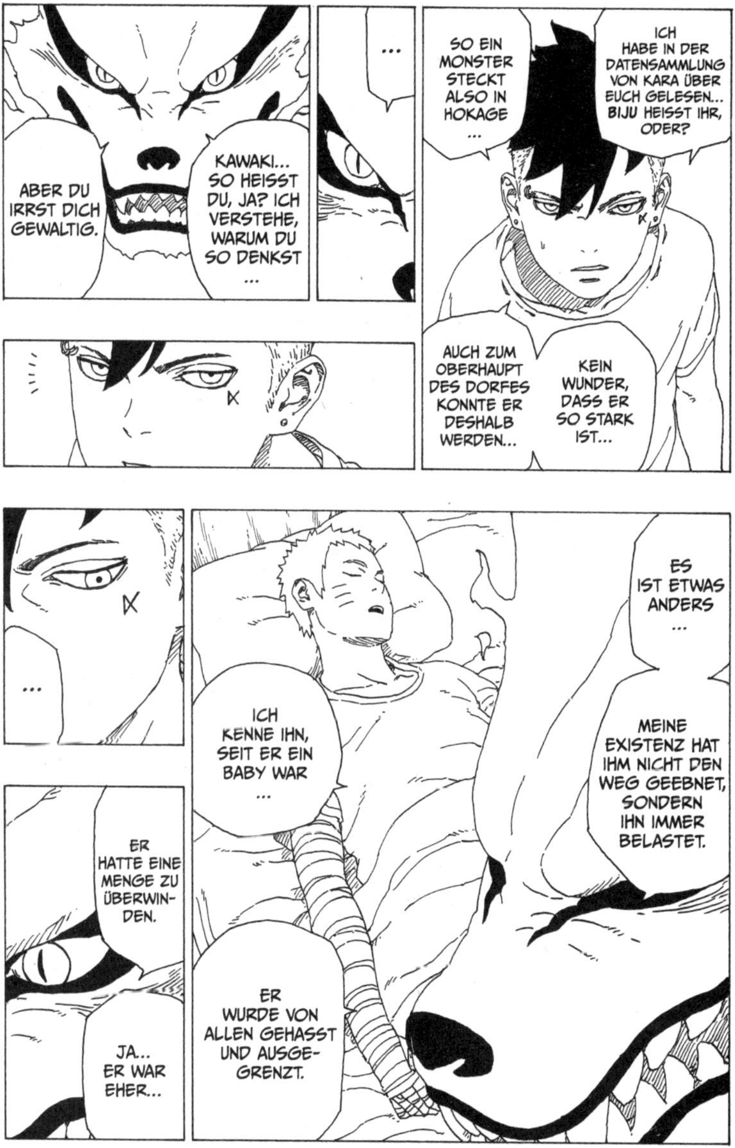
ICH HABE IN DER DATENSAMMLUNG VON KARA ÜBER EUCH GELESEN... BIJU HEISST IHR, ODER?
SO EIN MONSTER STECKT ALSO IN HOKAGE ...
...
KAWAKI... SO HEISST DU, JA? ICH VERSTEHE, WARUM DU SO DENKST ...
ABER DU IRRST DICH GEWALTIG.
KEIN WUNDER, DASS ER SO STARK IST...
AUCH ZUM OBERHAUPT DES DORFES KONNTE ER DESHALB WERDEN...
ES IST ETWAS ANDERS ...
MEINE EXISTENZ HAT IHM NICHT DEN WEG GEEBNET, SONDERN IHN IMMER BELASTET.
ICH KENNE IHN, SEIT ER EIN BABY WAR ...
...
ER WURDE VON ALLEN GEHASST UND AUSGEGRENZT.
ER HATTE EINE MENGE ZU ÜBERWINDEN.
JA... ER WAR EHER...

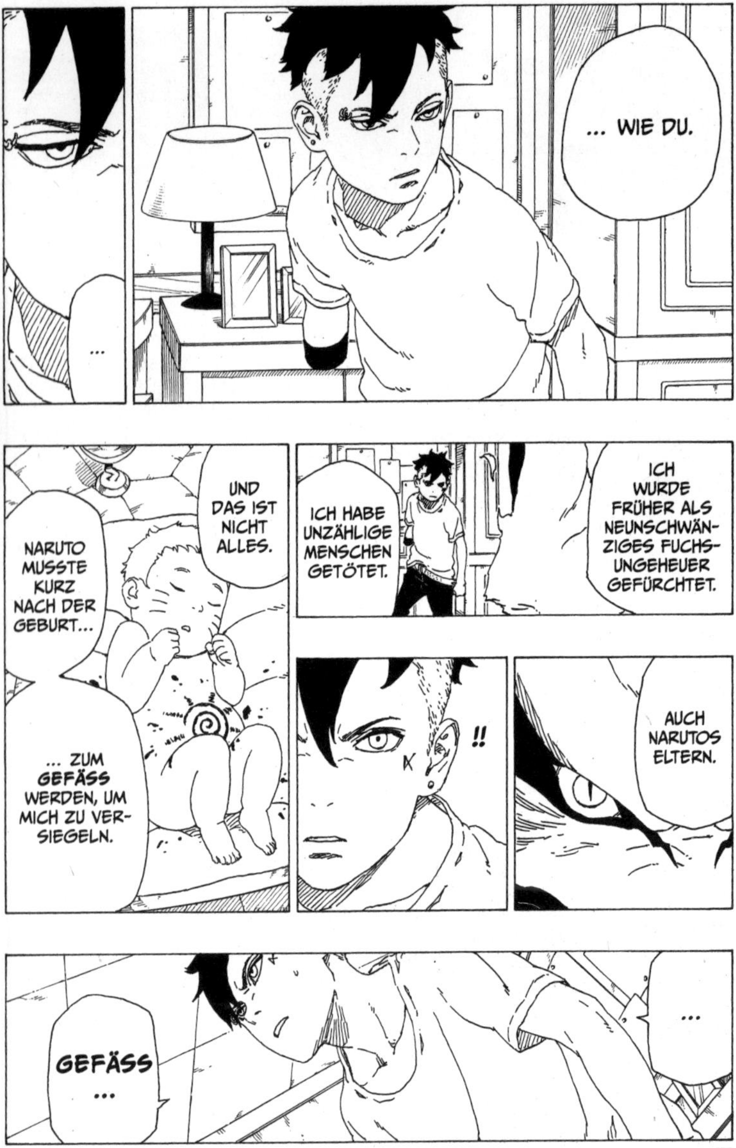

... WIE DU.
...
ICH WURDE FRÜHER ALS NEUNSCHWÄNZIGES FUCHSUNGEHEUER GEFÜRCHTET.
ICH HABE UNZÄHLIGE MENSCHEN GETÖTET.
AUCH NARUTOS ELTERN.
!!
UND DAS IST NICHT ALLES.
NARUTO MUSSTE KURZ NACH DER GEBURT...
... ZUM GEFÄSS WERDEN, UM MICH ZU VERSIEGELN.
...
GEFÄSS ...

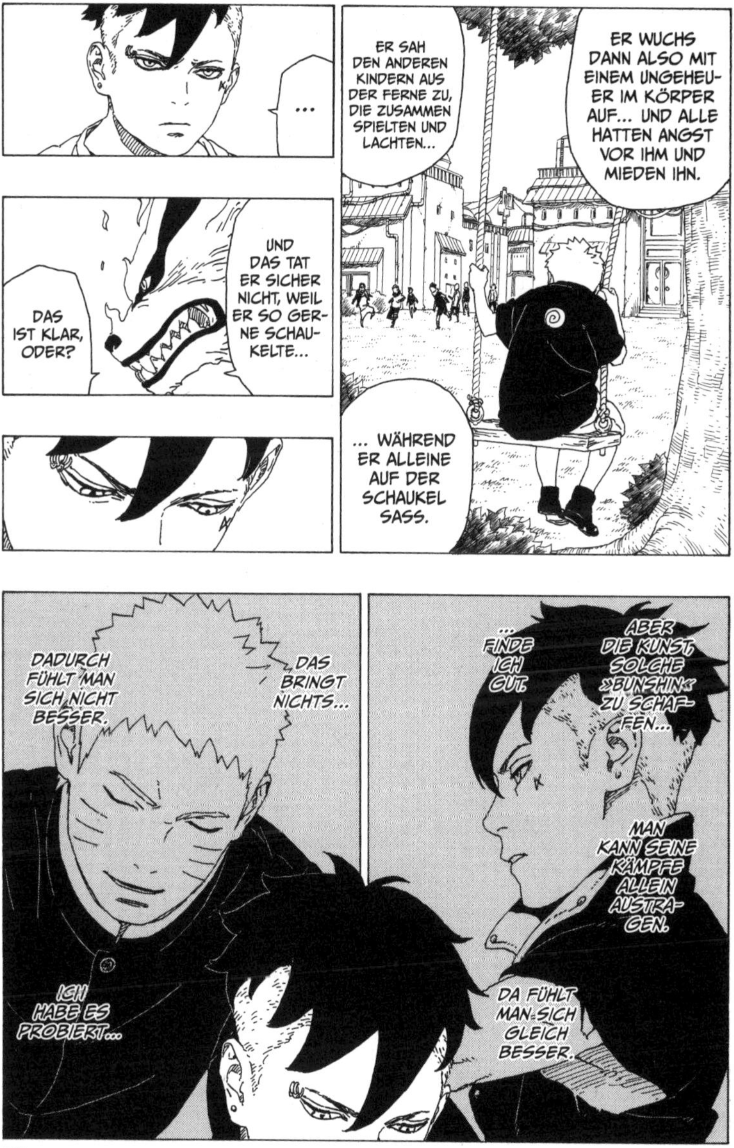
ER WUCHS DANN ALSO MIT EINEM UNGEHEU-ER IM KÖRPER AUF... UND ALLE HATTEN ANGST VOR IHM UND MIEDEN IHN.
ER SAH DEN ANDEREN KINDERN AUS DER FERNE ZU, DIE ZUSAMMEN SPIELTEN UND LACHTEN...
... WÄHREND ER ALLEINE AUF DER SCHAUKEL SASS.
...
UND DAS TAT ER SICHER NICHT, WEIL ER SO GER-NE SCHAU-KELTE...
DAS IST KLAR, ODER?
ABER DIE KUNST, SOLCHE »BUNSHIN« ZU SCHAF-FEN...
... FINDE ICH GUT.
MAN KANN SEINE KÄMPFE ALLEIN AUSTRA-GEN.
DA FÜHLT MAN SICH GLEICH BESSER.
DAS BRINGT NICHTS...
DADURCH FÜHLT MAN SICH NICHT BESSER.
ICH HABE ES PROBIERT...

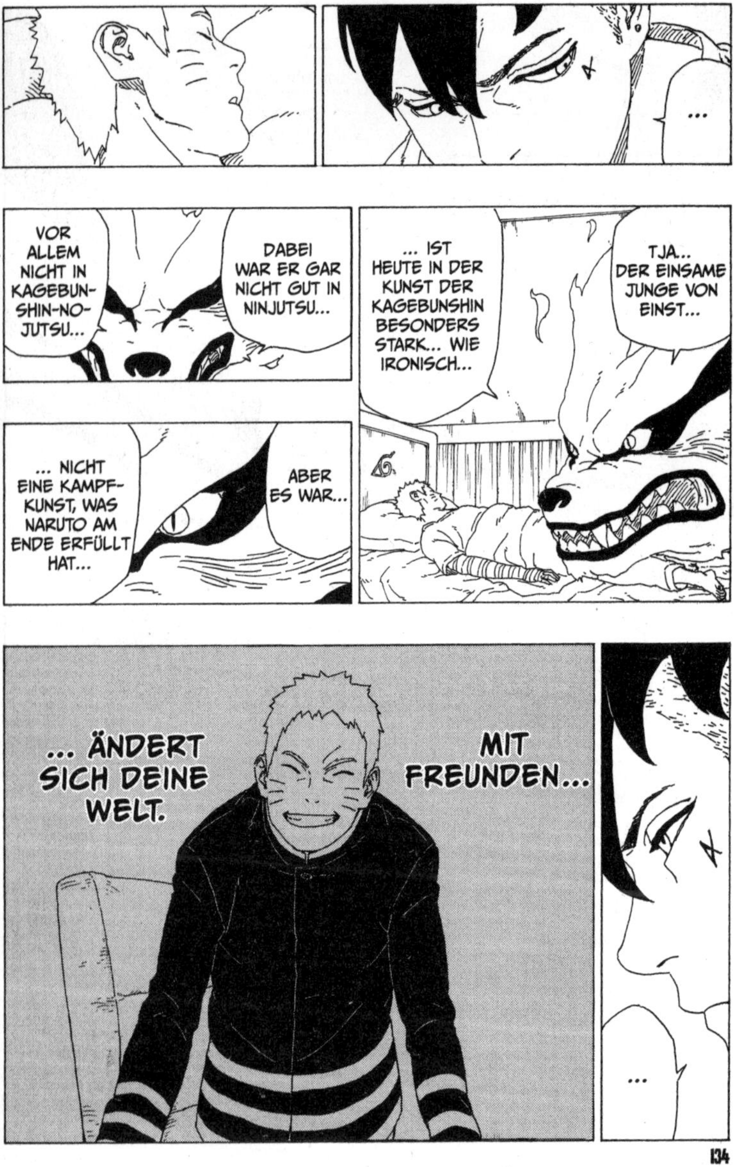
...
TJA.. DER EINSAME JUNGE VON EINST...
... IST HEUTE IN DER KUNST DER KAGEBUNSHIN BESONDERS STARK... WIE IRONISCH...
DABEI WAR ER GAR NICHT GUT IN NINJUTSU...
VOR ALLEM NICHT IN KAGEBUN-SHIN-NO-JUTSU...
ABER ES WAR...
... NICHT EINE KAMPF-KUNST, WAS NARUTO AM ENDE ERFÜLLT HAT...
...
MIT FREUNDEN...
... ÄNDERT SICH DEINE WELT.

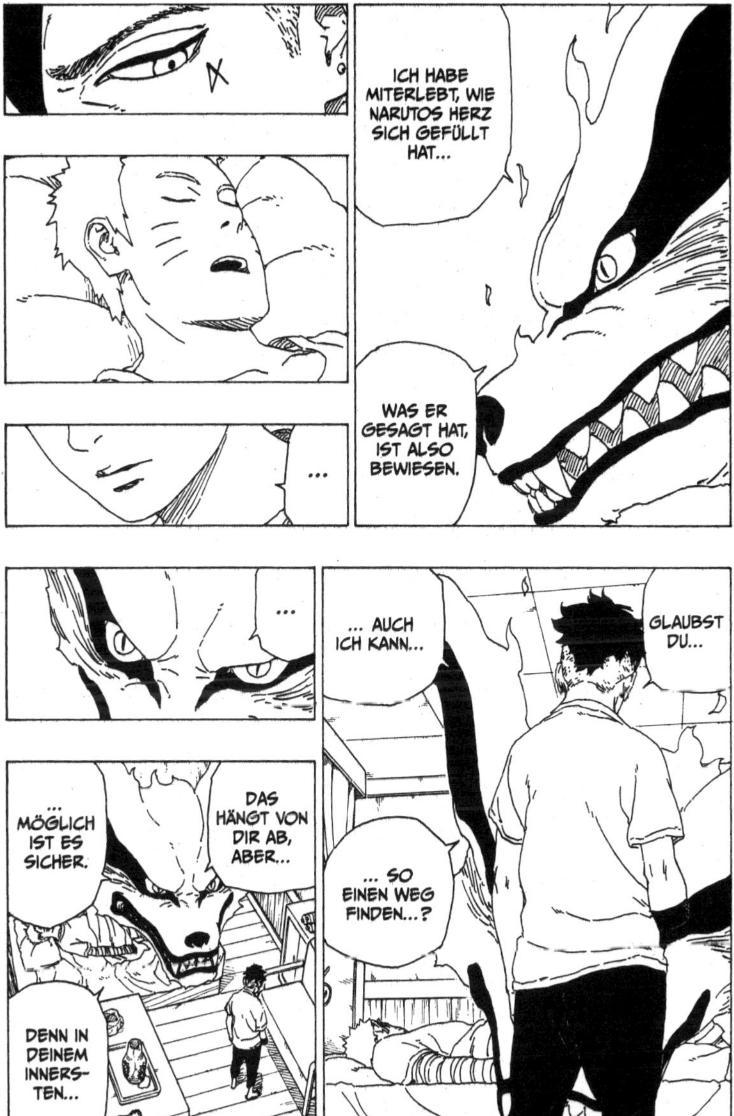
ICH HABE MITERLEBT, WIE NARUTOS HERZ SICH GEFÜLLT HAT...
WAS ER GESAGT HAT, IST ALSO BEWIESEN.
...
GLAUBST DU...
... AUCH ICH KANN...
... SO EINEN WEG FINDEN...?
...
DAS HÄNGT VON DIR AB, ABER...
... MÖGLICH IST ES SICHER.
DENN IN DEINEM INNERS-TEN...

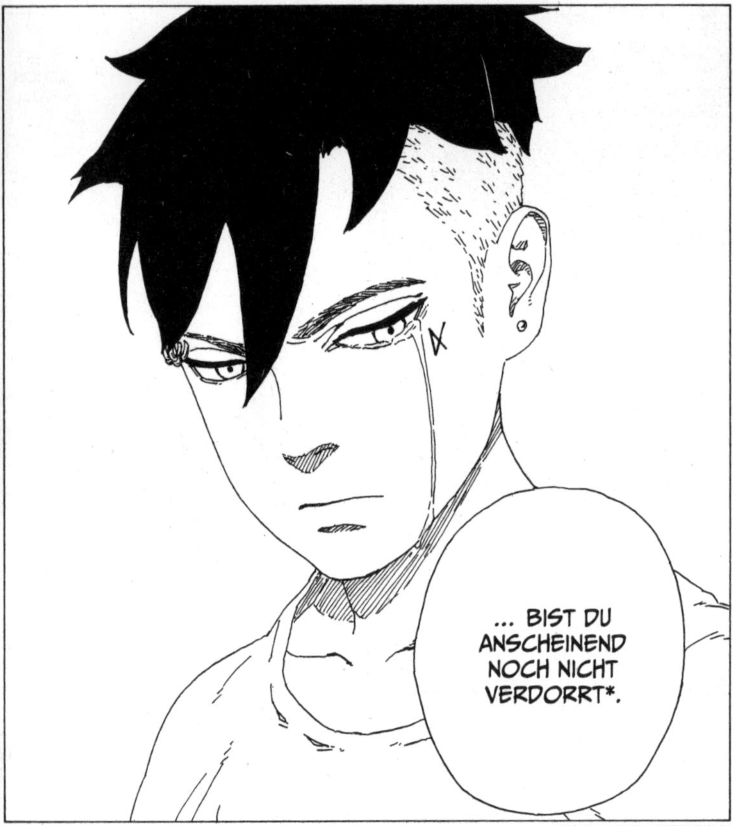

* KAWAKI = TROCKENHEIT, DURST

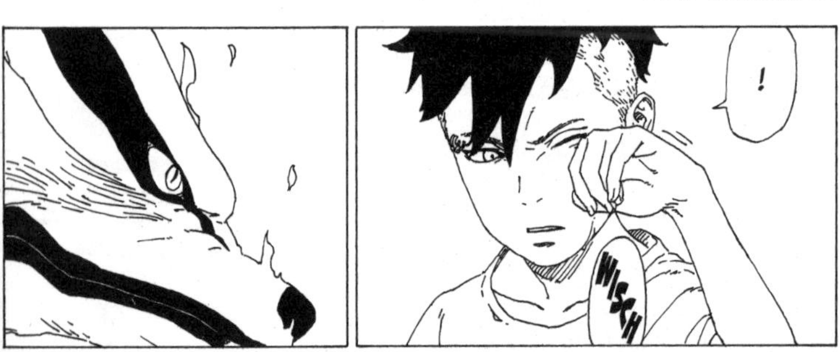

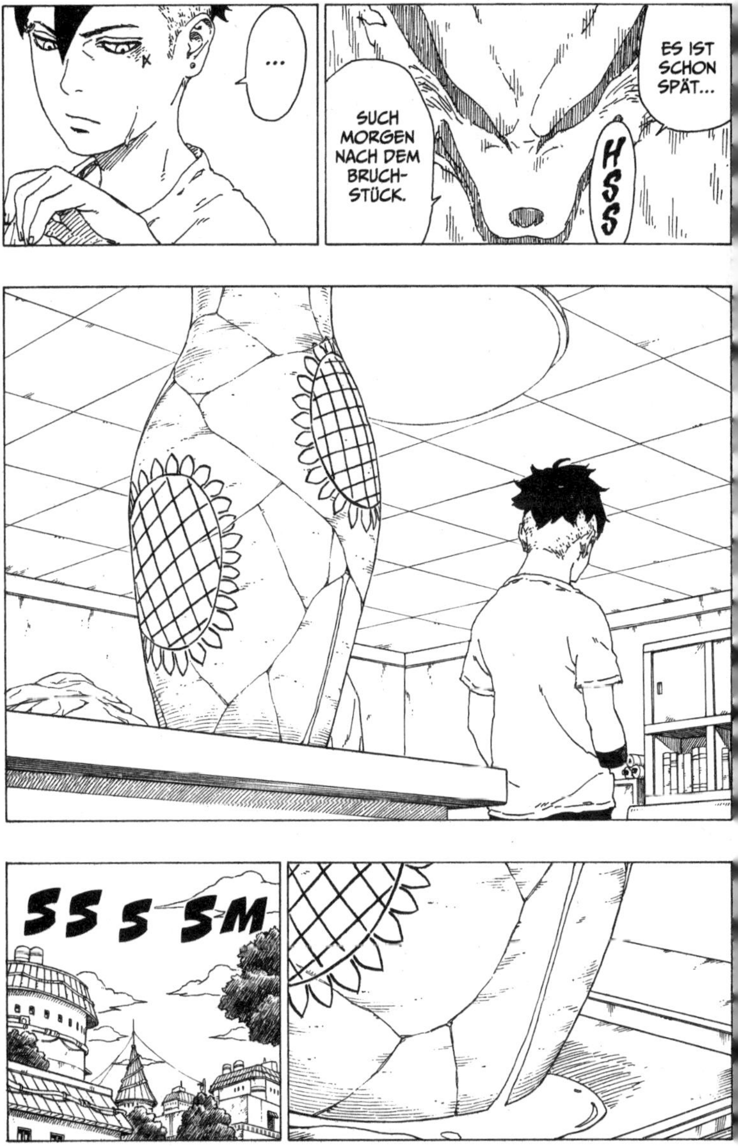
ES IST SCHON SPÄT...
SUCH MORGEN NACH DEM BRUCH-STÜCK.
HSS
...
SSSSM

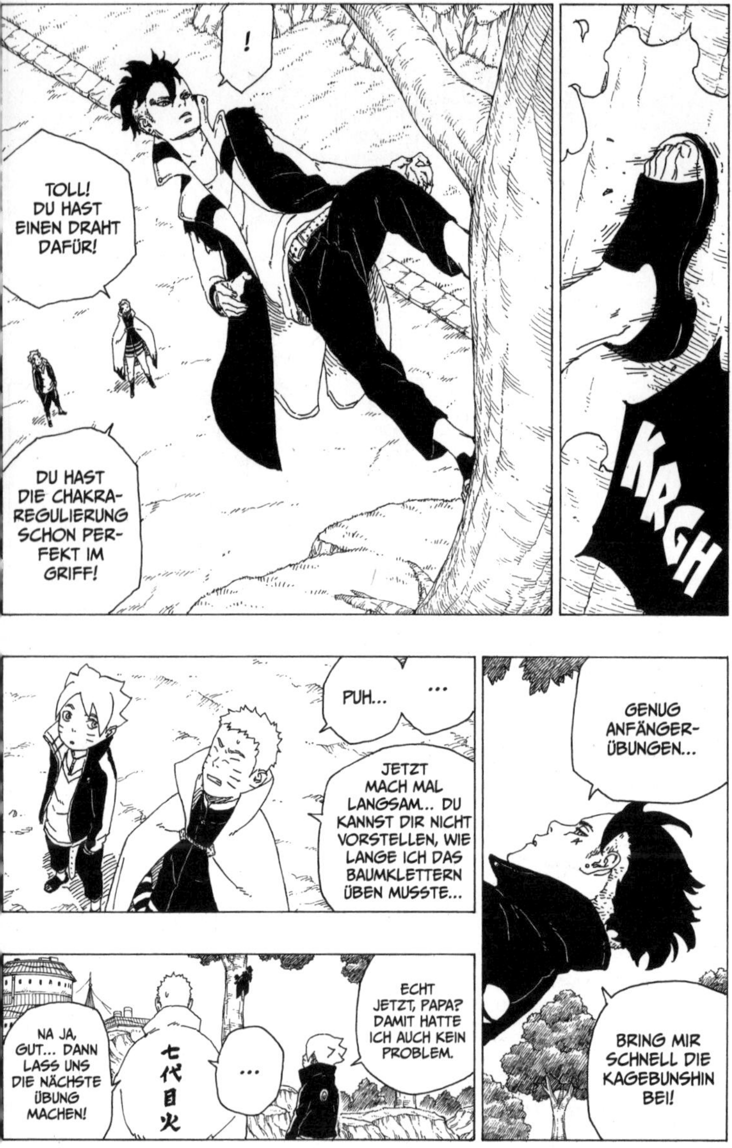
KRGH
!
TOLL! DU HAST EINEN DRAHT DAFÜR!
DU HAST DIE CHAKRA-REGULIERUNG SCHON PERFEKT IM GRIFF!
GENUG ANFÄNGER-ÜBUNGEN...
BRING MIR SCHNELL DIE KAGEBUNSHIN BEI!
...
PUH...
JETZT MACH MAL LANGSAM... DU KANNST DIR NICHT VORSTELLEN, WIE LANGE ICH DAS BAUMKLETTERN ÜBEN MUSSTE...
ECHT JETZT, PAPA? DAMIT HATTE ICH AUCH KEIN PROBLEM.
...
NA JA, GUT... DANN LASS UNS DIE NÄCHSTE ÜBUNG MACHEN!
七代目火

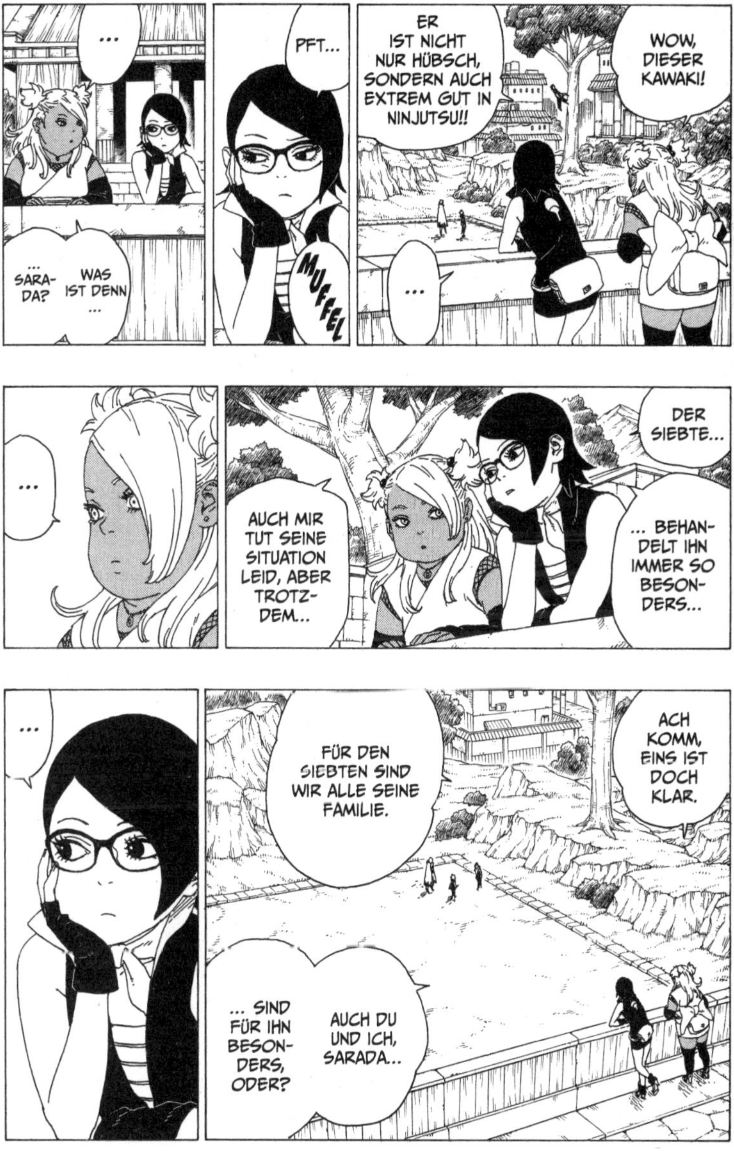
WOW, DIESER KAWAKI!
ER IST NICHT NUR HÜBSCH, SONDERN AUCH EXTREM GUT IN NINJUTSU!!
...
PFT...
MUFFEL
...
WAS IST DENN ...
... SARADA?
DER SIEBTE...
... BEHANDELT IHN IMMER SO BESONDERS...
AUCH MIR TUT SEINE SITUATION LEID, ABER TROTZDEM..
...
ACH KOMM, EINS IST DOCH KLAR.
FÜR DEN SIEBTEN SIND WIR ALLE SEINE FAMILIE.
AUCH DU UND ICH, SARADA...
... SIND FÜR IHN BESONDERS, ODER?
...

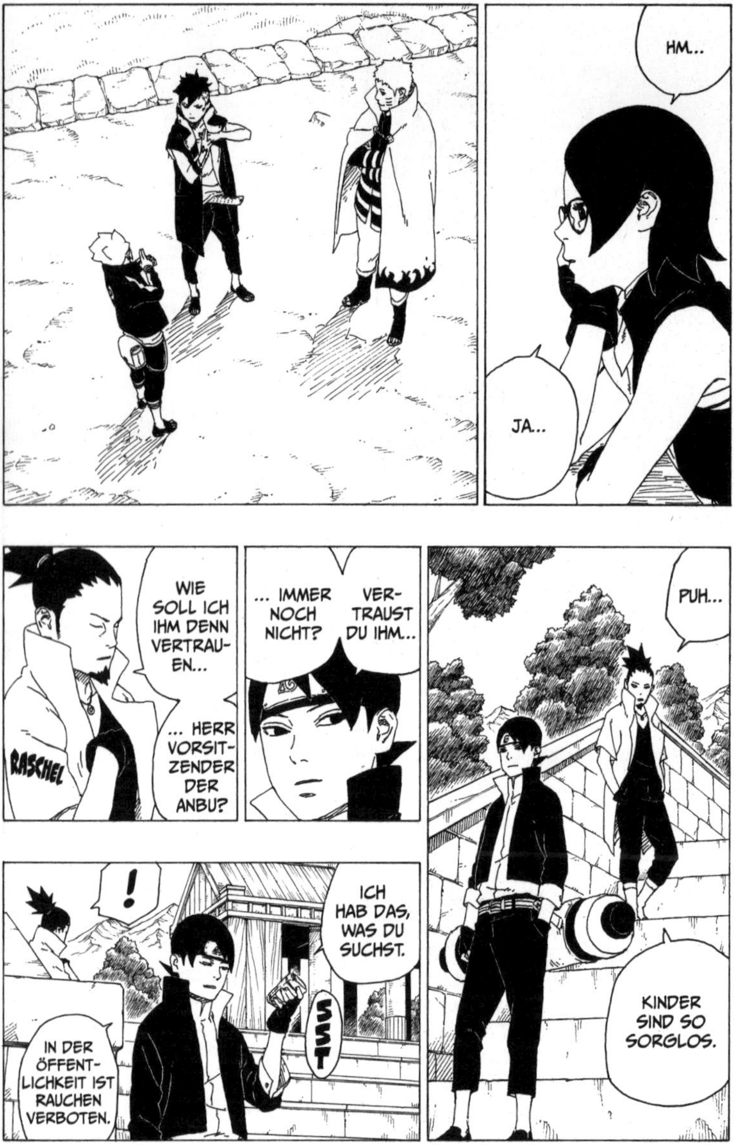
HM...
JA...
PUH...
KINDER SIND SO SORGLOS.
VERTRAUST DU IHM...
... IMMER NOCH NICHT?
WIE SOLL ICH IHM DENN VERTRAUEN...
... HERR VORSITZENDER DER ANBU?
RASCHEL
ICH HAB DAS, WAS DU SUCHST.
SST
!
IN DER ÖFFENTLICHKEIT IST RAUCHEN VERBOTEN.

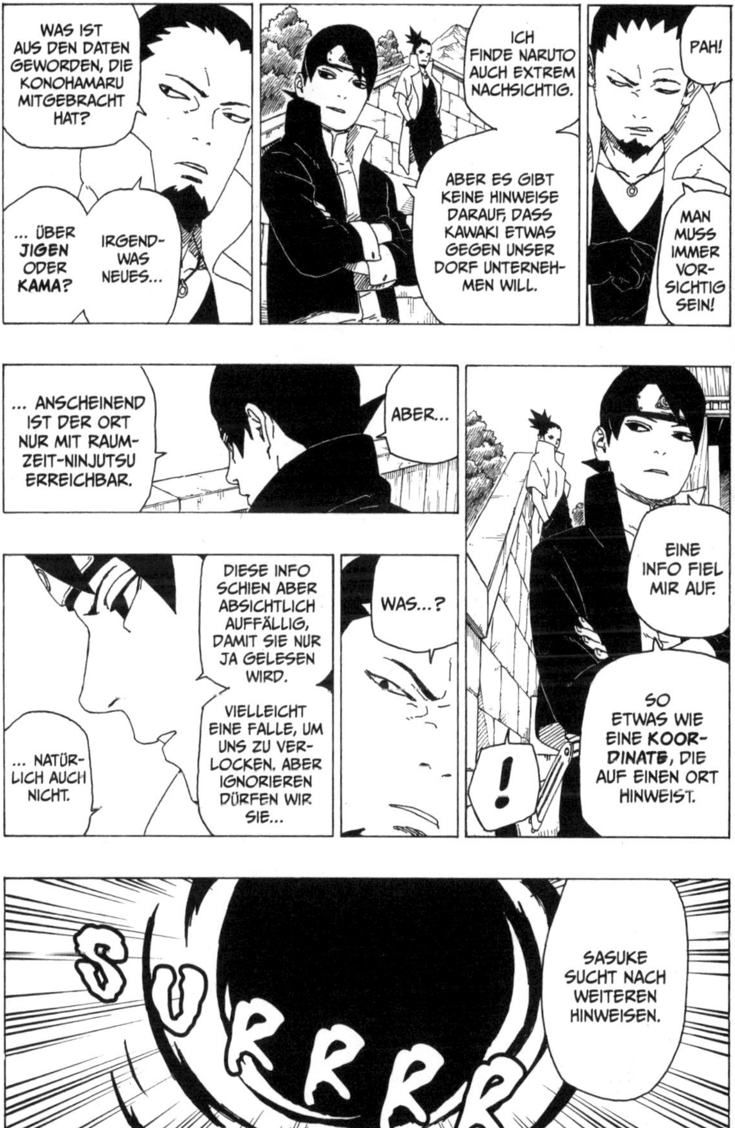
PAH!
MAN MUSS IMMER VORSICHTIG SEIN!
ICH FINDE NARUTO AUCH EXTREM NACHSICHTIG.
ABER ES GIBT KEINE HINWEISE DARAUF, DASS KAWAKI ETWAS GEGEN UNSER DORF UNTERNEHMEN WILL.
WAS IST AUS DEN DATEN GEWORDEN, DIE KONOHAMARU MITGEBRACHT HAT?
IRGENDWAS NEUES...
... ÜBER JIGEN ODER KAMA?
EINE INFO FIEL MIR AUF.
SO ETWAS WIE EINE KOORDINATE, DIE AUF EINEN ORT HINWEIST.
!
ABER...
... ANSCHEINEND IST DER ORT NUR MIT RAUMZEIT-NINJUTSU ERREICHBAR.
WAS...?
DIESE INFO SCHIEN ABER ABSICHTLICH AUFFÄLLIG, DAMIT SIE NUR JA GELESEN WIRD.
VIELLEICHT EINE FALLE, UM UNS ZU VERLOCKEN. ABER IGNORIEREN DÜRFEN WIR SIE...
... NATÜRLICH AUCH NICHT.
SASUKE SUCHT NACH WEITEREN HINWEISEN.
SURRRR

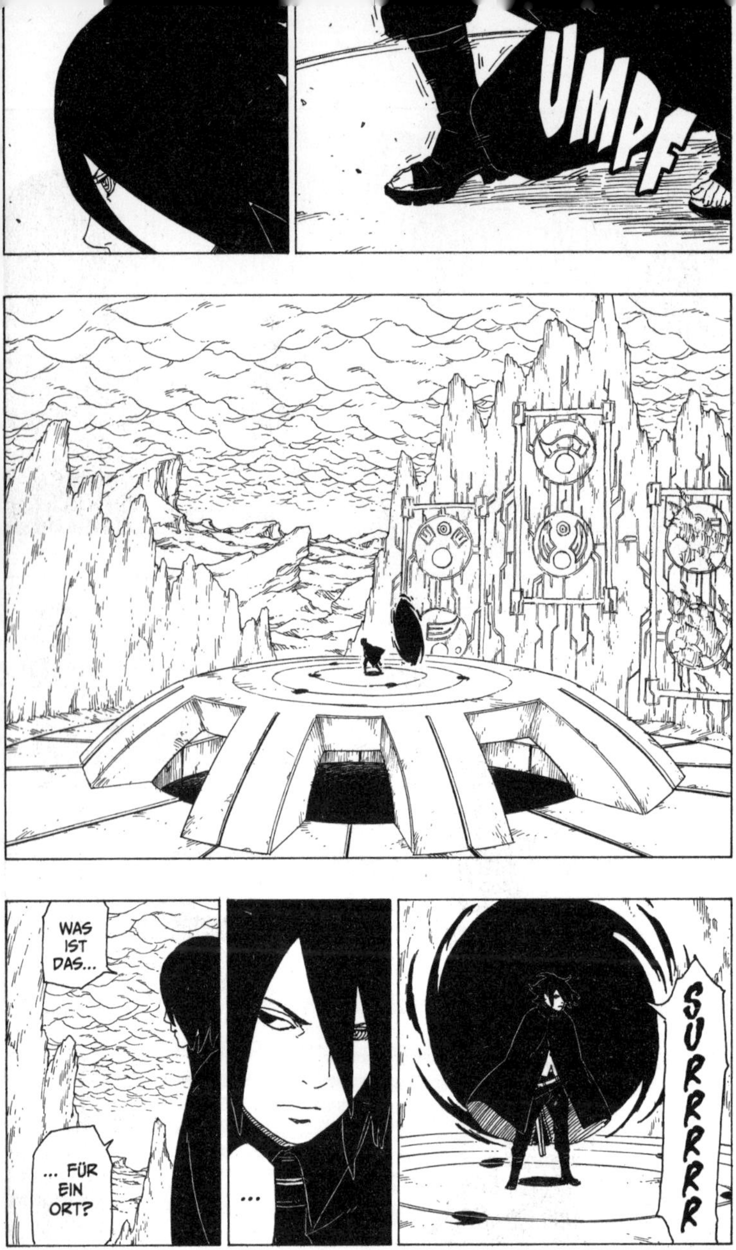
UMPF
WAS IST DAS...
... FÜR EIN ORT?
...
SURRRRR

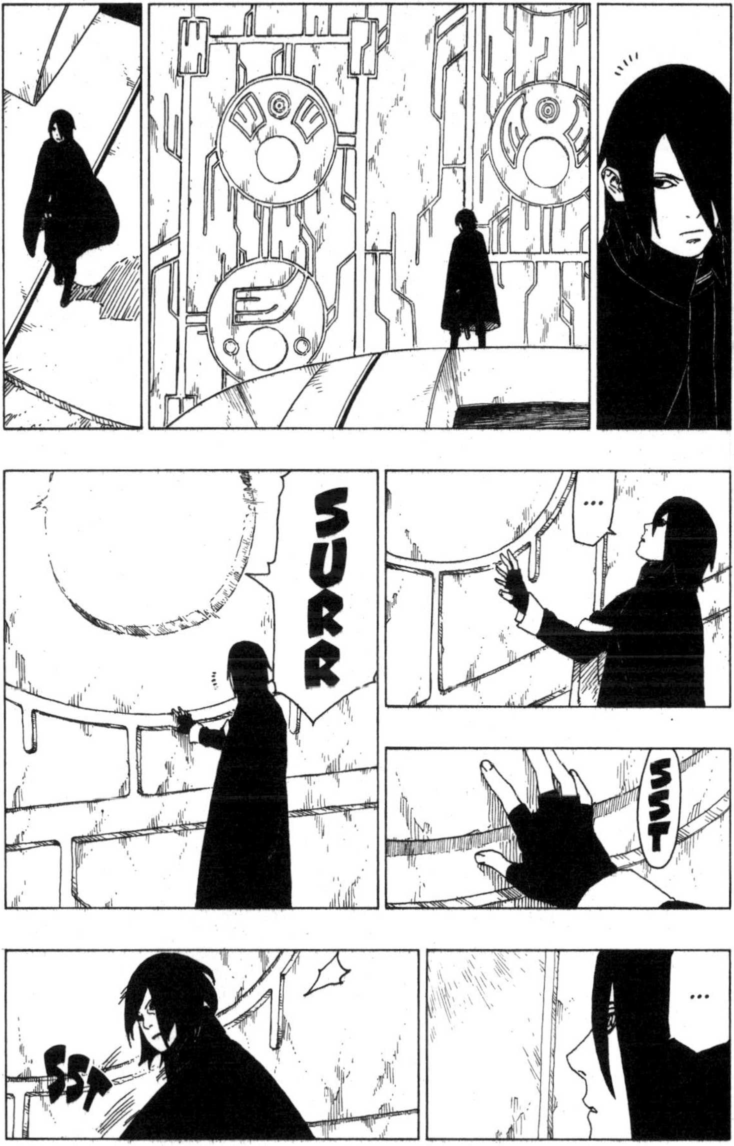
SURR
...
SST
SST
...

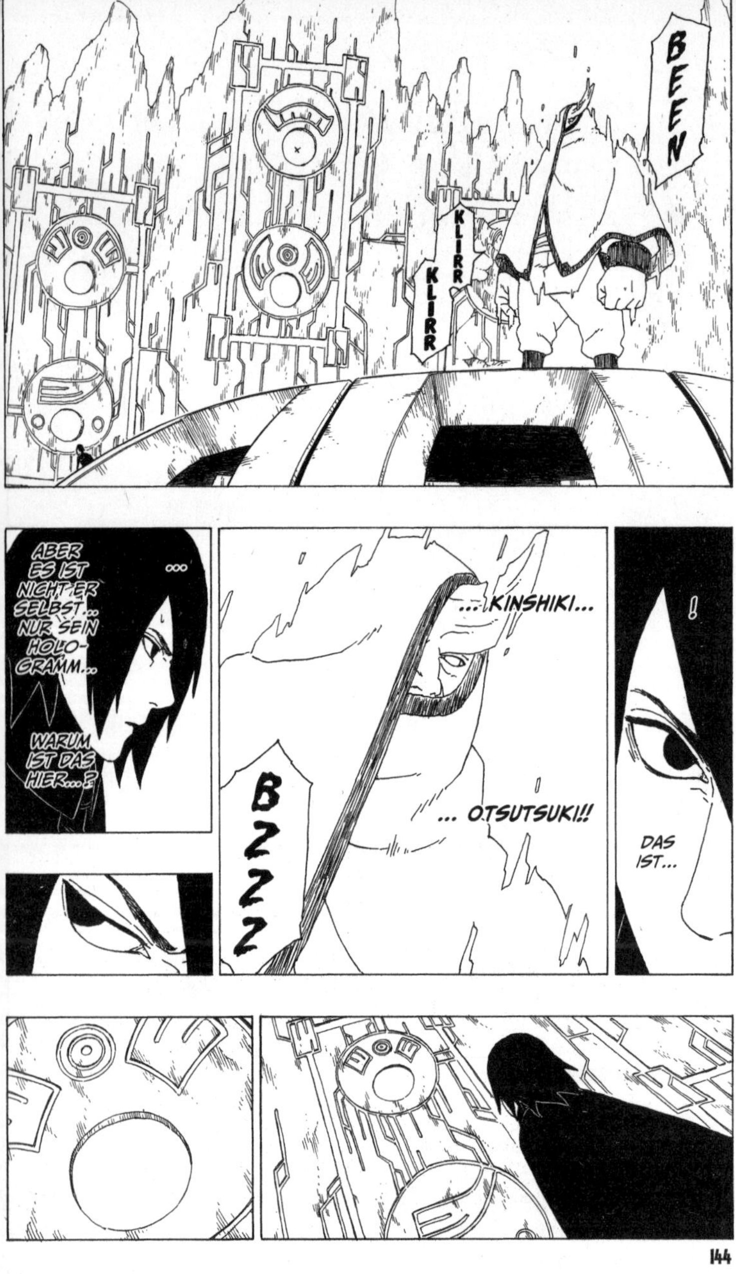
BEEN
KLIRR
KLIRR
!
DAS IST...
... KINSHIKI...
... OTSUTSUKI!!
BZZZ
...
ABER ES IST NICHT ER SELBST... NUR SEIN HOLO-GRAMM...
WARUM IST DAS HIER...?

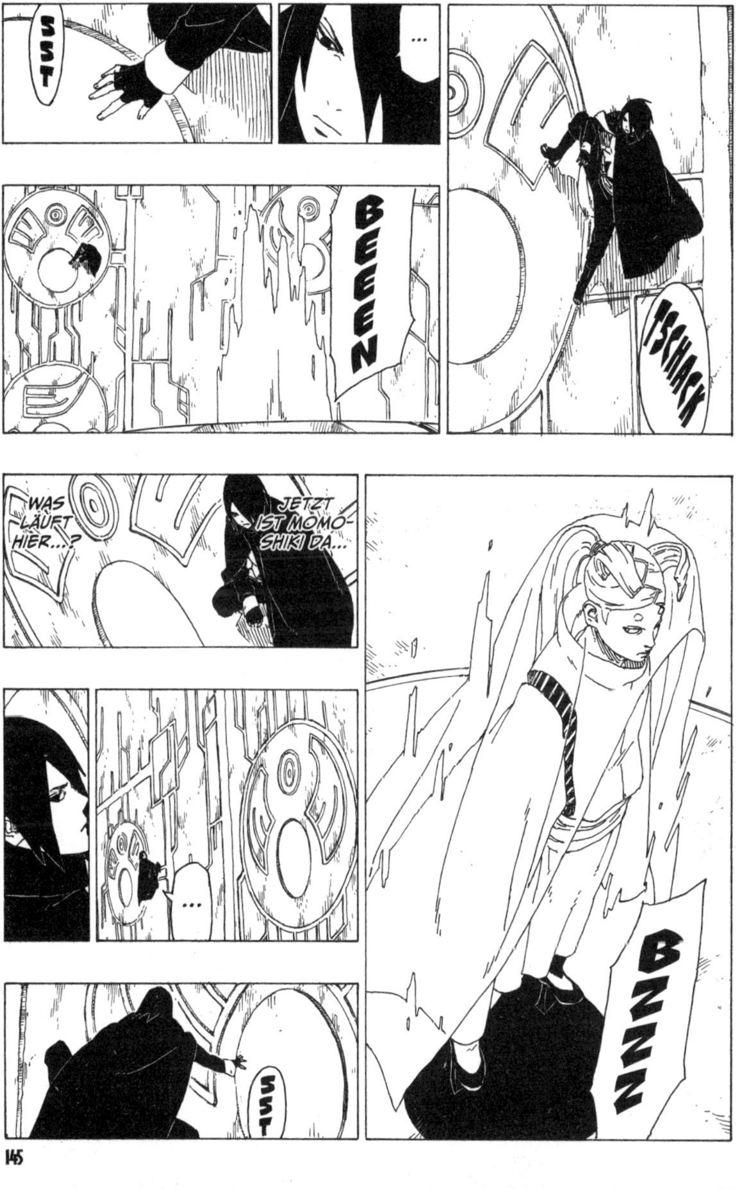
TSCHACK
...
SST
BEEEEN
BZZZZ
JETZT IST MOMOSHIKI DA...
WAS LÄUFT HIER...?
...
SST

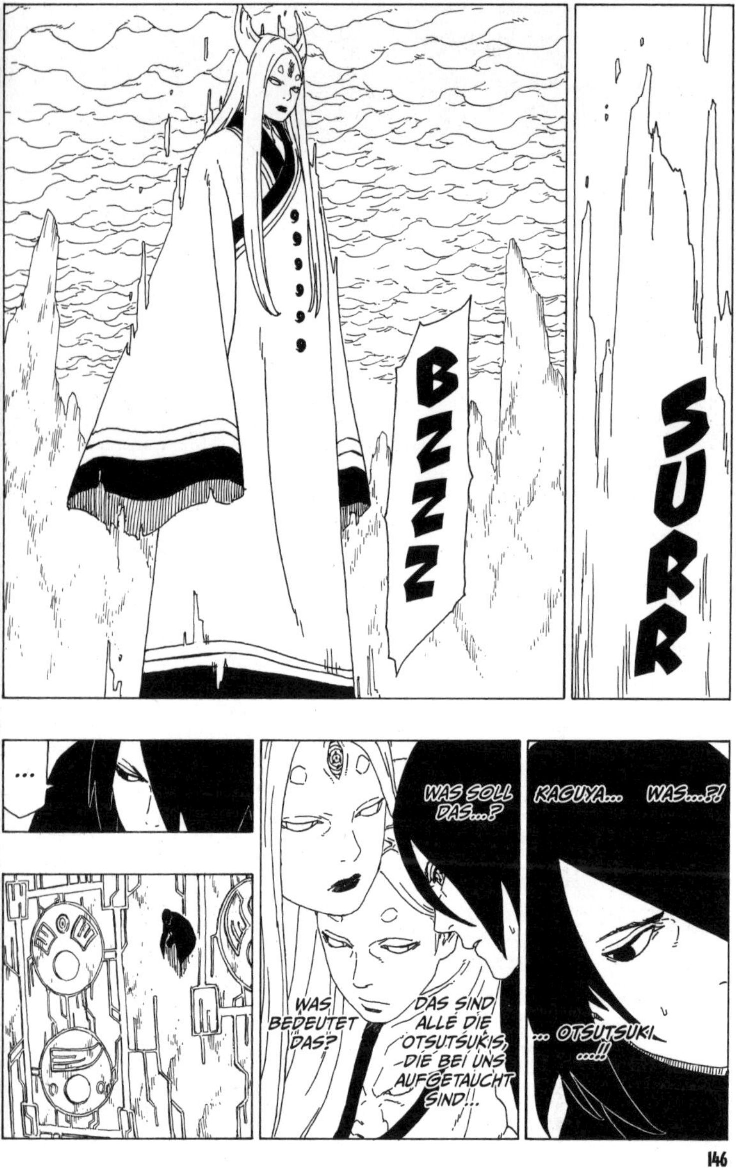

SURR
BZZZ
KAGUYA...
WAS...?!
... OTSUTSUKI ...!!
WAS SOLL DAS...?
DAS SIND ALLE DIE OTSUTSUKIS, DIE BEI UNS AUFGETAUCHT SIND!..
WAS BEDEUTET DAS?
...

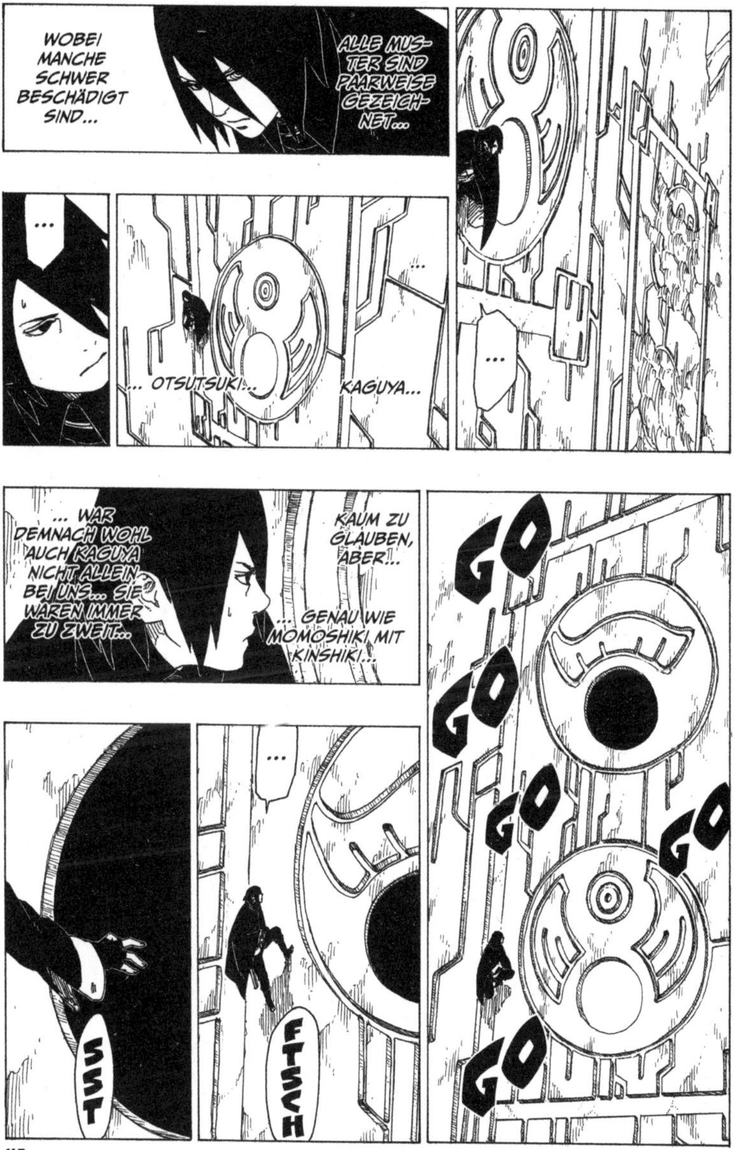
...
ALLE MUSTER SIND PAARWEISE GEZEICHNET...
WOBEI MANCHE SCHWER BESCHÄDIGT SIND...
...
... OTSUTSUKI...
KAGUYA...
...
KAUM ZU GLAUBEN, ABER...
... GENAU WIE MOMOSHIKI MIT KINSHIKI...
... WAR DEMNACH WOHL AUCH KAGUYA NICHT ALLEIN BEI UNS... SIE WAREN IMMER ZU ZWEIT...
GO GO GO GO GO
...
FTSCH
SSST

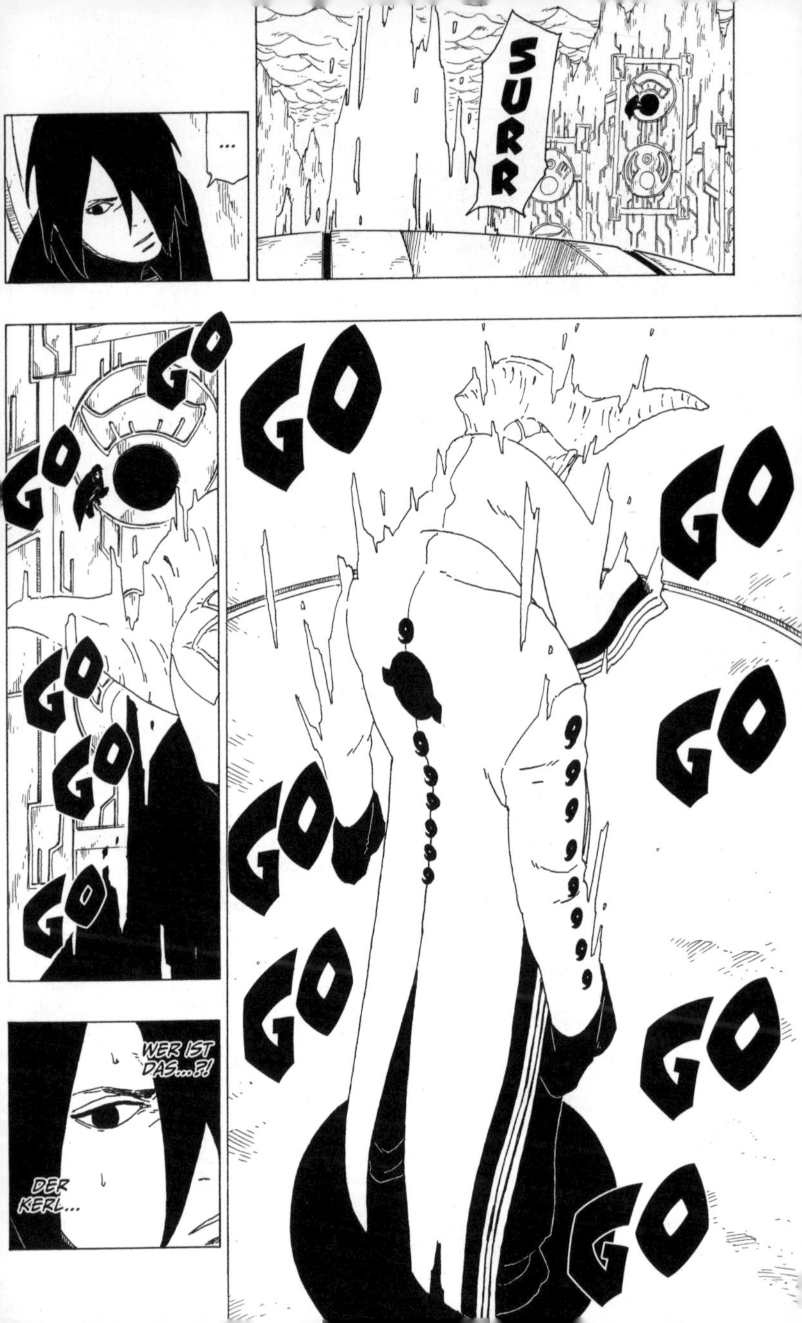
SURR
...
GO GO GO GO GO GO
GO GO GO GO GO
WER IST DAS...?!
DER KERL...

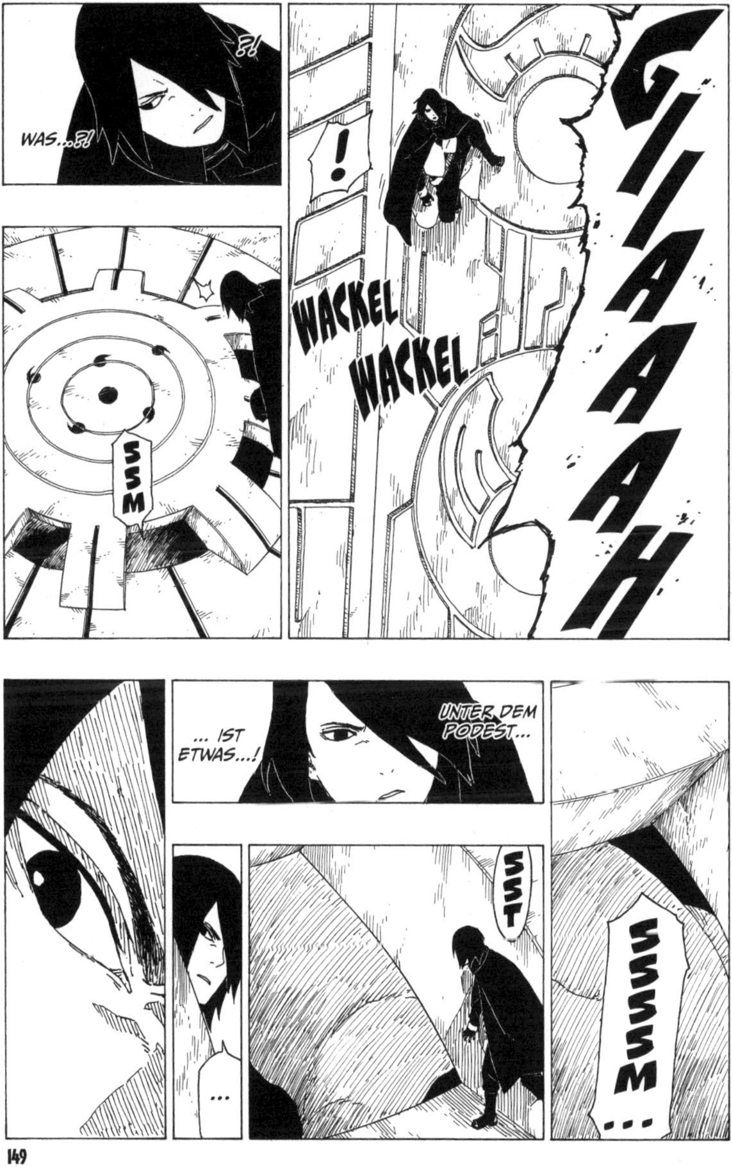
GIIAAAAH
!
WACKEL
WACKEL
?!
WAS...?!
SSM
SSSSM...
UNTER DEM PODEST...
... IST ETWAS...!
SST
...

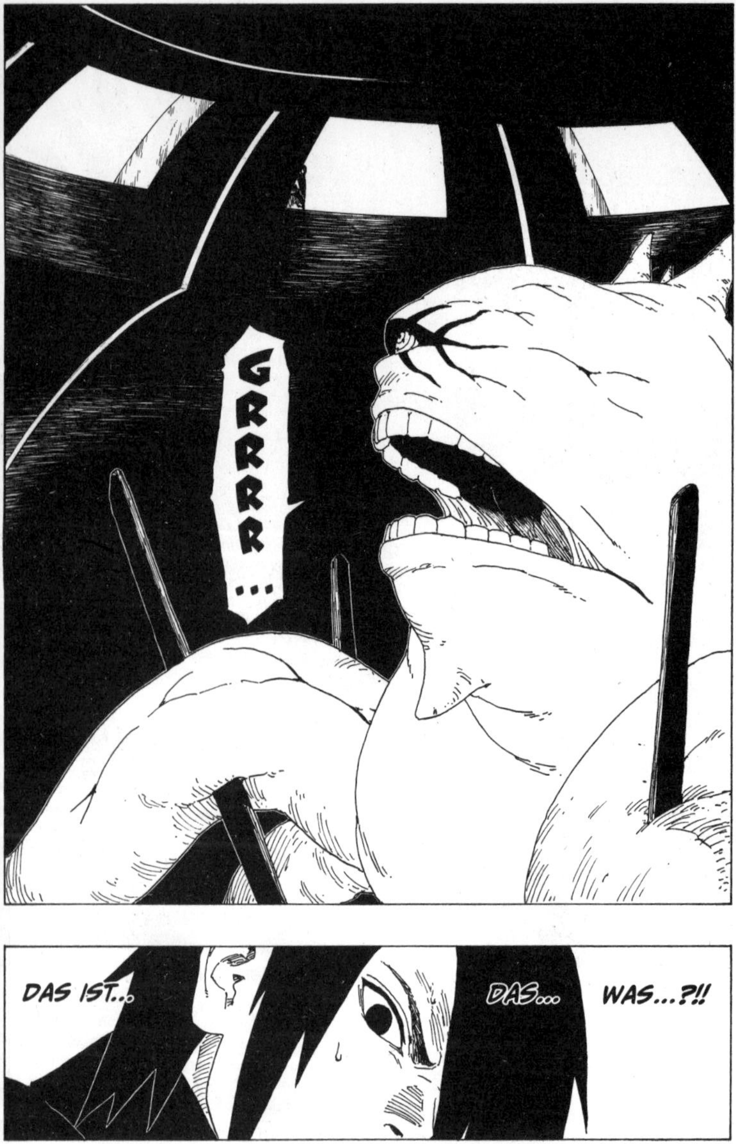
GRRRR...
DAS IST...
DAS...
WAS...?!!

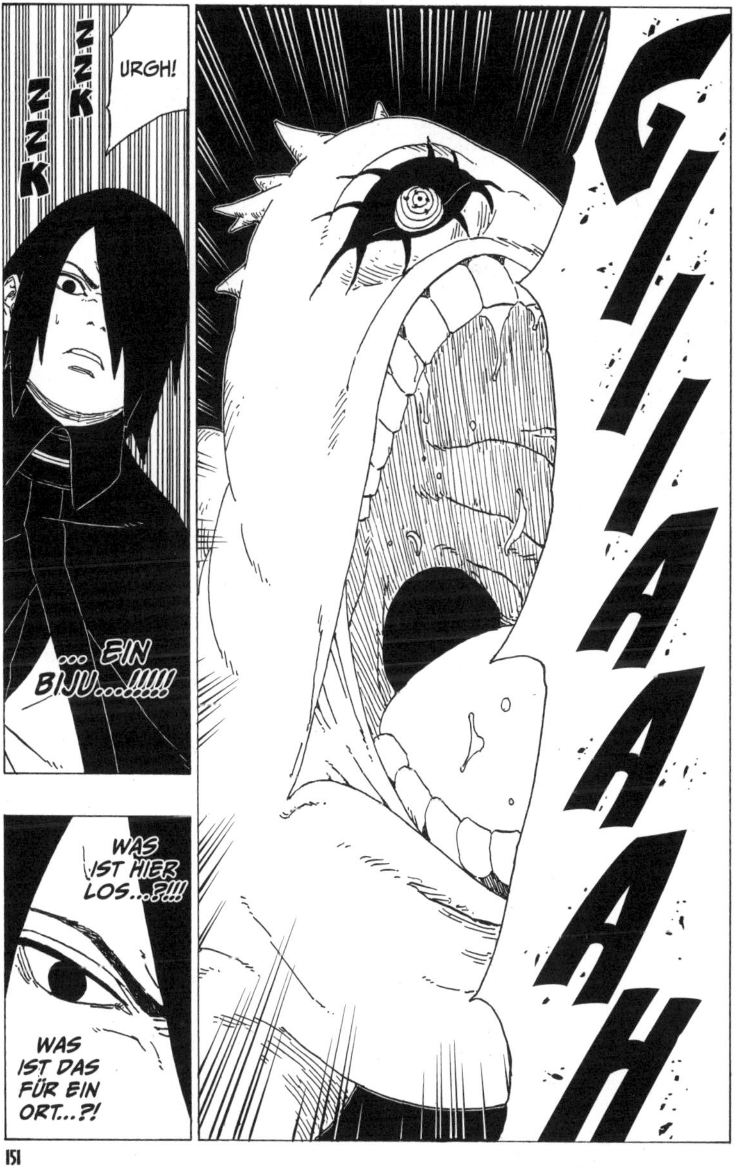
GIIIAAAH
URGH!
ZZK ZZK
... EIN BIJU ...!!!!!
WAS IST HIER LOS...?!!!
WAS IST DAS FÜR EIN ORT...?!

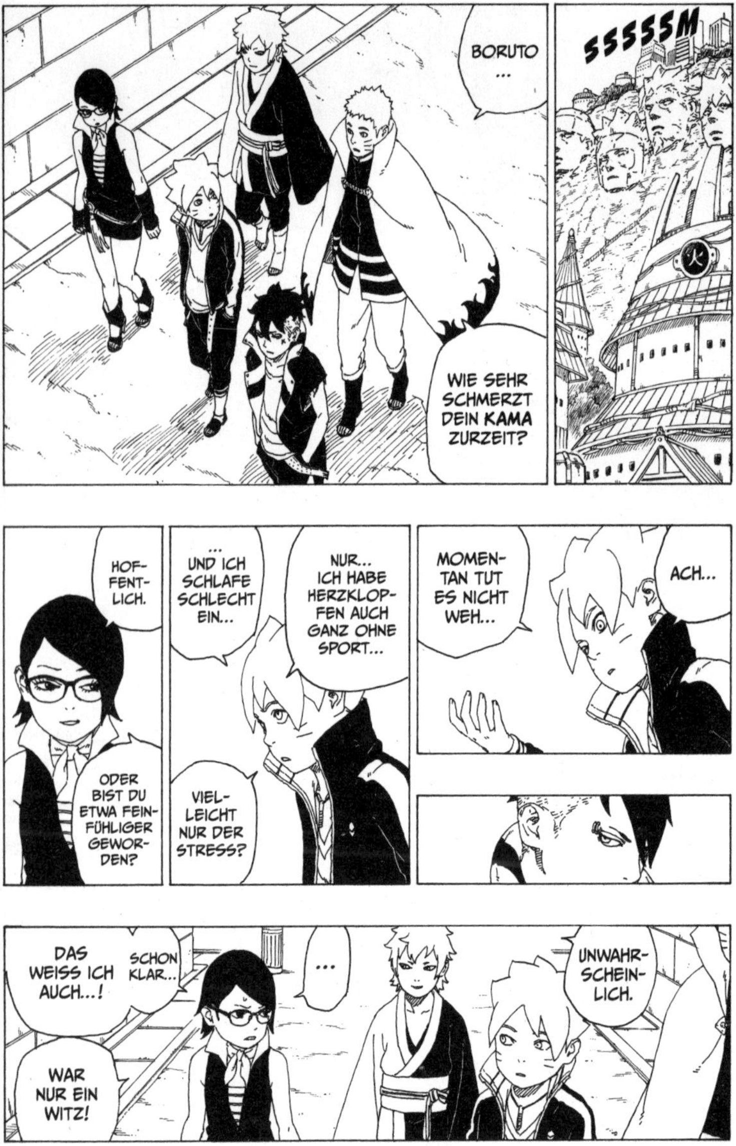
SSSSSM
BORUTO …
WIE SEHR SCHMERZT DEIN KAMA ZURZEIT?
ACH…
MOMENTAN TUT ES NICHT WEH…
NUR… ICH HABE HERZKLOPFEN AUCH GANZ OHNE SPORT…
… UND ICH SCHLAFE SCHLECHT EIN…
VIELLEICHT NUR DER STRESS?
HOFFENTLICH.
ODER BIST DU ETWA FEINFÜHLIGER GEWORDEN?
UNWAHRSCHEINLICH.
…
SCHON KLAR…
DAS WEISS ICH AUCH…!
WAR NUR EIN WITZ!

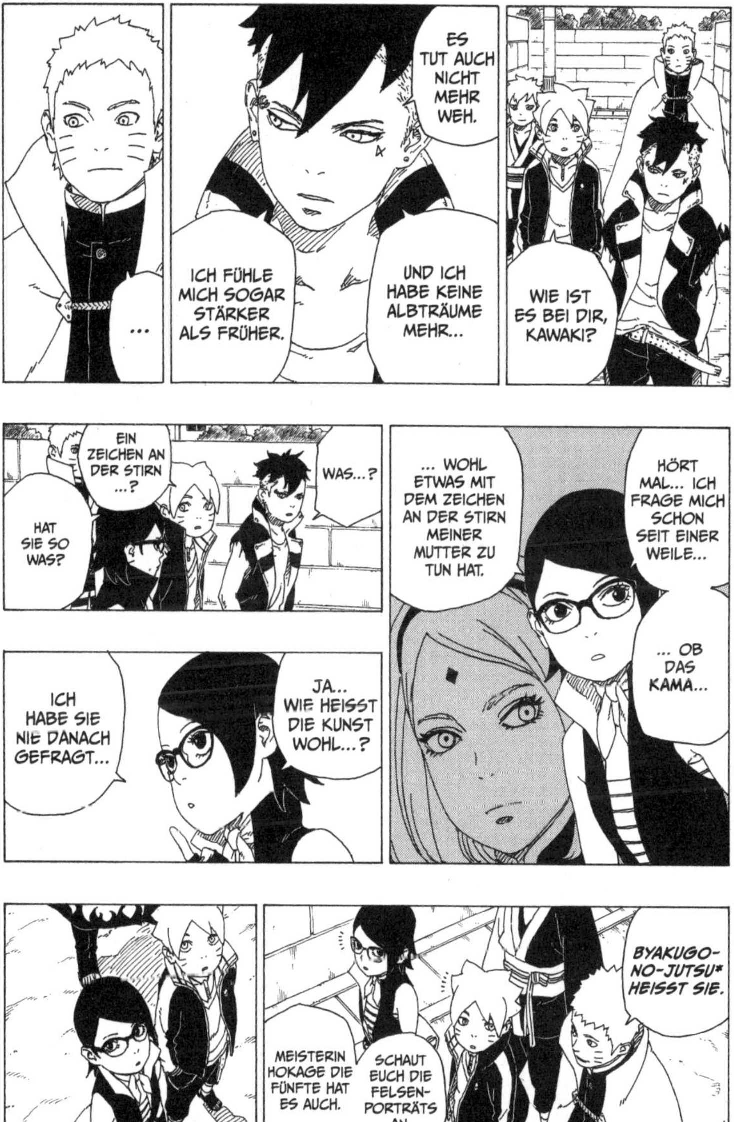

* BYAKU/HYAKU = HUNDERT, GO = MÄCHTIG; BYAKUGO IST AUCH DER JAP. BEGRIFF FÜR DIE WEISSE HAARSTRÄHNE BUDDHAS, EIN SYMBOL FÜR DAS DRITTE AUGE.

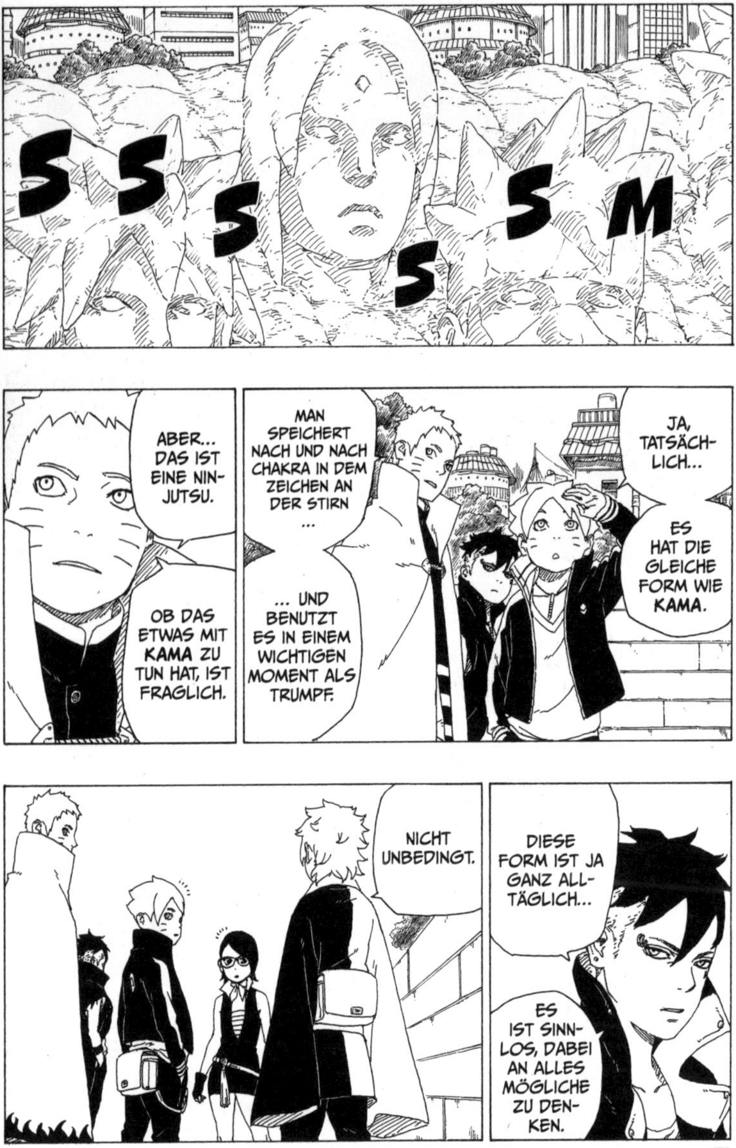
SSSSSM
JA, TATSÄCHLICH...
ES HAT DIE GLEICHE FORM WIE KAMA.
MAN SPEICHERT NACH UND NACH CHAKRA IN DEM ZEICHEN AN DER STIRN ...
... UND BENUTZT ES IN EINEM WICHTIGEN MOMENT ALS TRUMPF.
ABER... DAS IST EINE NINJUTSU.
OB DAS ETWAS MIT KAMA ZU TUN HAT, IST FRAGLICH.
DIESE FORM IST JA GANZ ALLTÄGLICH...
ES IST SINNLOS, DABEI AN ALLES MÖGLICHE ZU DENKEN.
NICHT UNBEDINGT.

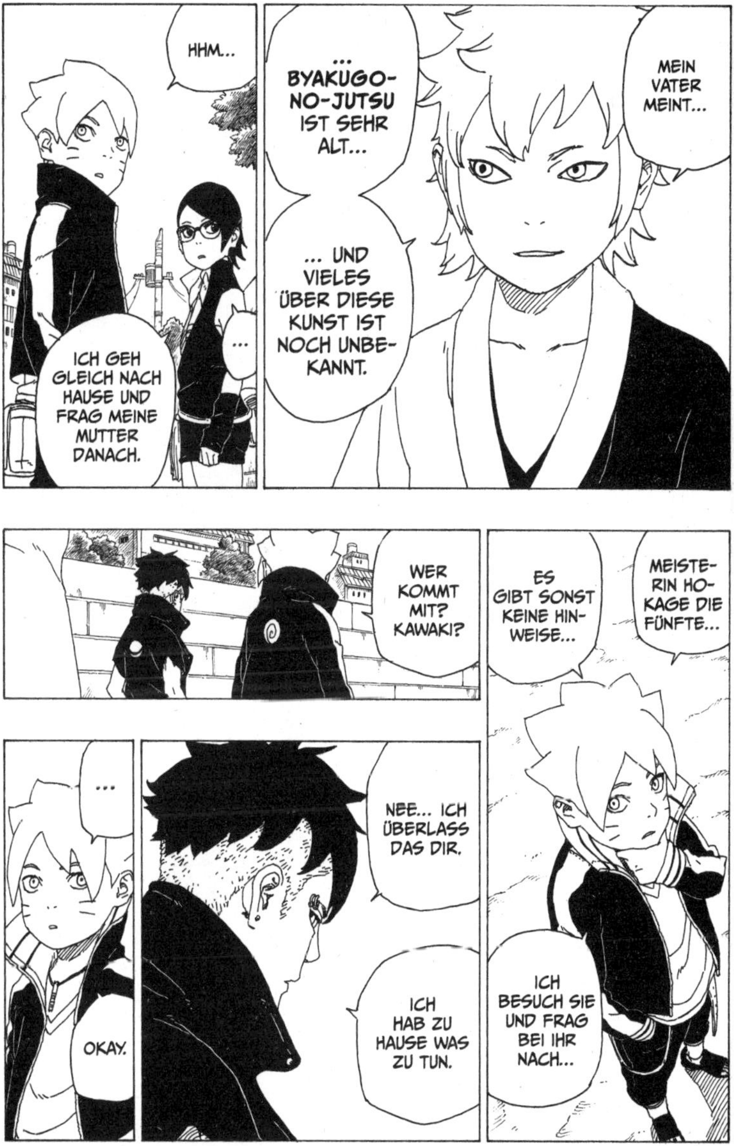
MEIN VATER MEINT...
... BYAKUGO-NO-JUTSU IST SEHR ALT...
... UND VIELES ÜBER DIESE KUNST IST NOCH UNBEKANNT.
HHM...
...
ICH GEH GLEICH NACH HAUSE UND FRAG MEINE MUTTER DANACH.
MEISTERIN HOKAGE DIE FÜNFTE...
ES GIBT SONST KEINE HINWEISE...
ICH BESUCH SIE UND FRAG BEI IHR NACH...
WER KOMMT MIT? KAWAKI?
NEE... ICH ÜBERLASS DAS DIR.
ICH HAB ZU HAUSE WAS ZU TUN.
...
OKAY.

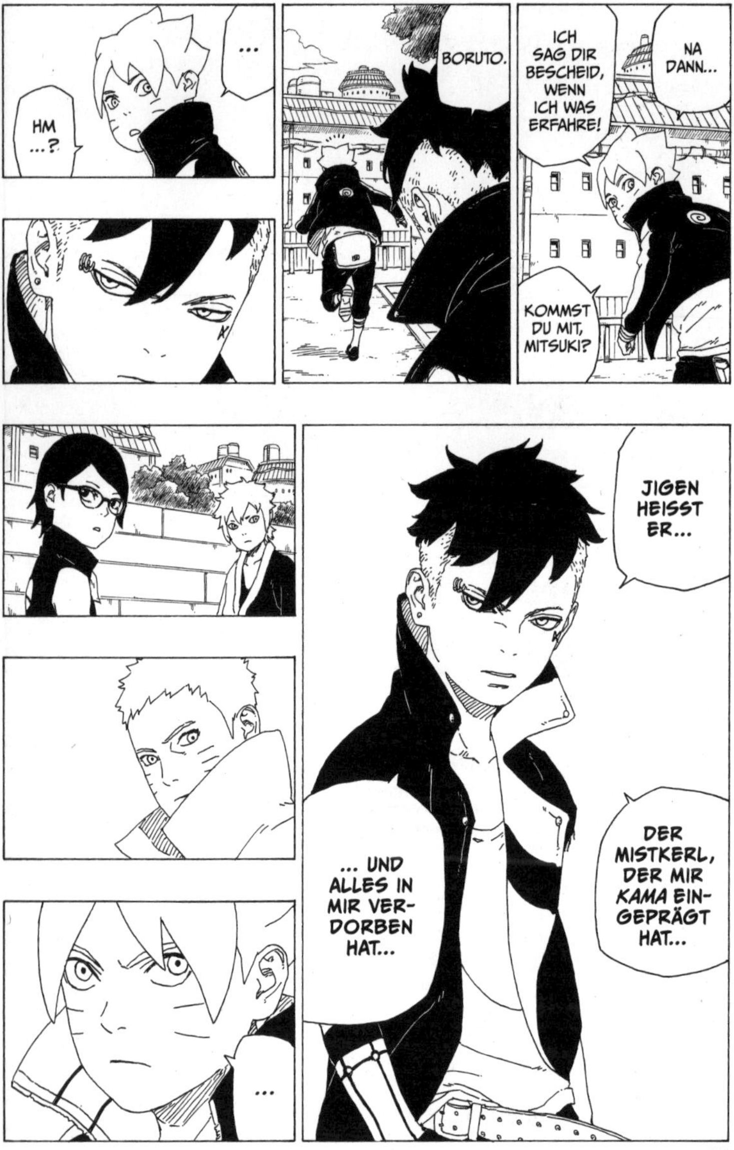
NA DANN...
ICH SAG DIR BESCHEID, WENN ICH WAS ERFAHRE!
KOMMST DU MIT, MITSUKI?
BORUTO.
...
HM ...?
JIGEN HEISST ER...
DER MISTKERL, DER MIR *KAMA* EINGEPRÄGT HAT...
... UND ALLES IN MIR VERDORBEN HAT...
...

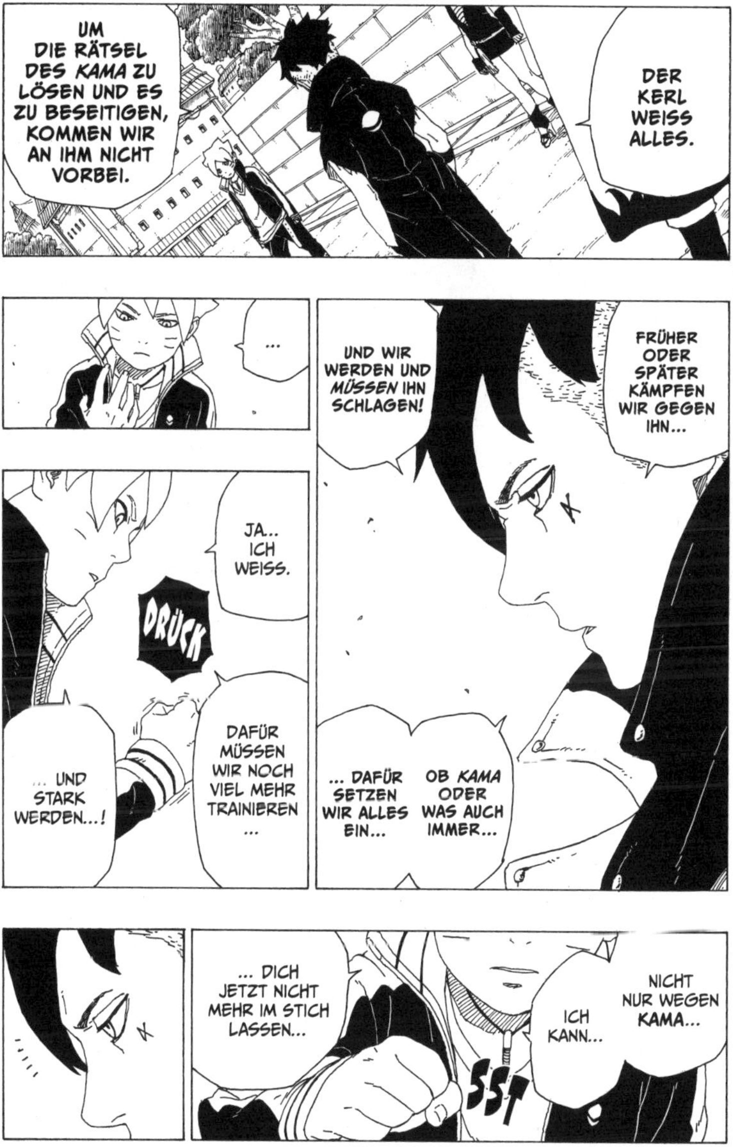
DER KERL WEISS ALLES.
UM DIE RÄTSEL DES *KAMA* ZU LÖSEN UND ES ZU BESEITIGEN, KOMMEN WIR AN IHM NICHT VORBEI.
FRÜHER ODER SPÄTER KÄMPFEN WIR GEGEN IHN...
UND WIR WERDEN UND *MÜSSEN* IHN SCHLAGEN!
OB *KAMA* ODER WAS AUCH IMMER...
... DAFÜR SETZEN WIR ALLES EIN...
...
JA... ICH WEISS.
DRÜCK
DAFÜR MÜSSEN WIR NOCH VIEL MEHR TRAINIEREN ...
... UND STARK WERDEN...!
NICHT NUR WEGEN KAMA...
ICH KANN...
... DICH JETZT NICHT MEHR IM STICH LASSEN...
SST

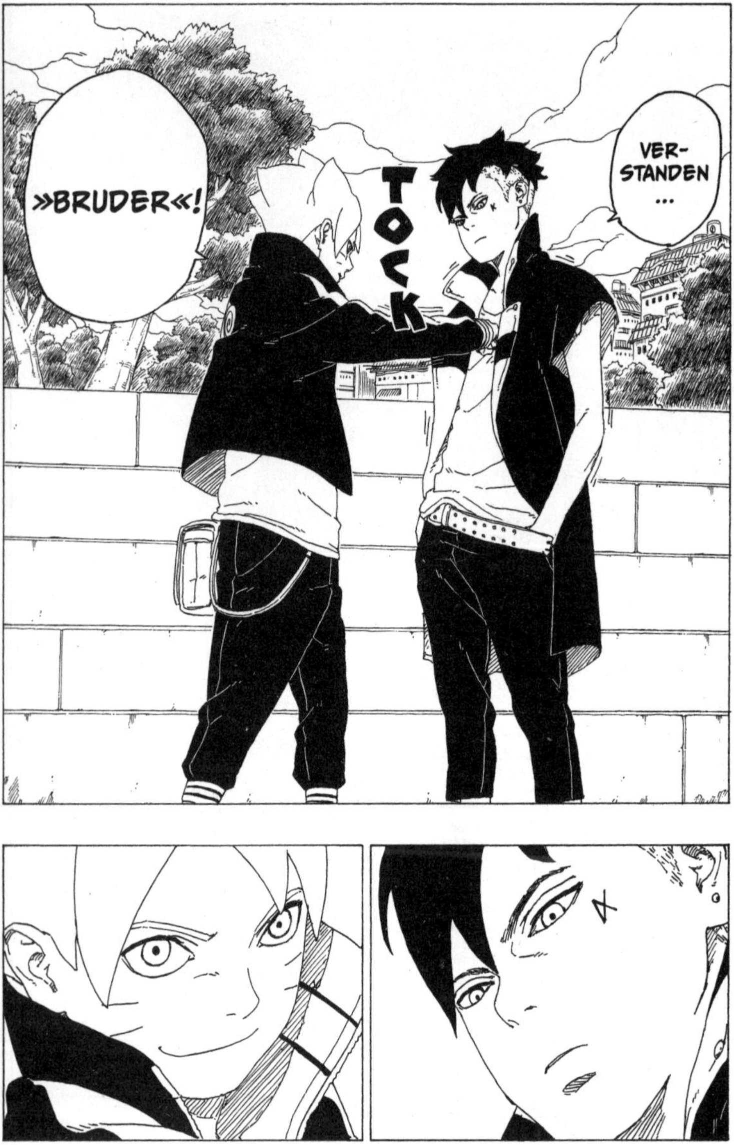
VER-
STANDEN
...
TOCK
»BRUDER«!

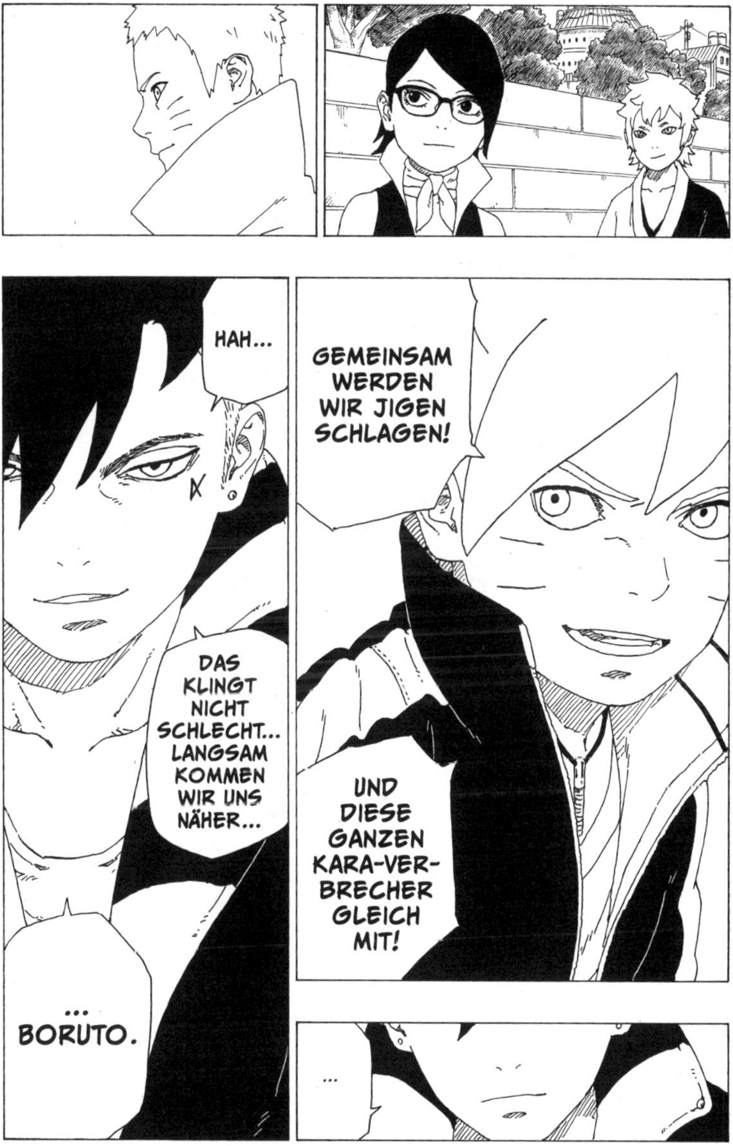
GEMEINSAM WERDEN WIR JIGEN SCHLAGEN!
UND DIESE GANZEN KARA-VERBRECHER GLEICH MIT!
HAH...
DAS KLINGT NICHT SCHLECHT... LANGSAM KOMMEN WIR UNS NÄHER...
... BORUTO.
...

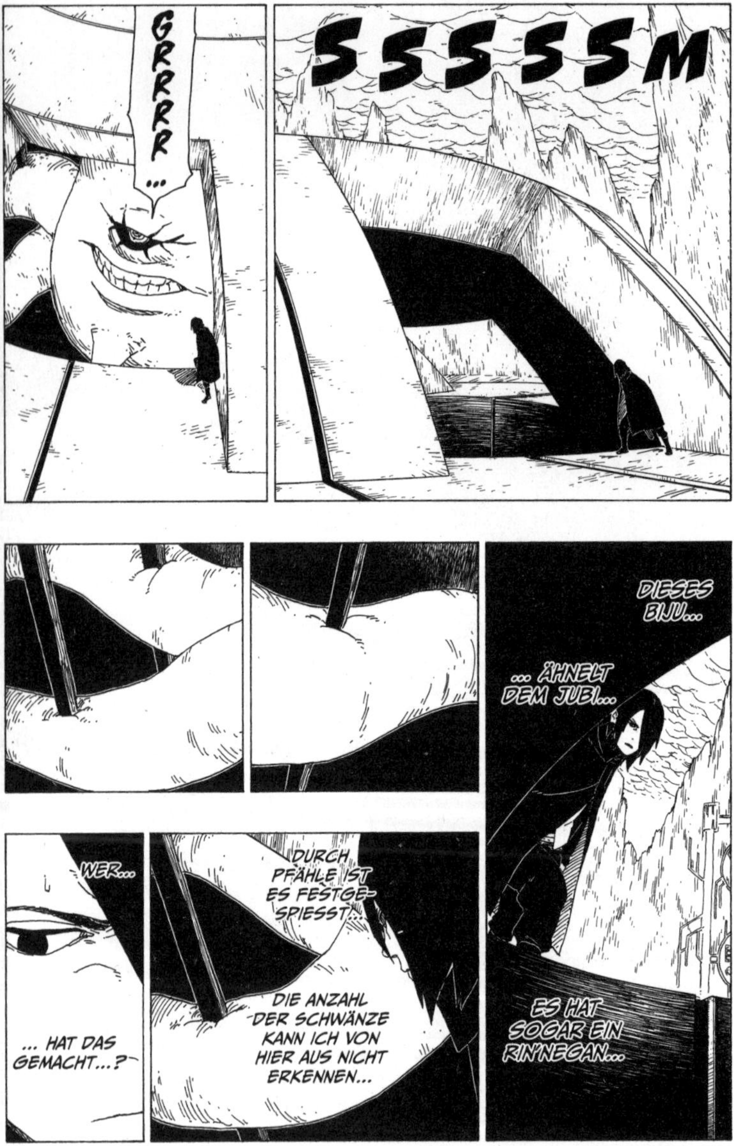
SSSSSM
GRRRR...
DIESES BIJU...
... ÄHNELT DEM JUBI...
ES HAT SOGAR EIN RIN'NEGAN...
DURCH PFÄHLE IST ES FESTGE-SPIESST...
DIE ANZAHL DER SCHWÄNZE KANN ICH VON HIER AUS NICHT ERKENNEN...
WER...
... HAT DAS GEMACHT...?

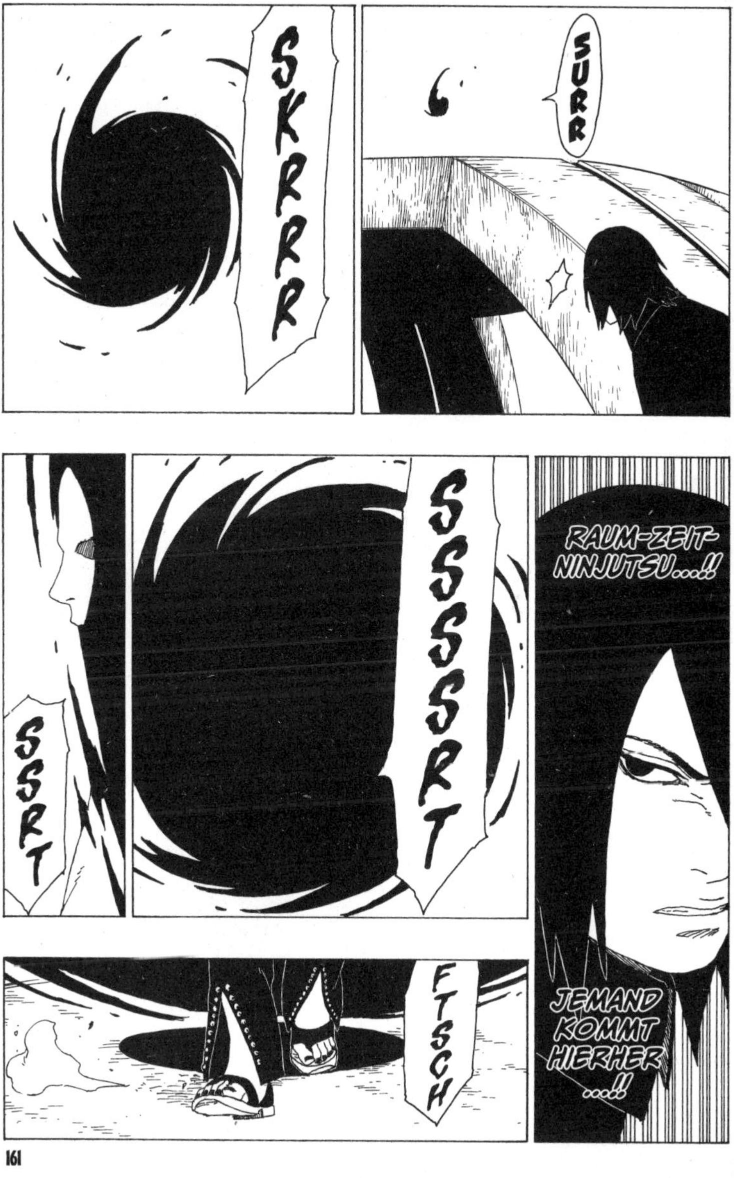
SURR
SKRRR
RAUM-ZEIT-NINJUTSU...!!
SSSSRT
SSRT
JEMAND KOMMT HIERHER ...!!
FTSCH

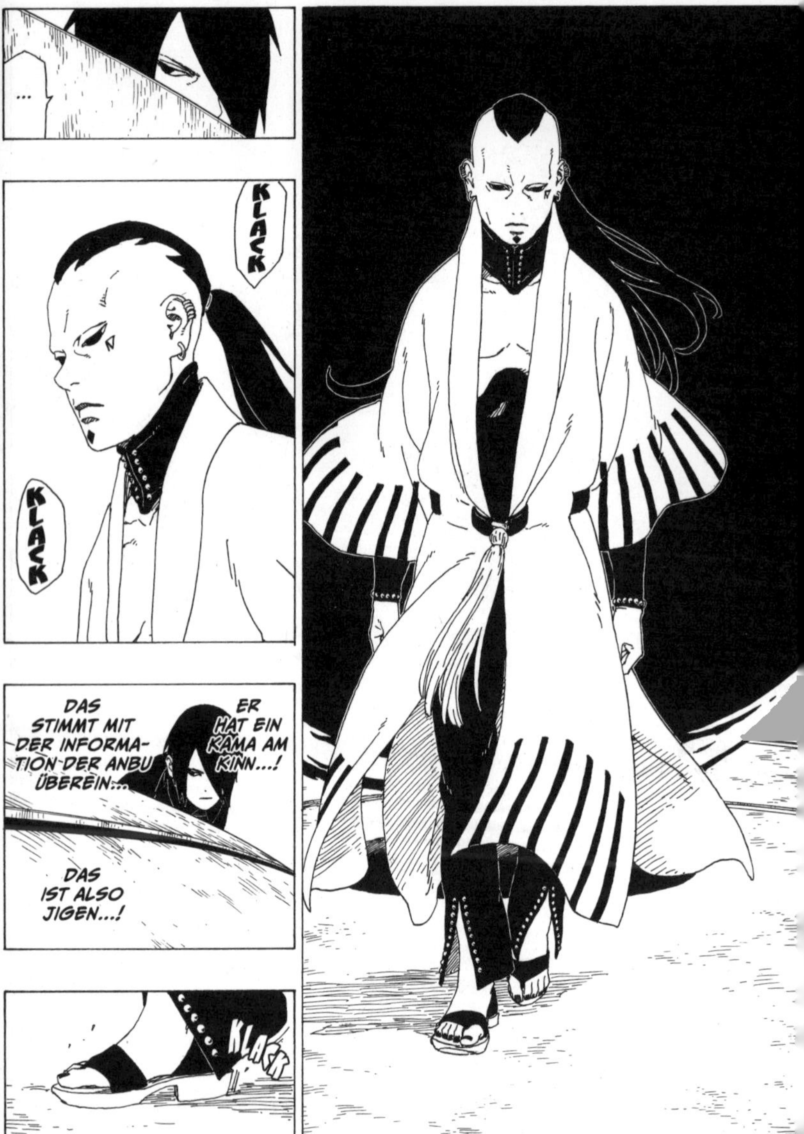
...
KLACK
KLACK
ER HAT EIN KAMA AM KINN...!
DAS STIMMT MIT DER INFORMATION DER ANBU ÜBEREIN...
DAS IST ALSO JIGEN...!
KLACK

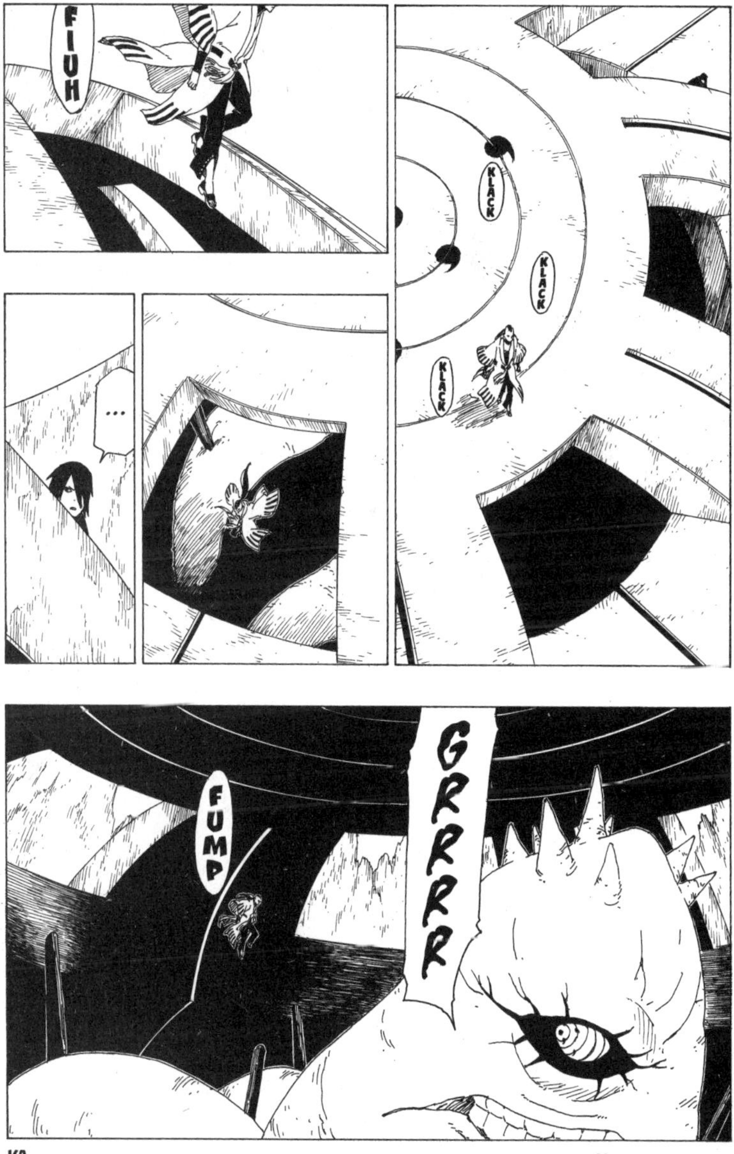
KLACK
KLACK
KLACK
FIUH
...
GRRRR
FUMP

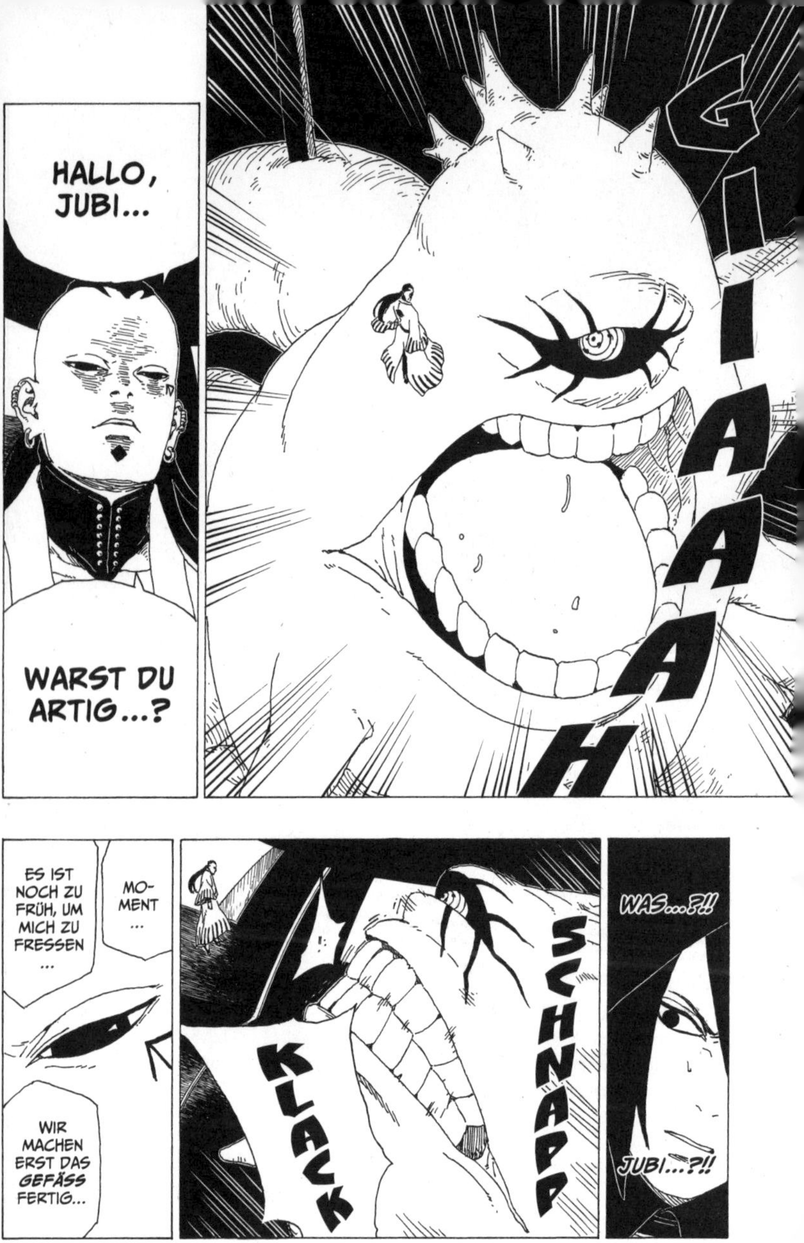
GIAAAAH
HALLO, JUBI...
WARST DU ARTIG...?
WAS...?!!
JUBI...?!!
SCHNAPP
KLACK
MOMENT...
ES IST NOCH ZU FRÜH, UM MICH ZU FRESSEN...
WIR MACHEN ERST DAS GEFÄSS FERTIG...

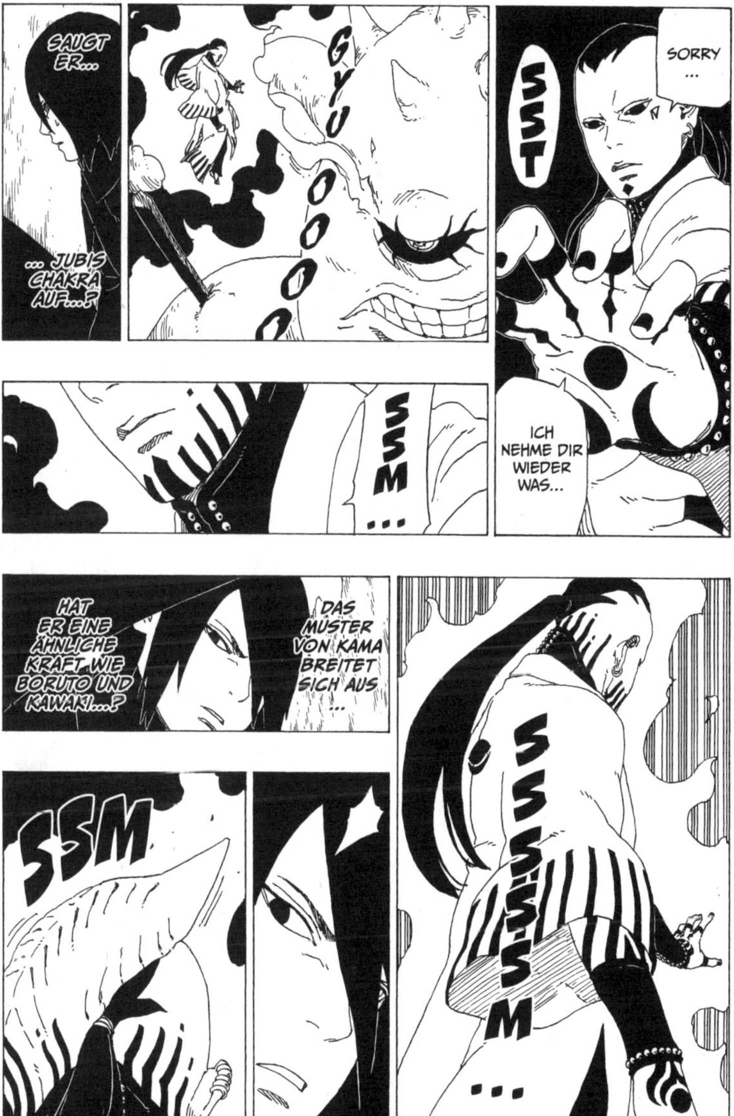
SORRY ...
SSST
GYUOOOOOO
SAUGT ER...
... JUBIS CHAKRA AUF...?
ICH NEHME DIR WIEDER WAS...
SSM ...
DAS MUSTER VON KAMA BREITET SICH AUS ...
HAT ER EINE ÄHNLICHE KRAFT WIE BORUTO UND KAWAKI...?
SSSSSSM ...
SSM

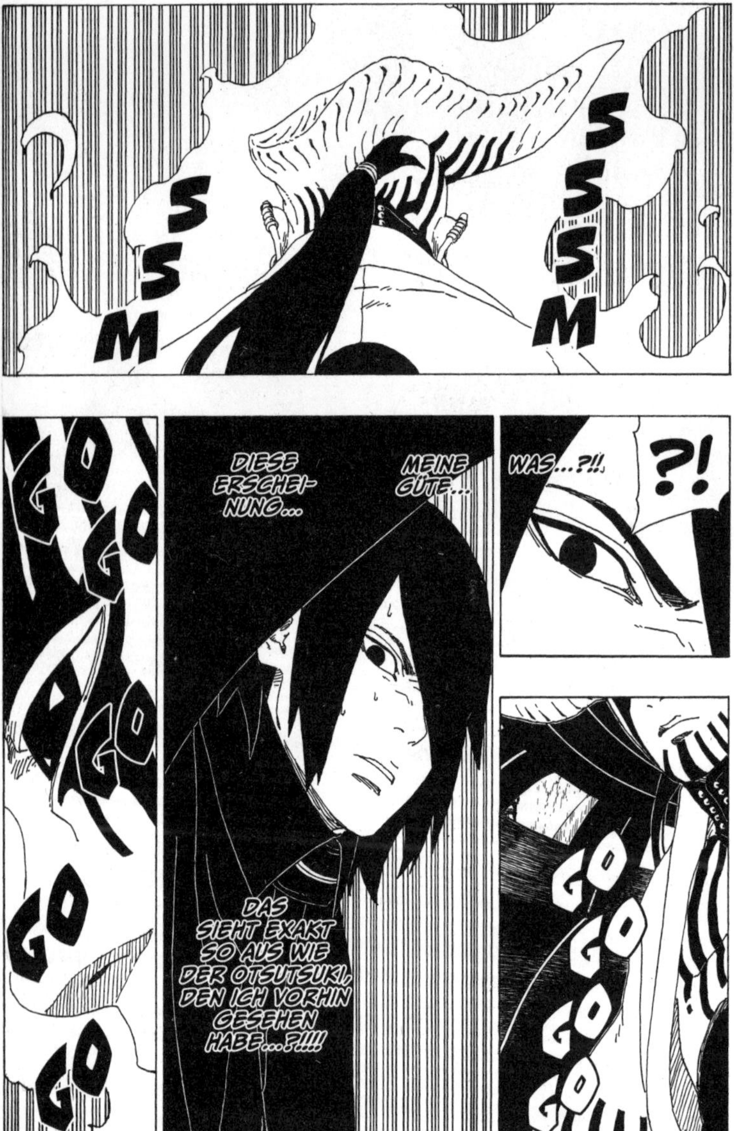
SSSM
SSM
?!
WAS...?!!
MEINE GÜTE...
DIESE ERSCHEI-NUNG...
DAS SIEHT EXAKT SO AUS WIE DER OTSUTSUKI, DEN ICH VORHIN GESEHEN HABE...?!!!!
GOGOGOGO
GOGOGOGOGO

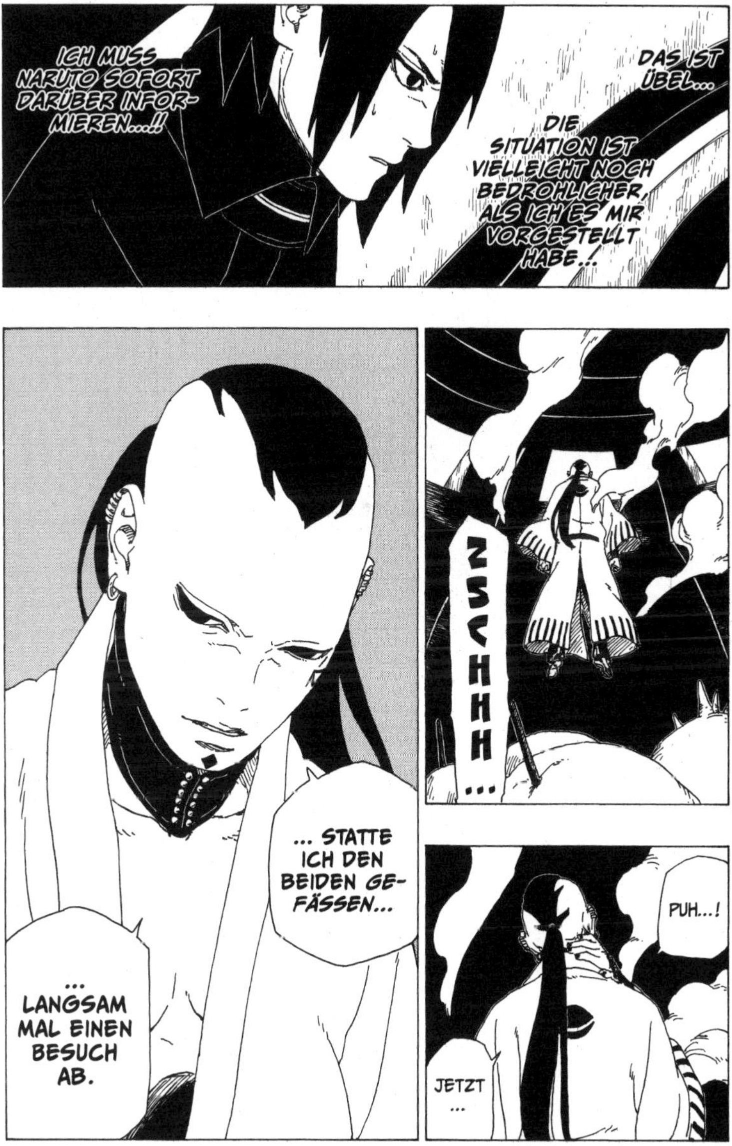
DAS IST ÜBEL...
DIE SITUATION IST VIELLEICHT NOCH BEDROHLICHER, ALS ICH ES MIR VORGESTELLT HABE...!
ICH MUSS NARUTO SOFORT DARÜBER INFORMIEREN...!!
ZSCHHH...
PUH...!
JETZT ...
... STATTE ICH DEN BEIDEN GEFÄSSEN...
... LANGSAM MAL EINEN BESUCH AB.

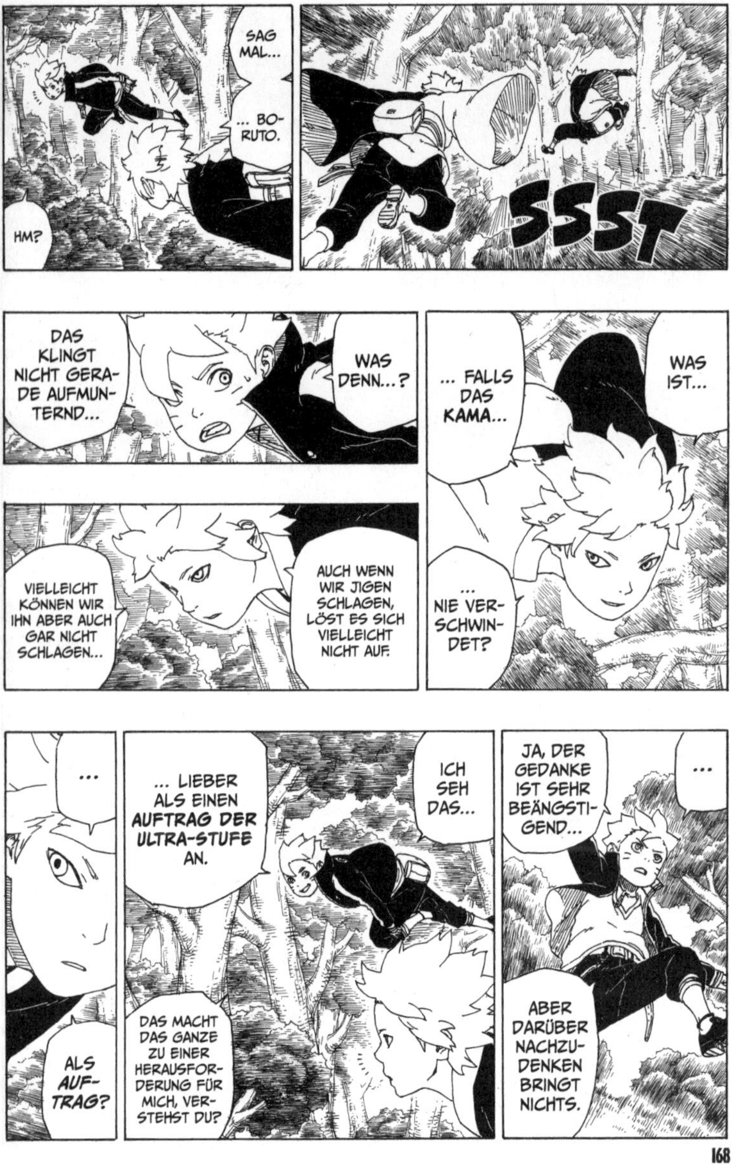
SSST
SAG MAL...
... BORUTO.
HM?
WAS IST...
... FALLS DAS KAMA...
... NIE VERSCHWINDET?
WAS DENN...?
DAS KLINGT NICHT GERADE AUFMUNTERND...
AUCH WENN WIR JIGEN SCHLAGEN, LÖST ES SICH VIELLEICHT NICHT AUF.
VIELLEICHT KÖNNEN WIR IHN ABER AUCH GAR NICHT SCHLAGEN...
...
JA, DER GEDANKE IST SEHR BEÄNGSTIGEND...
ABER DARÜBER NACHZUDENKEN BRINGT NICHTS.
ICH SEH DAS...
... LIEBER ALS EINEN AUFTRAG DER ULTRA-STUFE AN.
DAS MACHT DAS GANZE ZU EINER HERAUSFORDERUNG FÜR MICH, VERSTEHST DU?
...
ALS AUFTRAG?

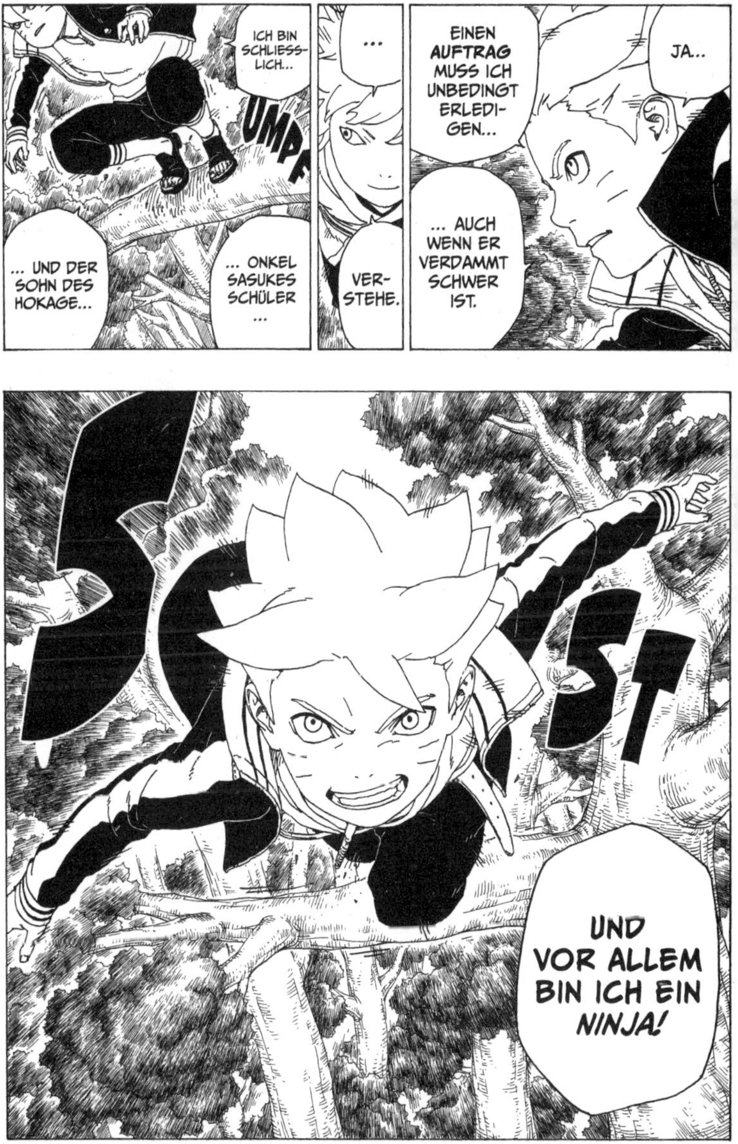
JA...
EINEN AUFTRAG MUSS ICH UNBEDINGT ERLEDIGEN...
... AUCH WENN ER VERDAMMT SCHWER IST.
...
VERSTEHE.
ICH BIN SCHLIESSLICH...
UMPF
... ONKEL SASUKES SCHÜLER ...
... UND DER SOHN DES HOKAGE...
UND VOR ALLEM BIN ICH EIN NINJA!

GEHEIMÜBERLIEFERUNG DER NINJA, TEIL 4: DIE NINJA UND IHRE BÜROKRATIE

DAMIT DIE INSTITUTION *NINJA* FUNKTIONIEREN KANN, MUSS SIE VON VIELEN ANDEREN INSTITUTIONEN UNTERSTÜTZT WERDEN. DAMIT EIN KRIEGER RICHTIG ARBEITEN KANN, WERDEN UNGEFÄHR FÜNF BEAMTE GEBRAUCHT. JE GRÖSSER EINE ORGANISATION IST, DESTO MEHR UNTERSTÜTZENDE WEITERE ORGANISATIONEN WERDEN BENÖTIGT. DAS GILT AUCH FÜR DIE NINJA.

DIE NINJA BRAUCHEN DIE MENSCHEN, DIE IHNEN HONORAR BEZAHLEN, DIE MENSCHEN, DIE SICH UM DIE LOGISTIK KÜMMERN, DIE MENSCHEN, DIE IHNEN WAFFEN UND WERKZEUGE BESORGEN, DIE MENSCHEN, DIE IHR DORF UND IHRE TRAININGSANSTALTEN AM LAUFEN HALTEN, ÄRZTE, ERZIEHER USW.

IN DER REGEL BRAUCHT EIN NINJA, DER AN DER FRONT EINGESETZT WIRD, MINDESTENS FÜNF NICHT KÄMPFENDE NINJA, DIE ALS BEAMTE ARBEITEN.

EINE WICHTIGE FRAGE IST, WIE DIESE BEAMTEN IN DER GESELLSCHAFT DER NINJA PLATZIERT WERDEN SOLLEN, IN DER JEDER NINJA NORMALERWEISE JE NACH FÄHIGKEIT UND QUALIFIKATION SEINEN PLATZ FINDET.

IN VIELEN DÖRFERN WERDEN DIE NINJA MIT FÄHIGKEITEN ÜBER EINEM BESTIMMTEN NIVEAU ALS ELITE AUSGEWÄHLT UND BEREITS IM FRÜHEN ALTER AUF FÜHRENDEN POSTEN VERSCHIEDENER BEHÖRDEN EINGESETZT. DADURCH SOLL VERHINDERT WERDEN, DASS DIE BEAMTEN VOM WESEN DER NINJA ABWEICHEN.

ABER DIESE MASSNAHME ÜBERDECKT NICHT DIE UNTERSCHIEDLICHE WAHRNEHMUNG DER PRAKTIZIERENDEN NINJA UND DER UNTERSTÜTZENDEN NINJA. DASS GAARA, DER KAZEKAGE GEWORDEN IST, MIT DER KONTROLLE ÜBER DAS DORF SCHWIERIGKEITEN HATTE, LIEGT DARAN, DASS DIE REGIERUNG MIT KONSERVATIVEN ALTEN BEAMTEN BESETZT WAR. IM GEGENSATZ DAZU HATTE IN KONOHA DER DRITTE HOKAGE ALLE BEAMTEN DIREKT UNTER SEINER KONTROLLE – UND DAS VERHINDERTE ETWA EINEN ALLEINGANG DER ANBU.

DIE BEAMTEN STÄRKEN EINE ORGANISATION. BORUTO, SARADA UND ANDERE KÄMPFER KÖNNEN NUR DANK DER UNTERSTÜTZENDEN DIENSTE IHRE VOLLE KRAFT IN AUFTRÄGE STECKEN. GLEICHZEITIG IST EINE ZÜGIGE ENTSCHEIDUNGSFINDUNG MIT EINEM GROSSEN BEAMTENAPPARAT ABER SCHIER UNMÖGLICH. DESHALB WAR AKATSUKI – EINE KLEINE ORGANISATION OHNE BEAMTENAPPARAT – MIT IHREN ENTSCHEIDUNGEN SCHNELLER.

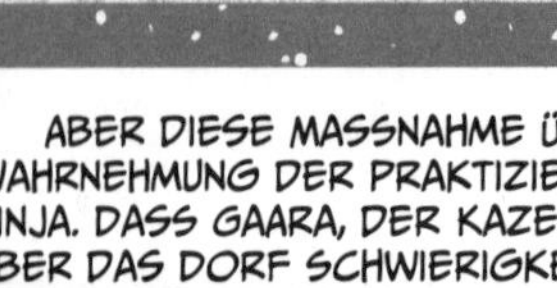

WAS SOLL BEVORZUGT WERDEN? STABILITÄT DURCH AUSWEITUNG DER ORGANISATION ODER FLEXIBILITÄT DURCH WENIGE AUSGEWÄHLTE ELITEEINHEITEN…? WIE ALLE ORGANISATIONEN STEHEN AUCH DIE NINJA IMMER WIEDER VOR DIESEM DILEMMA.

DIE STRUKTUR DER ORGANISATION WIRD EXTRA KOMPLIZIERT GESTALTET!

FÜR DIE NINJA IST ES GEFÄHRLICH, WENN DIE ORGANISATIONSSTRUKTUR IHRES DORFES ENTHÜLLT WIRD.

NINJA BESITZEN GANZ SPEZIFISCHE FÄHIGKEITEN UND KÖNNEN NICHT EINFACH ERSETZT WERDEN. DIE WERTVOLLSTE RESSOURCE EINES DORFES SIND ALSO DIE NINJA SELBST. DIE VERNICHTUNG DES UCHIHA-CLANS – EINER GROSSEN GRUPPE VON SPEZIALISTEN – WAR FÜR KONOHA Z.B. EIN ÜBER LANGE JAHRE HIN SPÜRBARER VERLUST. DARUM WIRD GEHEIM GEHALTEN, WIE DIE NINJA ORGANISIERT SIND. VIELE BEGRIFFE WIE ABTEILUNG, DEPARTMENT ODER CLAN WERDEN AUF KOMPLIZIERTE, VERWIRRENDE ODER WIDERSPRÜCHLICHE WEISE BENUTZT, DAMIT AUSLÄNDISCHE SPIONE DIE ORGANISATIONSSTRUKTUR NICHT BEGREIFEN KÖNNEN. ABER AUCH VOR DEN EIGENEN LEUTEN WIRD DIE GESAMTSTRUKTUR GEHEIM GEHALTEN, UM VERRAT VORZUBEUGEN.

GERADE DIESE GEHEIMHALTUNG VERURSACHTE ABER OFFENBAR DEN ALLEINGANG VON DANZO, VOM UCHIHA-CLAN ODER VON KATASUKE. FÜR EINE ORGANISATION IST IHRE EIGENE EXISTENZ AM WICHTIGSTEN. BESONDERS FÜR EINE GEHEIMORGANISATION. IN EINER KOMPLEXEN MACHTSTRUKTUR GIBT JEDE GLIEDERUNG UNVERMEIDBAR DER EIGENEN EXISTENZ DEN VORRANG VOR DEM INTERESSE DES GANZEN DORFES.

DAHER MÜSSEN OBERHÄUPTER VON NINJA-DÖRFERN WIE DIE FÜNF KAGE AUFMERKSAM UND KOORDINIERUNGSFÄHIG UND VOR ALLEM AUCH TUGENDHAFT SEIN. SIE MÜSSEN IHRE LEUTE SPÜREN LASSEN, DASS IHRE JEWEILIGE ABTEILUNG AM BESTEN DADURCH ÜBERLEBT, DASS SIE IHR OBERHAUPT SCHÄTZT UND IHM ÜBER JEDE INNERE ANGELEGENHEIT BESCHEID GIBT.

EIN OBERHAUPT KANN SEINE LEUTE NICHT EINFACH NUR DURCH ANGST UNTER KONTROLLE BRINGEN. ABER NUR AUS VERNUNFT FOLGEN DIE LEUTE IHM AUCH NICHT. UND WENN ER NUR GEWINN ANBIETET, WIRD ER SCHNELL VERRATEN. DIE NINJA HABEN ES NIE LEICHT, DA SIE IMMER VIELES GEHEIM HALTEN MÜSSEN.

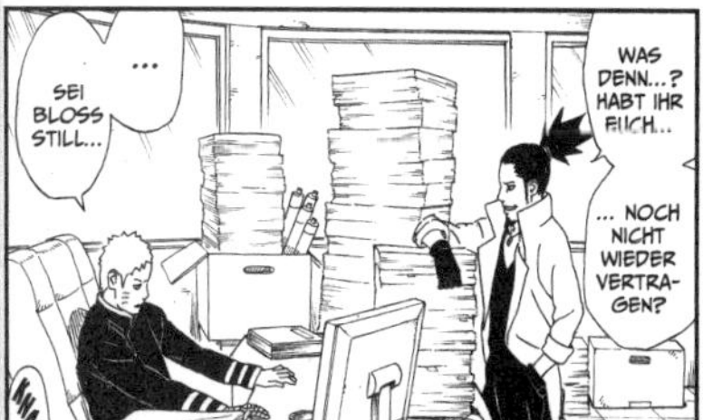

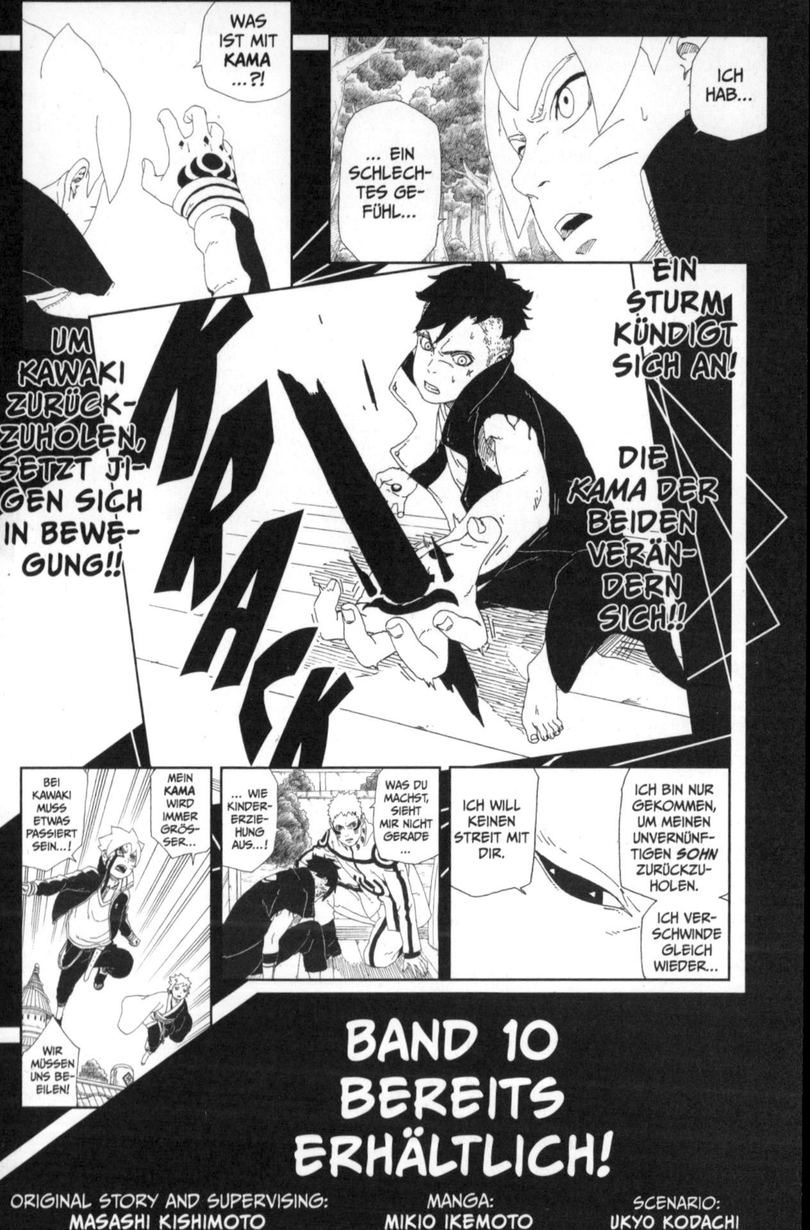

Original story and supervising: Masashi Kishimoto
Manga: Mikio Ikemoto
Scenario: Ukyo Kodachi

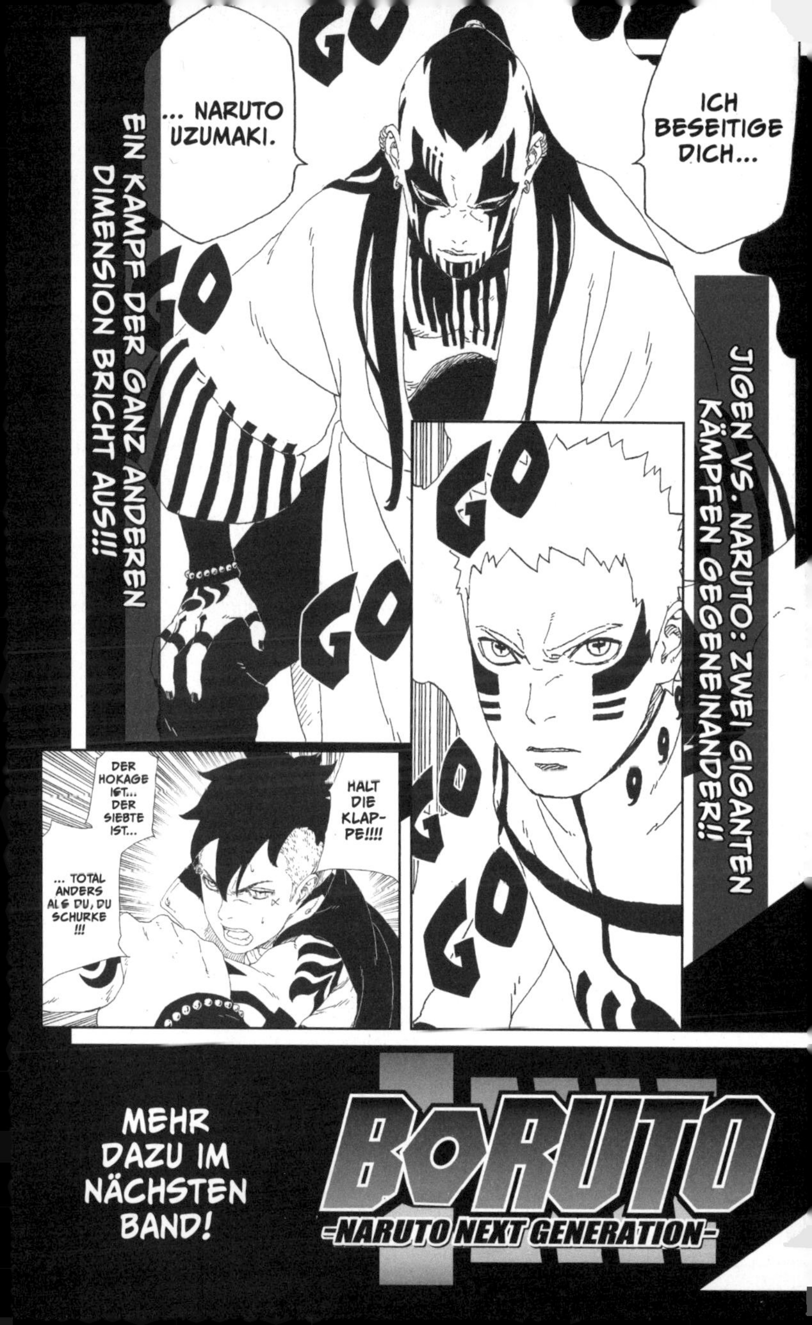
ICH BESEITIGE DICH...
... NARUTO UZUMAKI.
GO GO GO GO GO GO GO GO
JIGEN VS. NARUTO: ZWEI GIGANTEN KÄMPFEN GEGENEINANDER!!
EIN KAMPF DER GANZ ANDEREN DIMENSION BRICHT AUS!!!
HALT DIE KLAP-PE!!!!
DER HOKAGE IST... DER SIEBTE IST...
... TOTAL ANDERS ALS DU, DU SCHURKE !!!
MEHR DAZU IM NÄCHSTEN BAND!
BORUTO
-NARUTO NEXT GENERATION-

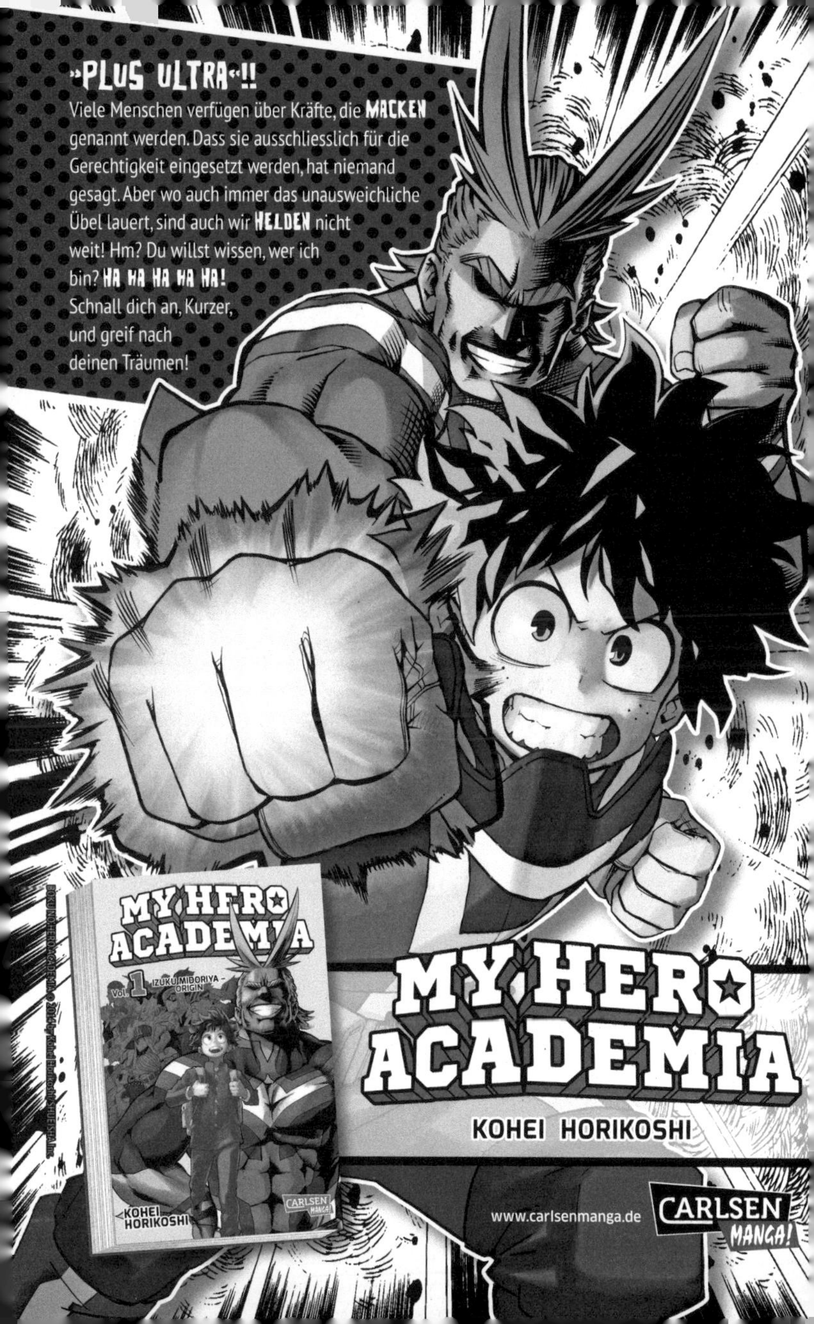

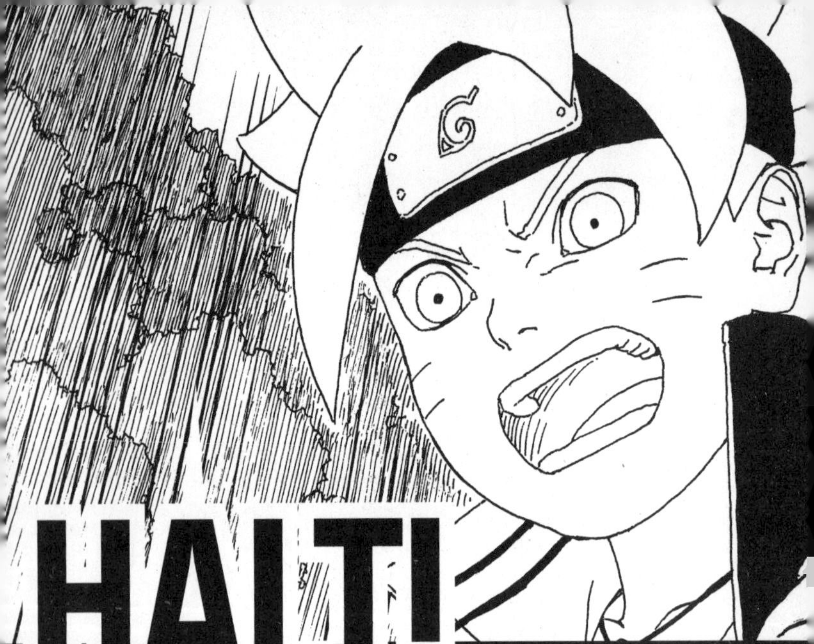

HALT!

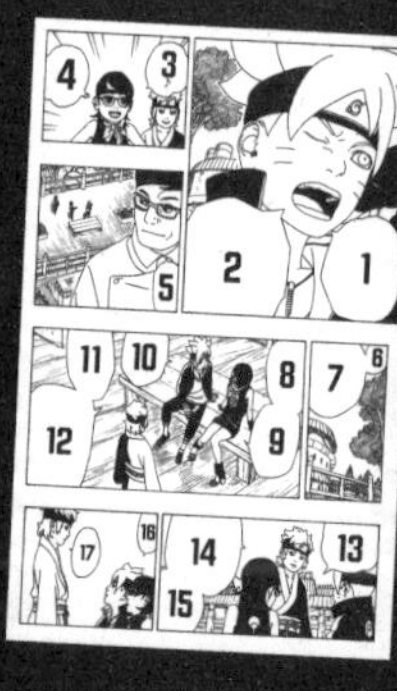

Das ist nicht die erste Seite des Buches. »Boruto« ist ein japanischer Comic. In Japan liest man von »hinten« nach »vorne« und von rechts oben nach links unten, also genau spiegelverkehrt zu dem, wie wir es gewohnt sind.
Auch die Bilder und Sprechblasen auf jeder Seite werden so gelesen, wie es in der Grafik gezeigt wird!
Die Legende der neuen Generation beginnt!!

CARLSEN MANGA * Deutsche Ausgabe / German Edition * © 2020 Carlsen Verlag GmbH, Völckersstraße 14-20, 22765 Hamburg * Aus dem Japanischen von Miyuki Tsuji * BORUTO: NARUTO NEXT GENERATIONS © 2016 by Masashi Kishimoto, Mikio Ikemoto, Ukyo Kodachi * All rights reserved. First published in Japan in 2016 by SHUEISHA Inc., Tokyo. * German translation rights in Germany, Austria, Luxembourg and German-speaking Switzerland arranged by SHUEISHA Inc. through VME PLB SAS, France. * Redaktion: Anne Berling * Textbearbeitung: Ina Schiele * Herstellung: Derya Yildirim
Alle deutschen Rechte vorbehalten * Bei Fragen zum Produkt: carlsen.de/kontakt * 978-3-551-77560-3